安土城
（天主断面透視図）
安土城天主の内部には、中央に地階穴蔵から
石垣上三階まで、計四階分の
吹き抜けの大空間があり、
それはさながら
法としては、
構成である。
スト教会堂の
手法に発想を得た、
ザインとみることができる。
JN324392

大坂城

（大阪城天守閣蔵『大坂城図屏風』部分）

日夜三万人を動員したこともあるという築城の工は、天正十一年（一五八三）より始まり秀吉逝去まで続く。環郭式平城の詰丸（天守丸）東北隅にたつ前期望楼型梯立式天守は、天正十三年に完成。外観五層、内部は七〜九階説もあるが六階と考えられる。北側を描く本図は、初期天守の天守台一階平面が不等辺多角形なる特質をよく伝える。

聚楽城

（三井文庫蔵『聚楽第図屏風』部分）

大坂遷都までも考えた秀吉であるが、結局は、天正十四年（一五八六）より平安京大内裏跡地に城を築き始め、平安京自体を城下町化せんとする。天皇御幸の機能を主としたため俗に聚楽第と称されるが、環郭式平城の典型的なもので、本丸西北隅に前期望楼型外観四層（内部不明）の天守がたてられ、山里の庭間施設が華麗を極めた。

駿府城

（名古屋市博物館蔵『築城図屏風』部分）

pt. 1

駿府城は、家康晩年のいわゆる隠居城として築かれ、慶長十二年（一六〇七）末には一応の完成をみる。しかしその直後城中よりの失火で天守等を焼失、翌十三年再建。この屏風絵は、慶長十二年前田家の御手伝普請を描いたもので、第六扇下方に描かれた

白地に赤丸（日の丸）は
本多家、
上方の三巴が
篠原家の家紋で、
両家が助役した
天下普請は
慶長十二年の
駿府築城に
限られるから、
九月利長が駿府に
出仕した頃の図と
断定できる。
第一～三扇に
環郭式の
本丸等を描き、
特に第二扇中央の
石垣施工状況は
他に史料がなく
貴重である。
（図は、右から第一扇→第二扇→第三扇）

駿府城

pt. 2

（名古屋市博物館蔵『築城図屏風』部分）

前図に続く第四〜六扇には、城下の喧噪を伝えている。とりわけ注目すべきは、第六扇下方に認められる大石運搬の情景で、修羅と呼ぶ一種の橇に、南蛮人風の音頭取りをのせている。

また、第五扇上方に木戸門を配して一体となった本格的な町並み（浅間社の門前町と推定）が、第六扇上方には繰り人形の芝居小屋が見られる。

〈図は、右から第四扇→第五扇→第六扇〉

【駿府城(すんぷ)】 pt. 3

(「駿府城本丸　復元透視図」内藤　昌。文化環境計画研究所復元)

本丸東北隅に配置された天守は、石垣の内部中央に天守をたて、四周を櫓と多門で囲むという、異色の環立式で(大日本報徳社蔵『駿河府中御城図』)、五層七階に計画された後期望楼型の天守であった。

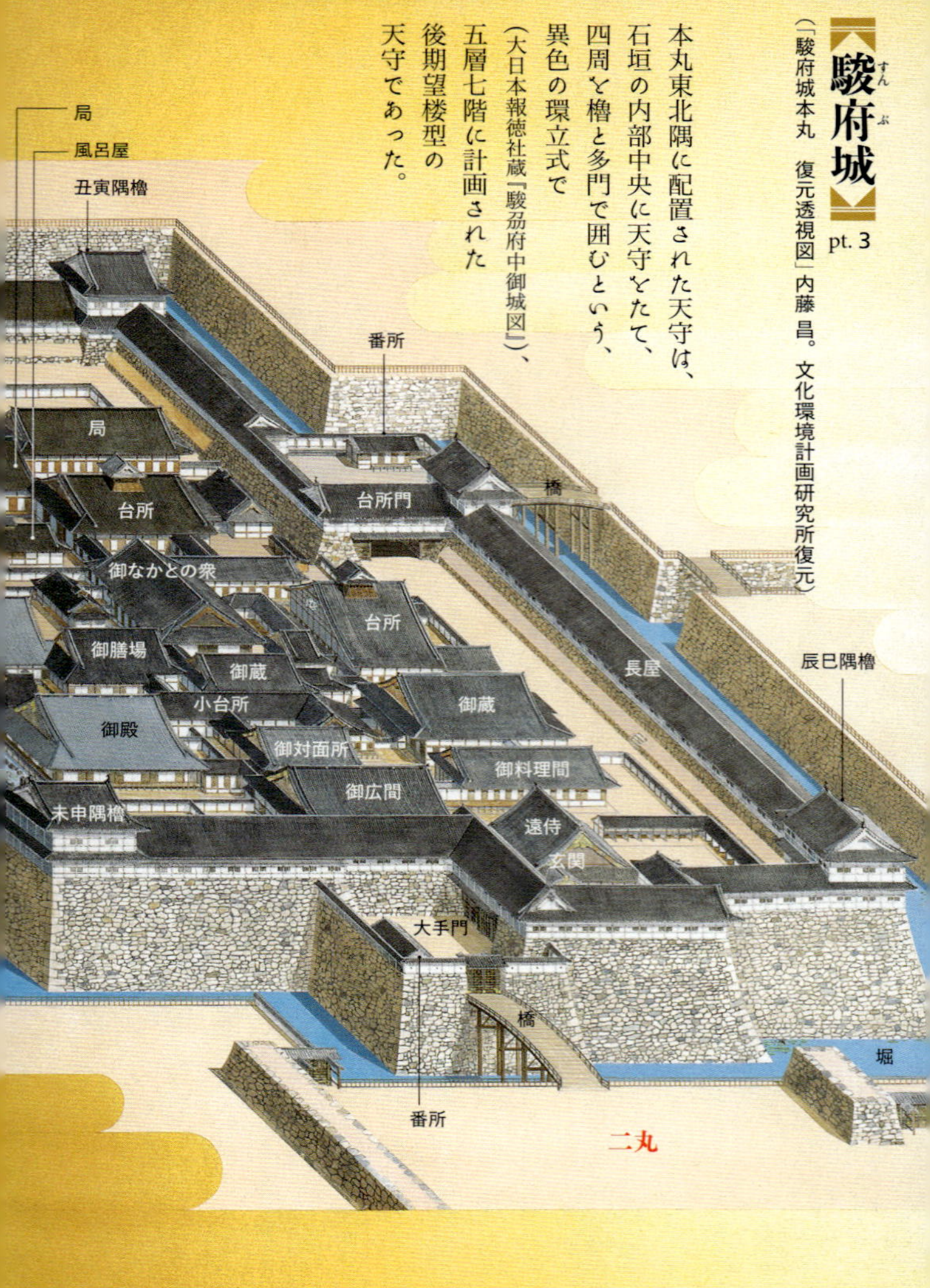

また、金・銀・銅・白鑞を多用して飾る華麗なデザインを初に試み、真壁仕様回縁をもつ伝統的意匠を意識した御殿風であり、まさに家康の隠居城に相応しい様式を伝えていた。

家康が、江戸城・駿府城に次いで最後に造営した日本の近世を代表する大城郭。この絵図は、その名古屋城が最も整備された時代の内郭全容を復元したもので、尾張家初代義直の寛永末期（一六四〇頃）から二代光友の寛文末期（一六七〇頃）にかけての状態を示す。

名古屋城

銅瓦葺・外壁総塗籠の外観を呈する前期層塔型の天守や、櫓・御殿・御庭などの様式は、寛永度江戸城をはじめ以後の幕府城郭建築の規範となる。さらに二丸北御庭には日本の聖堂のモデルとなる金声玉振閣もあって、武家文化の先駆的な結構として貴重である。

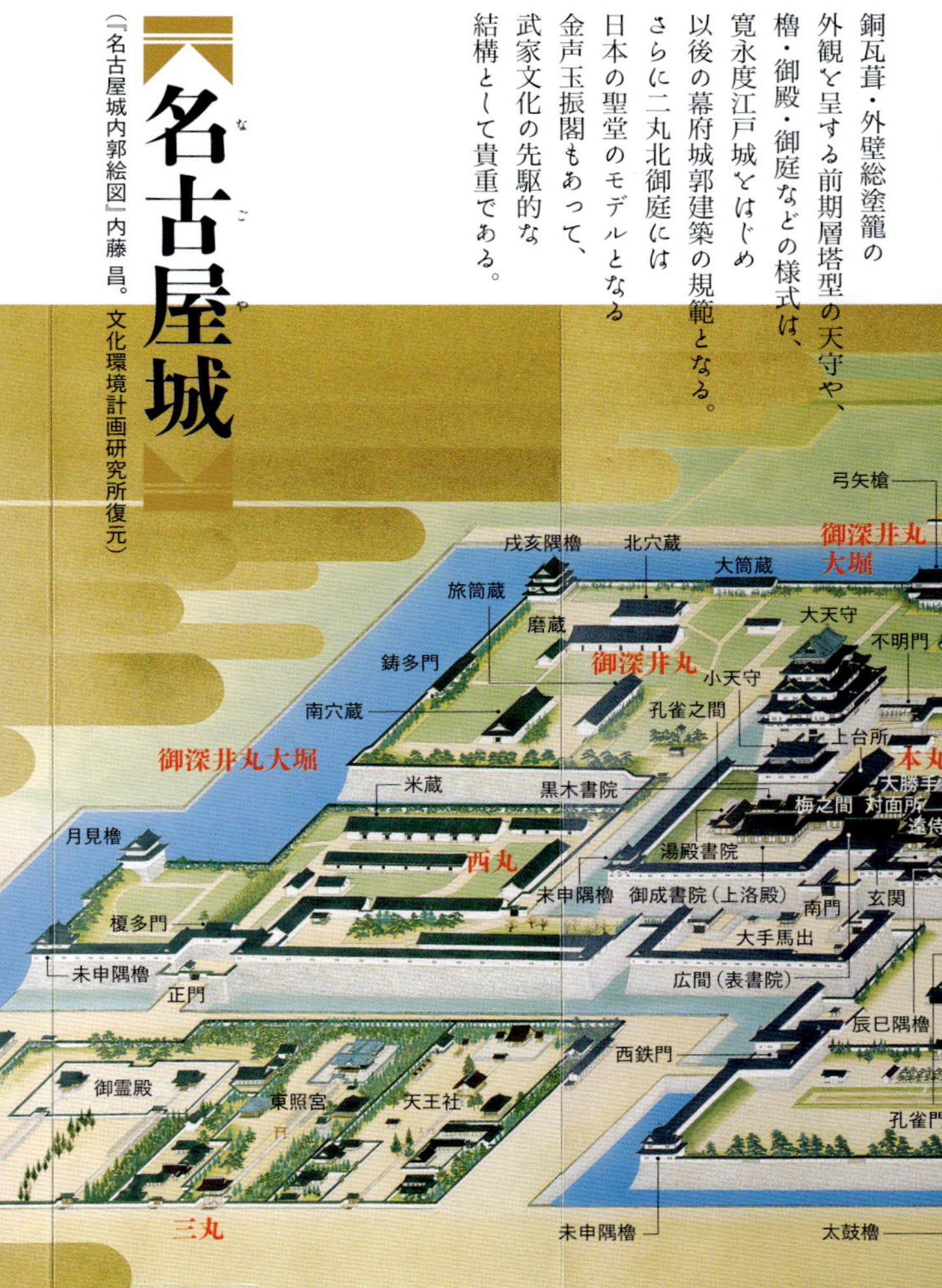

（『名古屋城内郭絵図』内藤 昌。文化環境計画研究所復元）

江戸城

（国立歴史民俗博物館蔵「江戸図屏風」部分）

築城の工は、小田原陣後の天正十八年（一五九〇）より、明暦三年（一六五七）の大火まで、実に延々家康・秀忠・家光の三代半世紀の間、都合第Ⅰ～Ⅳ期にわたって行われている。この林家旧蔵の図は、元和三年（一六一七）より始まる第Ⅲ期の様相で、本丸北辺に外観黒漆仕上げの外観五層、内部六階の単立式後期層塔型天守がそびえたち、周囲に二丸、三丸、西丸と配し、いわゆる覇府の構えとして、「完になる縄張」の状態が知られる。

伏見城（ふしみ）

（田中家蔵「洛中洛外図屏風」部分）

秀吉・家康・秀忠による
第Ⅰ〜Ⅴ期にわたる
構築の歴史をもつ。
第Ⅰ〜Ⅱ期は
宇治・木津両川の
合流点＝指月の地にたったが
慶長大地震で壊滅。
第Ⅲ期以降は裏の
木幡山に築かれた。
この図は家康による
第Ⅳ期の状況を示す。

二条城

二条城は、家康により慶長六年（一六〇一）に起工され、慶長十一年には天守もたち一応の完成をみる。その後、寛永元年（一六二四）大拡充工事が行われ、連郭式＋環郭式の縄張となる。この図は、慶長創建の状況を伝えるものであるが、特に柱や長押（なげし）を型出しにした五層の回縁付後期望楼型天守は、天皇の御幸を目的とした御殿風である。

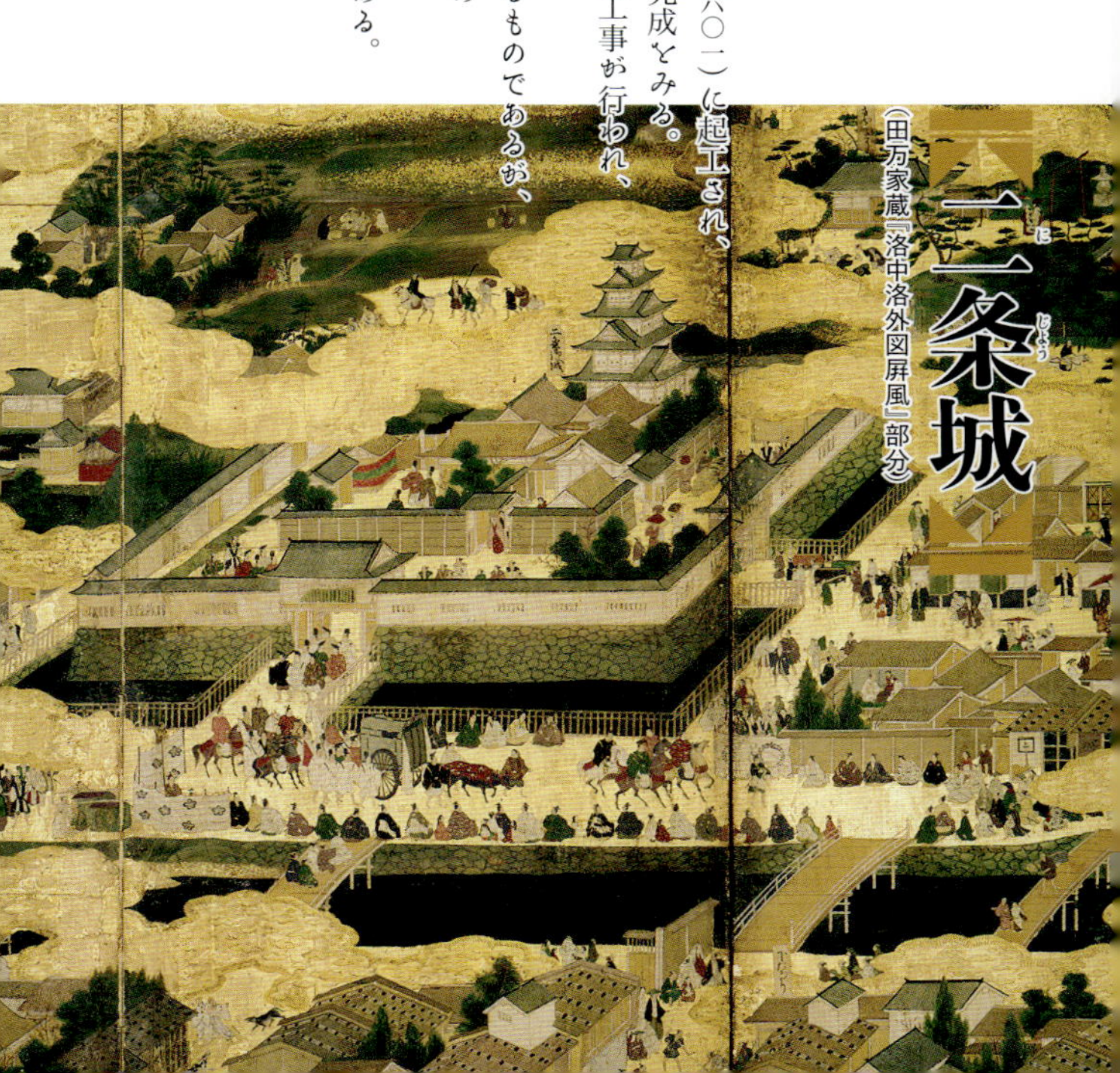

（田万家蔵『洛中洛外図屏風』部分）

熊本城

（永青文庫蔵『熊本城之図』）

加藤清正が文禄年間（一五九二〜九六）より約十五年にわたって構築し、慶長十二年（一六〇七）に完工している。茶臼山の丘陵地を利用した一見梯郭式縄張であるが、内郭は渦郭式の複雑な構成をもつ。中核にそびえる外観五層、内部七階の大天守は、外観三層、内部六階の小天守をしたがえる連立式の大建築であった。

城の日本史

内藤　昌 編著

講談社学術文庫

目次

城の日本史

口絵・本文図版レイアウト　宗利淳一＋田中奈緒子

城の日本史

まえがき　城の歴史相

〈シロ〉すなわち〈城〉は、その源意において、「都市」の概念をもつ。

例えば〈神田(みとしろ)〉が、「神に捧げる稲を植え育てる一定の区域」を意味するように、人間の意志と行動の場を設定すること自体が〈シロ〉である以上、そこに生活し、建築物を建てて、文明ひいては文化の華を咲かせんとする願望は、現実界に〈城〉＝〈都市〉の建設をおこないながら、夢の彼方に〈理想郷〉をおもい描いている。

しかしながら、生物、とりわけ人間には、俗に〈生存競争〉という、いわば仏教用語でいう〈業(ごう)〉のごときがある。生きるためには、〈ス（巣）〉ないしは〈スミカ（栖）〉が最小限必要であり、それがやがて人間の集住様態として〈聚落(しゅうらく)〉となり、そこで形成する社会のダイナミズムを権力で表現する〈城〉が求められて〈都市〉となる。換言すれば場の設定としての〈シロ〉が、空間の実体をともなって〈城〉となるとき、人間ひいては社会の様々なドラマが生まれ、そこに当然「城の文化」がはぐくまれる。やがては滅びようとも、その歴史はつづられる。

春　高楼の花の宴　めぐる盃(さかずき)　かげさして

千代の松が枝　わけいでし　昔の光　今いづこ

土井晩翠がうたいあげたこの有名な『荒城の月』のイメージは、栄枯盛衰の果ての人間の悲哀を、「城のある風景」としての〈荒城〉を終極においてみとった結果と思われる。詩人の鋭い直感が把えた〈城〉にまつわる人間の歴史の恒常性とでもいうべきであろう。

その恒常性を学として見極めるには、たとえ廃墟であろうとも、「城のある風景」を透視した「城の歴史学」であるとの体系的視座が必要である。そこまで想い定めたのは、日本人の歴史における理想と現実をふくめた心象と図像が、〈城〉の造形に華々しく凝縮されていると、常々考えていたからに他ならない。改めていうが、〈城〉は決して戦争のためだけに存在したわけではない。

従来、この種の本は、〈城〉の軍事的要素のみを強調して、人間社会の集住様態としての〈都市〉の性格を、ほとんど無視してきている。これは、日本城郭史の研究が、第一次から第二次におよぶ世界大戦中の軍国主義はなやかな時代に始まったことに起因しているのであるが、不思議なことに、そのいわば旧弊が今日でも活きている。

しかし、例えば安土城・大坂城・伏見城・駿府城・江戸城など、日本の歴史を直接に左右した大城郭のかなりな詳細が明らかになってみると、いまだ不充分な面があるにしても、〈城〉という都市的建築が造られた宗教・政治・経済の社会的背景、すなわち日本史的意義を、単に戦うことの機能以上に評価しなくてはならなくなっている。

本書は、そうした体系的視座による研究成果をもとに、可能なかぎりフィジカルに図説することを特色とする。今日、城に関する本は無数といえるまでに出版されているが、多くが戦争美化に通ずる戦前の成果の焼き直しであるのをかんがみるとき、本書をあえて『城の日本史』と題した真意を御理解いただければ幸いである。

さて、本書は、四章構成をなす。第一章は〈城〉と〈郭〉の源意にもとづく様態を日本史上に通観する。第二章は城の設計思想の形而上性をふまえて、その形而下的な具体像を明らかにする。加えて第三章で、その具体像の詳細を論じて、城の造形の意味を探る。そして第四章において、日本各地の文明・文化のシンボルとなっている名城を紹介、日本史上の評価をおこなう。

その際に、あえて「まえがき」として、「城の歴史相」を、次の五点において要約しておきたい。

①　城の存在意義——権力の表現

「社会科学の根本概念に権力がある」とするB・ラッセル（一八七二～一九七〇）は、その歴史と心理を論じて無限の権力欲をふまえた人間の果てしない栄光を意味づける。あえて旧約聖書にいう〈バベルの塔〉をあげるまでもなかろうが、具体例としての古代都市の発生を分析したF・クーランジュ（一八三〇～八九）は、宗教的・政治的団体たる都市＝civitasを構成するに長時間を要するが、一度これに同意した段階で物的都市＝urbsが一挙に建設されると説く。その際の物理的エネルギーが権力であり、M・ウェーバー（一八六四～一九二〇）が定義するごとく「ある社会関係の内部で抵抗を排してまで自己の意志を貫徹する総ての可能性」と考えるならば、人間の多様な欲求に規制を加えて支配する権力者＝帝王は、支配される住民の生活の安全を保障するために〈城〉を築き、〈都市〉を設定する。権力が社会に行使する時間的・空間的な支配と保障の図式に、藤田弘夫が指摘する宗教・政治・経済のダイナミズムがある。その造形が〈城〉である。

② 城の無限肯定——理想郷志向

権力行使の歴史にあって、古代エジプトでは⊕の記号が〈城〉＝〈都市〉の概念をもつ。古代ギリシャでも、城砦 acro-polis が都市を意味して polis となる。ローマでも、ゲルマンとの関係で burgus をBurg（ドイツ）・bourg（フランス）・borgo（イタリア）・borough（イギリス）で都市的定住を表現する。town（イギリス）・gorod（ロシア）も城壁で囲むことを源意とする。そうした西洋の概念と同

フェズ（モロッコ）

様に東洋でも、pura（インド）・邑＝郭＝城（中国）で、日本の「シロ」も例外ではない。

そこで保障された安全が徹底すれば、〈理想郷〉が人類の夢となる。あえて聖書を引用するまでもなく〈楽園〉であった。旧約聖書巻首の「創世記」によれば、神は「エデンの東」に「一つの楽園を設け」、その発展の極限に〈都市〉があることになっている。新約聖書の最後におかれた「ヨハネ黙示録」には、華麗にして絢爛（けんらん）たる聖都＝新エルサレムのヴィジョンが信仰ある者の理想郷となる。

〈楽園〉は英語でparadiseであることは周知であろうが、イタリア・フランス・ドイツ語すべて同系であり、旧約聖書がヘブライ語からギリシャ語に転訳される際に「エデンの東」はparadeisosとなる。語意は「まわり」を「囲まれた地」で、まさに日本語の〈シロ〉のコンセプトに宗教権力は無限の夢を育てた。「カミ」の「依代＝ヨリシロ」も、かくて〈城〉に対する歴史的寓意性をもつ。

マチュピチュ（ペルー）

③ 城の無限否定——反都市志向

〈シロ〉に対する歴史的寓意性は、人間の現実の権力構造たる〈城〉（特に西洋中世）に対しても非現実的ともいえる幻想をいだく。F・カフカ（一八八三〜一九二四）の幻想小説『城』をあげるまでもなく、非日常・非現実の世界が成立しうる空間であって、そこに宝や秘儀的な知識が隠されていることになる。時に castle-builder ＝夢想家の a castle in the air ＝空中楼閣であっても、人間のロマンの実現に、時代の総力をあげるのは、宗教や政治権力の悲劇でもある。それだけに中国殷（いん）王朝の正名たる〈商〉の源義が「神意を商（＝ハカ）る」ことでも明白なように、絶えず神意を問うて〈卜（うらない）〉に明け暮れたのである。

そうした、宗教権力の垂直ダイナミズムが悪の政治権力を生むことがあると、逆に水平志向の理想郷幻想をも育てている。大室幹雄がいう桃源の夢想は、古代中国の反都市の倫理学において隠者を育て、やがて歴史の不幸として中世中国では〈園林都市〉を求める。おくれて西洋（特に英国）では、工

北京城景山

業化社会の病理を問題視し、中国中世の園林都市の発展とみられる〈田園都市〉論が一般化する。さらには東洋にフィード・バックして、経済権力がもたらした社会悪の資本主義的温床を都市と断じて、完璧なまでに否定する反都市志向の共産主義体制（ポル・ポト政権等）が出現する。それでもクレムリンの〈城〉は近代の政治権力のシンボルとして存続した歴史相を忘れてはならない。

④　城の近代都市——権力の均衡

権力機構のダイナミズムを②③で肯定×否定の極端な例を論じてきた。文明の歴史には、あえて不幸としてもよい破壊的事例があるにしても、宗教・政治・経済のバランスにおいて、常に〈正統〉を求めてきた事も忘れてはならない。権力は市民に安全と平和を保障するために、人的・物的エネルギーを必要とする。「正」の古字「足」は止＝足あとの象形で行く意と口＝城壁を示し、「他都市ないしは他国に攻めて行く」こと、すなわち〈征服〉を示す。その征服地から貢納を徴するのが〈征〉であり、住民に貢納の義務をおわせるのが〈政〉である。その具体的な行動を〈正義〉をもって、形而上的に意義づけ〈正統〉としたわけである。

その〈正〉を求めて理想郷を建設する行動は、世界観の変革期において際立つ。〈近代〉の到来である。

〈近代〉とは、周知のようにヨーロッパ中心の歴史観でルネッサンス以降（十四世紀〜）とされる。そして十五世紀に入ると、コペルニクス（一四七三〜一五四三）の地動説が生まれ、コロンブス（一四五一頃〜一五〇六）がアメリカ大陸に上陸し（一四九二）、加えてF・マジェラン（一四八〇〜一五二一）がアメリカ大陸の南端をへて、地球が丸いことを実証する（一五二二）。

やがてポルトガル船が日本に漂着（一五四二）、伝説的であったマルコ・ポーロ（一二五四〜一三二四）の『東方見聞録』による「黄金の国＝ジパング」が現実となる。反極の日本人からすれば、古代以来の〈三国世界〉、すなわち日本・唐（中国）・天竺（インド）のはるか彼方にヨーロッパの存在を知り、ようやく十六世紀のいわゆる〈大航海時代〉が世界的認識となる。

関連して帝国主義的国家を組織し、その社会体制も、宗教・政治・経済のバランスにおいて地球規模で計画されるようになる。いわゆる宗教改革があり、イタリアの政治思想家N・マキャヴェリ（一四六九〜一五二七）の『君主論』（一五一三頃）によって中世都市をこえた統一国家のマキャベリズムが正統性を帯び

トマス・モアのユートピア島

る。そしてイギリスの人文主義者トマス・モア（一四七八～一五三五）が『ユートピア〔どこにもない場所〕』（一五一六）を著わす。そこでの理想都市は、東洋の〈四神相応〉の都市計画そのものであり、その意味で世界的と評価できる。

東洋の日本でも、中世の動乱期をへて、「平安楽土」の国づくり・町づくりが始まる。織田信長の安土城を始めとして、豊臣秀吉の大坂城・伏見城、徳川家康の江戸城・名古屋城を典型とする〈四神相応〉の近代化である。

近代の〈城〉＝〈都市〉の建設では、世界的にみて市壁からの開放を前提とする。日本の都市は、コンセプトとしては、中国の〈城〉の源意に従い、例えば羅城門（らじょう）があっても、羅城は築かないことで「平安楽土」とした。日本の天下が国家規模で統一されれば、羅城は当然にして必要ない。近世でも、信長は天下統一をもって安土城下に「御構＝オンカマエ」を設定しても、城壁はない。日本の近世城下町は、西洋でいう近代都市なのである。

⑤　城のデザイン――共生の様式

今日でいう「日本学＝Japanology」の開祖ともいうべき本居宣長（一七三〇～一八〇一）が、名古屋城を詠んだ長歌（『鈴屋集』）に次がある。

孤枕（たかとの）　ふと高（たか）しらす
高殿を　ふりさけ見れは

雲井にそ　高く見えける
大海の　いかれる魚(うを)の
かしこきや　鯱(さち)とふ魚も
わたつみの　宮(みや)に阿(あ)ら祢(ね)と
此殿(との)に　つかへまつると
海原(うなはら)よ　天(あま)かけり来(き)て
鱗(いろこ)なす　瓦(いらか)のうへの
頂(いたたき)の　左り右(みき)りに
海手(うなね)つき　風の吹(ふ)く日も
雨の夜も　いゆきさらすて
常鎮(とこしへ)に　侍(さもら)ふみれは
真菅(ますか)よし　これの尾張(をはり)の
国しらす　君の御稜威(みいつ)は
玉鉾(たまほこ)の　道行く人も
阿(あ)はと見て　驚(おとろ)くまでに
いちしろく　目もかゝやきて　阿(あ)やにかしこし

ここで政治権力（君の御稜威）の象徴として、うたわれている鯱は、天竺の摩伽羅(まから)を原型とし、仏教の理想郷の建築に飾られる幻想の造形で、特に唐から宋の城郭のシンボルである（第三章18参照）。

したがって金鯱をテーマにした宣長の長歌は、日本の近代前期（近世）において、最高の「漢学＝中国学」の学識をもつ「国学＝日本学」研究者の作であるだけに、〈大和心〉をふまえた〈漢心＝唐心〉の美意識の有様を具体的な建築物である名古屋城に求めた歴史的共鳴と理解される。

こうした金鯱を国づくり・町づくりのシンボルとする天主（守）のデザインは、織田信長の安土城（一五七九）を嚆矢とする。地球が丸いことを知った日本の施政者＝天下人として、新時代の都市化社会の到来を予見する。そこで人心の統一をはかるため、城下町より標高一〇〇メートルの安土山山頂に、四六メートル高のランドマークとして木造高層建築をあえて建設したのである。

その様式は、当時中国の最先端デザインである明様式の〈唐様〉に、東南アジアからインドを通じて伝えられた〈ヨーロッパ様式＝南蛮風〉を加味したもので、歴史上〈唐様南蛮風〉と特称できる汎世界性をもつ。

京都南蛮寺（神戸市立博物館蔵『南蛮屏風』）

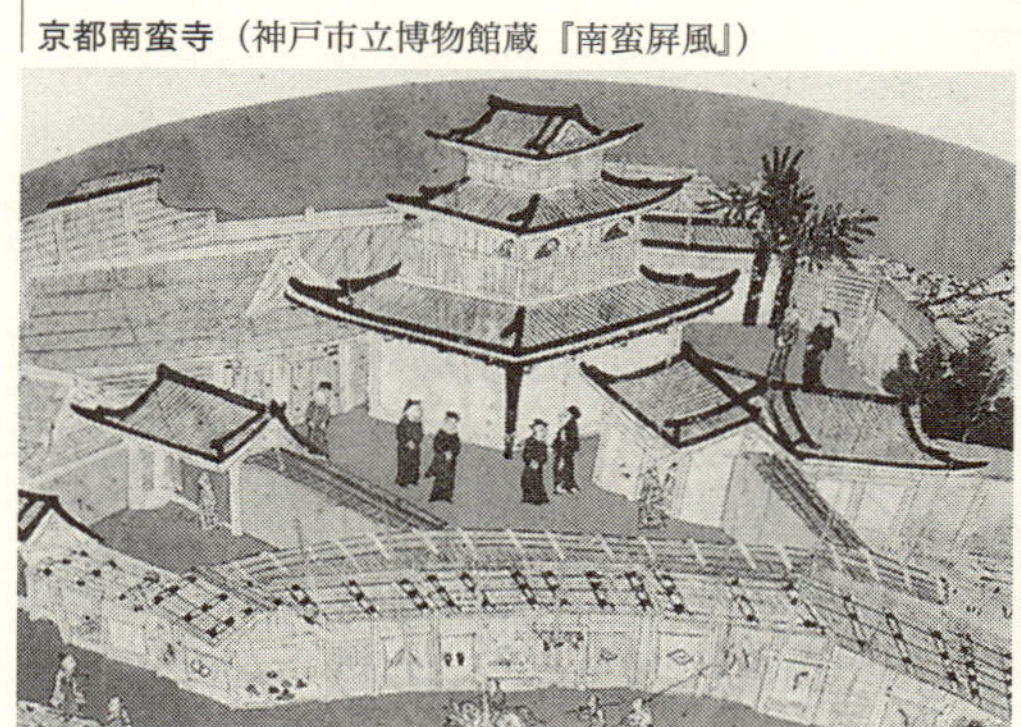

古代以来、文明・文化の先進国＝中国への、後進国＝日本の限りない憧憬は、旧来の三国（日本・中国・インド）の世界観の彼方にヨーロッパ世界を知った近代（世）人としての理想主義にもえ、あえて地球規模での〈共生様式〉として、城のデザインに選んだわけである。当時京都で造営されたキリスト教天主堂と城の天主（守）の様式が同一であることによっても実証される。明治維新時、第一国立銀行の通称〈擬洋風〉とされたデザインでさえ、天主風であることによっても理解される。世界の建築様式を共生せんとする最先端の造形であった。

この〈共生様式〉は、日本史でいう安土桃山時代の技術的研鑽をへて、ついにはパラダイム転換をはかって日本化する。世界の文化遺産となった姫路城は、現代人からすれば日本的デザインの結晶と評価されるが、創建時は唐様南蛮風の〈共生様式〉であることに改めて留意すべきである。茶道の創始者村田珠光の説く「和漢の境をまぎらかすこと肝要」とする造形哲学が、地球規模での〈共生様式＝Inter-cultural Style〉に昇華した今日的意義は計りしれなく大きい。

第一国立銀行

るからである。「成」は、木の棒を柄に付けたホコ、すなわち「戊」に、音符「丁」を組み合わせたものである。この場合の「戊」は、一般にいう武器としてのホコでなく、土木工事に使う丈夫な棒を表わし、また「丁」は、「トントン重ねてうつ」意味で、「打」に通じる。したがって「成」とは、丈夫な棒で十分にうち固めることを表わし、完璧にうち固めてしまう行為を「完成」と書く。要するに、「成」は「成し遂げる」ことが是が非でも求められ、そこで「皿」の上に飯をのせ、崩れ落ちないように、ヘラでうち固めたのが「盛」というわけで、さらに「土」偏を添えて土塁を盛る意を加えたのが、すなわち「城」なのである。「城」は、外敵から身を守る人間の強い意志と行動を示してい

大塚遺跡（〔財〕横浜市ふるさと歴史財団埋蔵文化財センター）

ると考えられる。

かくして構築された城塁は、ふつう四角の枡形（ますがた）になる。その城塁に門を開けた様態を形象化したのが「享」である。往古、城塁を透視図的でなく展開図的に表現していたので、それに「邑」つまりムラとかマチという字を変形した「阝」（おおざと偏）を添え合わせれば「郭」となる。したがって、集落の周囲を土塁・石塁で構築することこそ「郭」にほかならない。

帰するところ「城」も「郭」も、「民を盛る所以」によってその本質の意味を体しているわけで、以下に「城郭」の歴史を考えるにあたって、このことをとくに理解しておく必要があろう。

吉野ケ里遺跡遠景

2　「キ」と「サシ」

中国の歴史書『新唐書日本伝』には、日本の城郭について、次のような注目すべき記述がある。

国無二城郭一、聯レ木為二柵落一

おそらくこれは、羅城（らじょう）のめぐる中国式の城郭は日本ではみられなく、ただ木柵で囲まれているに過ぎない状態をいっているものと思われる。

これをある程度裏付けるような史料は、『古事記』や『日本書紀』のなかに、早くから「キ」とか「サシ」と称して見出せる。たとえば『古事記中巻』に、「宇陀（うだ）の高城（たかき）に、鴫罠（しぎわな）張る。我が待つや鴫は障（さわ）らず」とあり、また『日本書紀』でも、神武天皇即位前紀己未年において、「城（き）を作りし処を号（なづ）けて城田（きた）と曰ふ」といった記述がみられる。

もとより神話時代のこととて、どの程度史実を踏まえてのことか不明であるが、前後の記述から少なくとも荒野田畑の平地に簡単な木柵を立て並べた程度であったことは推定してよかろう。そして『三国史記』百済の条には、「潔城」を「結己」、また「悦城」を「悦己」と記しており、「己」はkiの音でキ（城）と一致し、元来は古代朝鮮語系統の言葉と考えられ

大宰府近傍の城郭図

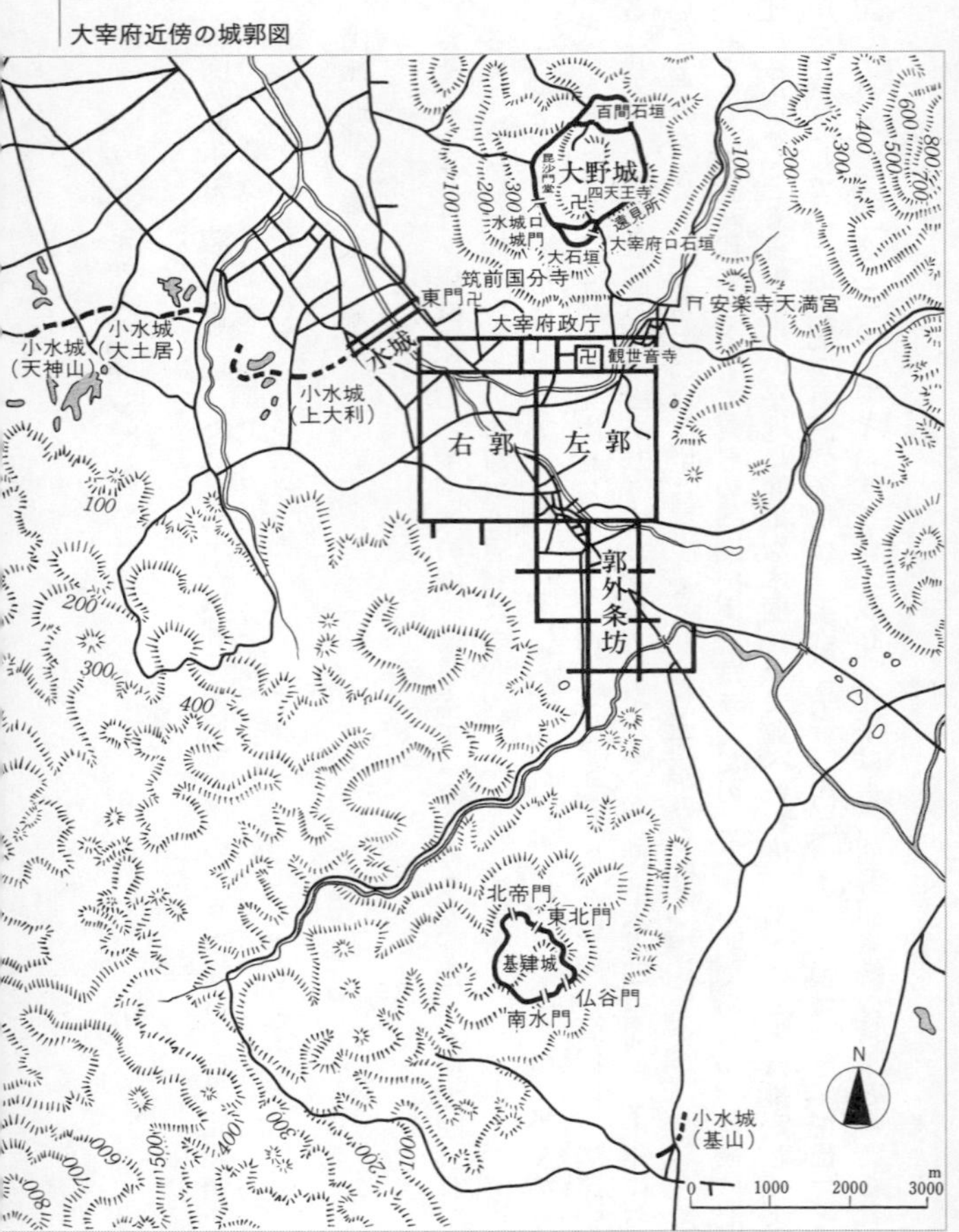
百間石垣
大野城
毘沙門堂
四天王寺
遠見所
水城口
城門
大宰府口石垣
大石垣
筑前国分寺
東門
安楽寺天満宮
大宰府政庁
観世音寺
小水城
(大土居)
小水城
(天神山)
水城
小水城
(上大利)
右郭
左郭
郭外条坊
北帝門
東北門
基肄城
仏谷門
南水門
小水城
(基山)
N
0
1000
2000
3000
m

る。

「サシ」も同様で、『日本書紀』雄略天皇八年（四六三）の条に「高麗の王、即ち軍兵を発して、筑足流城（いまの大邱と推定）に屯聚む」とあり、また雄略天皇九年には、「高麗の貢を阻きて、百済の城を呑む」とあって、やはり城柵を意味する古代朝鮮語časの転と考えられる。

「キ」と「サシ」との構造的な違いは不明であるが、『日本書紀』継体天皇八年（五一四）に、「城を子呑帯沙に築きて……」とか、崇峻天皇即位前紀（五八七）の仏教渡来をめぐる物部氏と蘇我氏との抗争において、「稲城」を築く件が伝えられており、朝鮮式の城がわが国でも実戦用にかなり普及した。

わけても、白村江の海戦大敗（六六三）後の天智朝は、国防の意識を強めているだけに城

水城——濠と土塁の防御線

郭施設の発達を促した。朝廷の大宰（だざい）すなわち「大いなる代理者」の府が設けられたのも、そのころと考えられている。

大宰府は、主要な儀式や政（まつりごと）を執行した都府楼（とふろう）と呼ばれる政庁の南方へ、東西一二条ずつの左・右郭が南北二二条にわたり碁盤目状に地割りされているが、その北西約二キロには、御笠川（みかさがわ）の谷を閉塞する防御線が、長さ約一キロメートルにわたって濠と土塁を構築してとられた。これを「水城（みずき）」というが、この他、東北の四王寺（しおうじ）山嶺に大野城を、南西の脊振（せふり）山脈東端近くの基山（きざん）嶺に基肄（きい）城を、麓に「小水城（しょうみずき）」を築いて、自然地形を巧みに活用した山城を構えた。

百済出身の答㶱春初（とうほんしゅんそ）・憶礼福留（おくらいふくる）・四比福夫（しひふくぶ）の指導によった（『日本書紀』）というだけあって、比高三五〇メートルの急峻な山の尾根から尾根へ防塁を延々と築き、城門は石を積む工夫もなされ、今日「百間石垣」といわれているほどに、かなり本格的であった。そうした堅塁の内部には、多くの倉庫群や守護神、四天王を祀る寺の施設さえも造営されたのである。

城にまつわる「鎮護国家」の願望にも似た国防意識は、天皇制の国家体系が確立するこの段階で明瞭にうかがえる。

3　都城制の導入

中国で確立した「都城」の制は、「条坊」といわれる碁盤の目の道路で区画された都市と、「羅城」と呼ばれる周囲にめぐらされた城壁の構成方式で、まさに「城郭」そのものの源意に添う。この制が日本に導入されたのは、およそ七世紀後半と考えられている。『日本書紀』によれば、大化元年（六四五）の乙巳の変で、蘇我氏を倒した孝徳天皇らは、難波に都を遷し、ここで大化改新の詔を出し、「初めて京師を修め」たとある。また天武八年（六七九）には、羅城さえも築かれたようである。近年の発掘によっても、いまだ不明の点が多く、それら都城の制の詳細は確認されていないが、大津京を経て、飛鳥京、藤原京、そしてとくに平城京においては、かなり明確になってきている。すなわち北魏の洛陽や唐の長安の都城制に従う京域北端に皇城を置く形式が認められる。そして平城京羅城門を中心とする南辺において羅城は存在したようであるが、東・西・北辺は省略されたらしい。

これを日本的といえばそれまでであるが、難波京から平城京に至る間に、唐の長安の周囲にめぐる壮大な羅城の城壁や、さらには秦の始皇帝による万里の長城に近似した構築が行われた可能性がまったくないわけではない。斉明天皇が、田身嶺（多武峰）上に「両槻宮」と号した楼観を造って、香久山の西より石上山に至る渠を穿ち、舟二〇〇艘で石上山の石を積み、宮の東の山に石塁を築こうとしたのである。

平安京の都市構成（『延喜式』による）

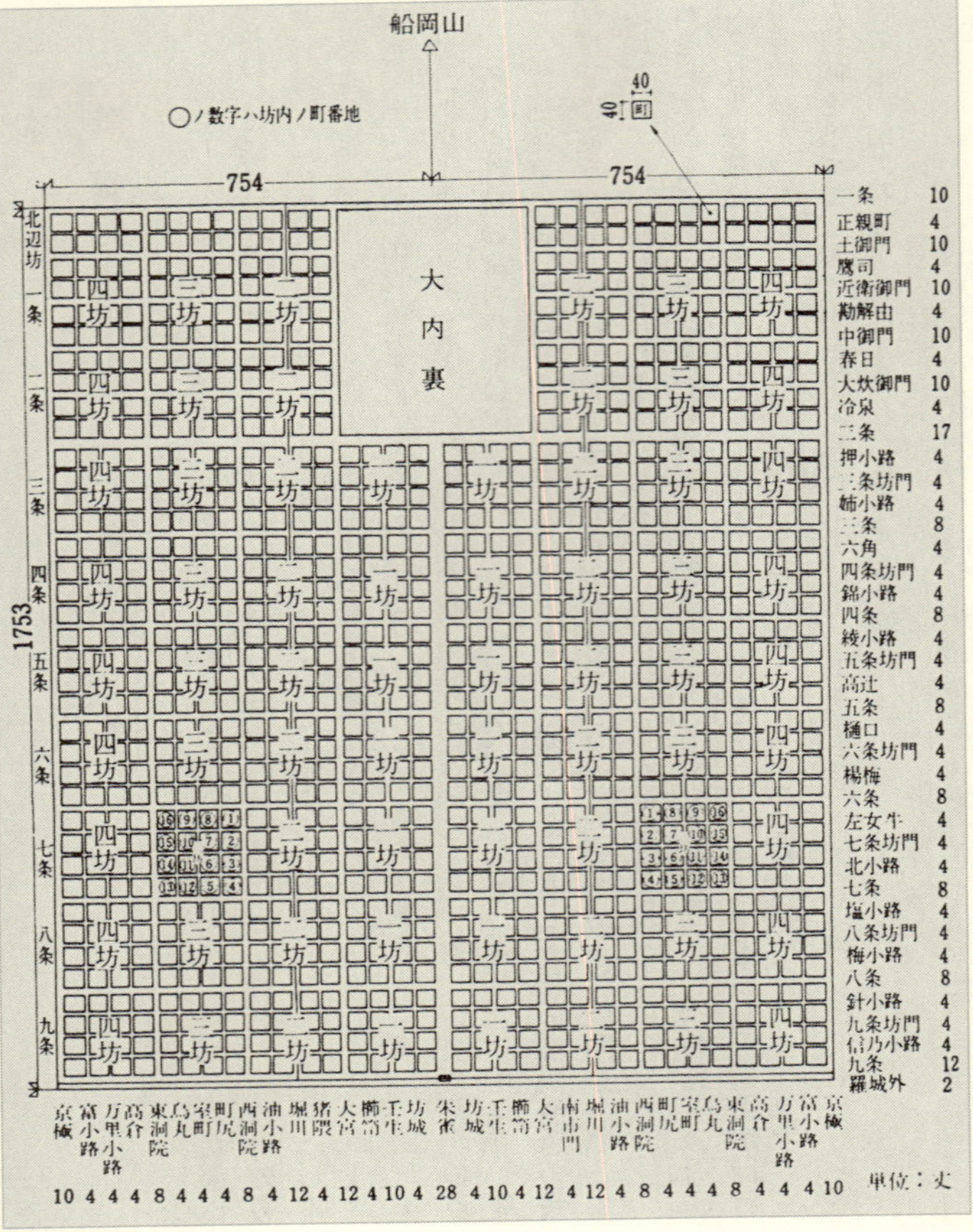

世にこれを「狂心渠（たぶれこころのみぞ）」といわれたことが端的に示しているように、中国古代都市の羅城のような、日本人にとっては巨大ともいえる構造が、実現はともかく、少なくとも考えられていたことは確かであろう。

大化の改新に対する旧氏族の反感、皇太子に怨を含む有間皇子の内乱、阿倍比羅夫（あべのひらふ）を将とする蝦夷（えみし）への再征討、唐・新羅（しらぎ）連合軍に圧迫された百済の復興など、国内外にわたる軍事的危機感が、中国式城郭を必要とした時代であったに違いない。とくに、日本の百済への救援軍が、唐・新羅の連合軍に大敗を喫し、半島経営を放棄せざるを得なくなった白村江の戦い（六六三）以後、天智天皇の時代は、数々の「狂心渠」のごとき城の工事が行われた必然性は十分にあるのである。大津遷都の原因の一つは、多分にしてそれであろう。『続日本紀』にいう「平城の地、四禽図（しきんず）に叶（かな）い、三山（香久・耳成（みみなし）・畝傍（うねび））を鎮め作る」都邑（とゆう）の地相は、むしろ政情安定化の結果と判断される。

延暦十二年（七九三）中国の陰陽学に照じて造京

西安（長安）城の鐘楼

使が平安新京の地と選んだ山背（やましろ）国は、「山河襟帯、自然作城」（『日本後紀』）であった。要するに、山城（やましろ）盆地の四周に並びたつ山脈が天然の城壁となって平安京が設定されたわけである。羅城門はあっても、それは名ばかりで、京の四周をめぐる石や煉瓦で築かれた中国式の羅城は、日本ではついに必要としなかった。そして「城」と「郭」の軍事的機能は、宗教・政治・経済的機能と分離されて辺境の前衛基地に徐々に移譲されていったようである。

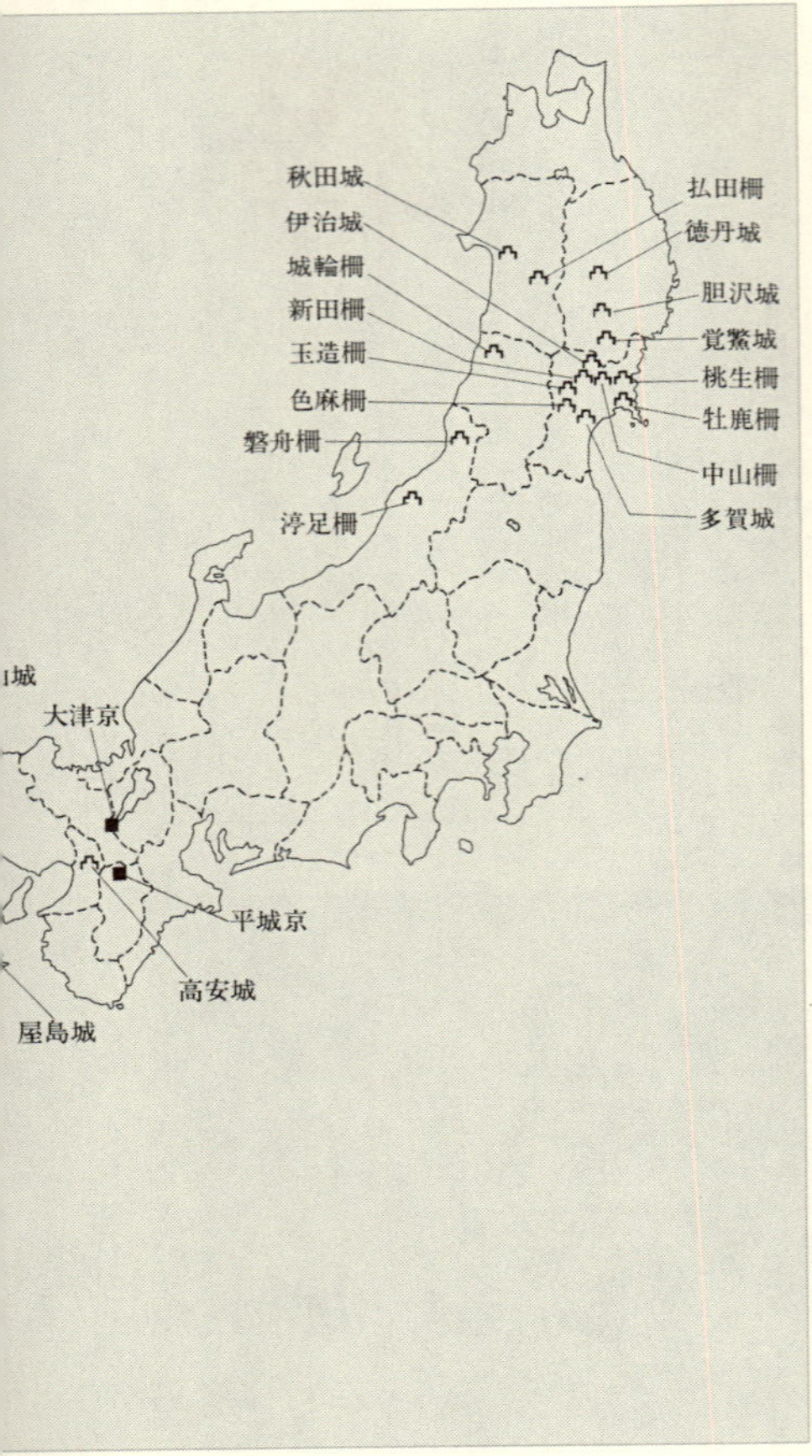

長安と平城京の比較および辺境城柵

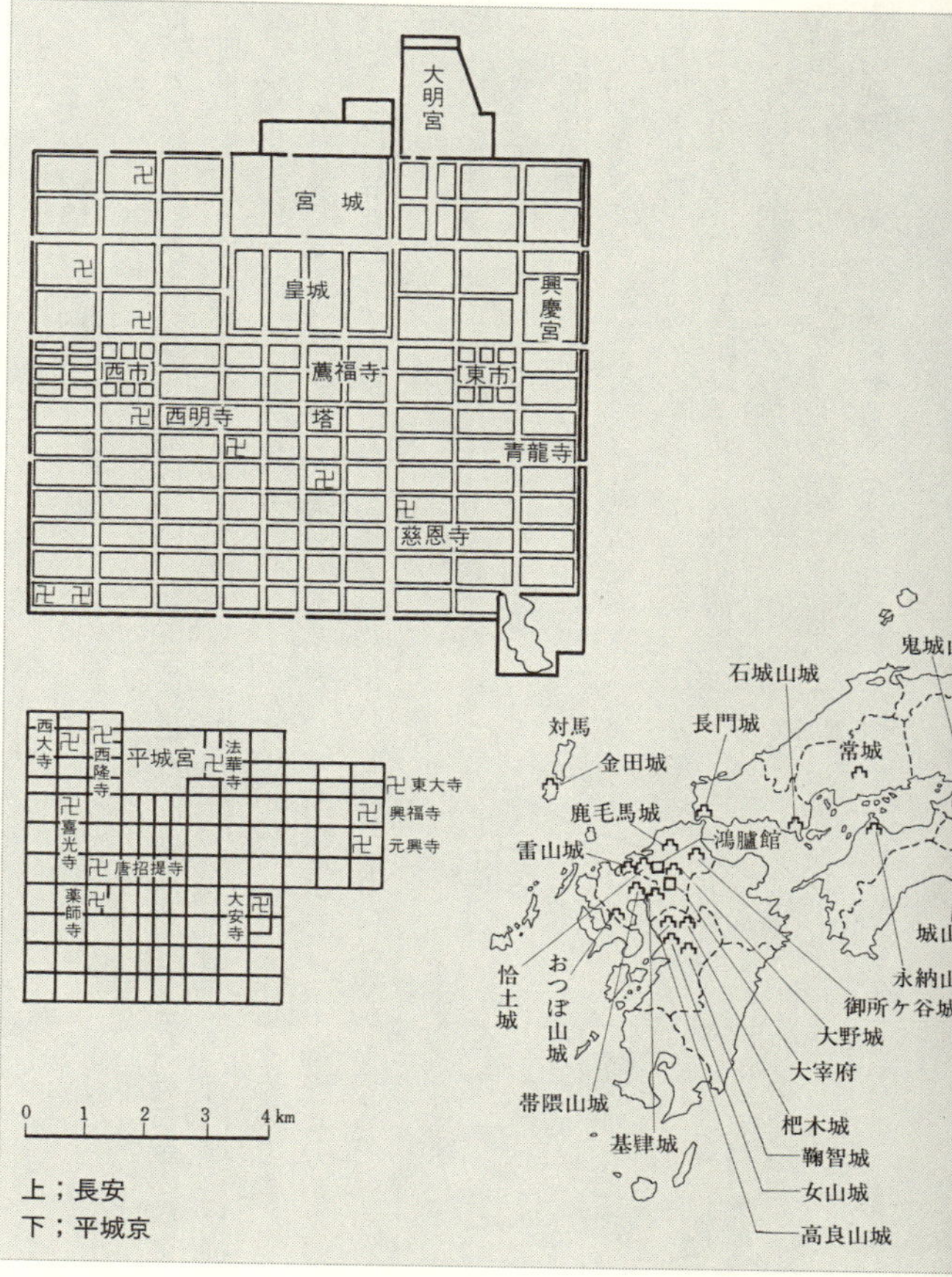

上；長安
下；平城京

4　辺境の城柵

天智朝の築城は、大宰府にとどまらない。朝鮮半島に対する最前衛として対馬に金田城を構え、肥後にも鞠智城を築く。それこそ九州から瀬戸内海に沿って大和まで、長門城・屋島城・高安城など、標高およそ四〇〇～五〇〇メートルの山頂に、次々と山城を造営した。

この他、四国坂出には城山があり、岡山の鬼城山も、神籠石ないしは山上伽藍といった宗教施設とみる見解もあって定かでないものの、近年の研究により、一連のものと考えられる。

くだって天平勝宝八年（七五六）より、吉備真備によって、北九州に怡土城の築城がはじまる。安禄山の乱で弱体化した唐の政治的・ないしは軍事的状況に照応して、新羅を討つ計画が立案され、その前進基地としたものという。

さらに大和朝廷は、七世紀後半から八世紀前半にかけてその律令国家としての体制を確立・整備する過程にあって、東北蝦夷地の経略に直面する。奥羽地方は、その中央に脊梁する大きな山脈

多賀城図

があるため、これを境に太平洋側と日本海側に二分され、統一行政を行うのに、地理的な難点があった。大化三年（六四七）信濃川河口に渟足柵（ぬたりのき）を設置するのを最初の記録として、奈良時代の終りまでおよそ二世紀にわたって、多くの城柵が造営され、国府の機能をあわせもってさまざまな攻略・鎮撫の工作が進められた。

太平洋側では、七世紀後半、白河軍団を組織して仙台平野を治め、その中枢に多賀城を設けている。その創設は、神亀元年（七二四）大野東人（あずまひと）によると多賀城碑は伝えるが、正史には天平九年（七三七）にその名を初見する。最高五〇メートルほどの丘陵東端に位置し、東西・南北約一キロの正方形に近い台形平面の外郭（築地塀（ついじ））を構え、さらにその中央東西一〇〇メートル・南北一二〇メートルに内郭（やはり築地塀）を配して内城となす。この多賀城の周辺には、少なくとも玉造（たまつくり）・新田・牡鹿（おしか）・色麻（しかま）の四柵を含む五柵が構築され屯田兵が駐留した。

鬼城山（岡山県）の石塁

そして延暦二十一年（八〇二）には、坂上田村麻呂が胆沢城を築く。翌年には志波城が、次いで弘仁二年（八一一）には文室綿麻呂が徳丹城を造営した。日本海側も、先述した渟足柵に続いて翌大化四年（六四八）には磐舟柵、和銅二年（七〇九）には出羽柵がそれぞれ史上に初見し、さらに天平五年（七三三）には、出羽柵を秋田城に改めている。この他、城輪柵・払田柵を含めて、東北辺境の城は「柵」の名が端的に示すように、平城か平山城が多く、西日本の山城と大きく異なっていた。

なお、以上と関連して、アイヌ語に「チャシ＝casi」がある。地方によっては訛って、「チャッ」「チャシコツ」という場合もあり、「茶志」「茶志骨」の漢字をあてる。丘陵の突端などの天然の地形を利用した防塞で、空堀をめぐらすこともあり、その遺跡は北海道を中心に、樺太・東北地方に分布してみられる。文化五年（一八〇八）最上徳内が著した『渡島筆記』によると、「……チャシといふは城のことにて、要害によりて作、櫓をかきあげ中より毒矢を射出す。……」とあり、先に述べた「サシ」と同類の構造と思われる。要するに辺境の城は、基本的に「柵」の構造であったと考えられる。

室蘭絵鞆チャシ

5 「館」の普及

古代の城は、中央における都城が、たとえば平安京のように羅城を名目的にして城郭としての構えをまったく失うのに対し、辺境の城柵のみが多くの櫓(やぐら)をあげ、軍事的機能を強めていた。

櫓は、二種類の意味があって、兵器など軍需品貯蔵の倉庫＝兵庫(つわものぐら)の場合と、高楼の構造をもつ城櫓・城柵櫓・塀柵櫓とである。元慶二年（八七八）秋田城が夷虜(いりょ)に焼盗された際には、多くの兵庫の他に、「官舎一百六十一宇、城櫓二十八宇、城柵櫓二十七基、塀柵櫓六十一基」を失ったという（『日本三代実録』）から、かなりな城郭構成であったことは疑いない。

しかしながら、平安時代も末のいわゆる藤原期になると、朝鮮半島との政治的・軍事的抗争も絶えてなくなり、また一方、蝦夷に対する争乱もほぼ終結して、概して城郭建築の重要性もうすれてきている。それも束の間、やがて平安貴族の没落と武家の勃興があって、争乱の中世が始まる。源平の戦い、南北朝の抗争など、戦記文学では華やかなドラマが繰り広げられているが、城郭建築に関しては、不明な点が多い。

ただ、中世の軍団組織や戦術をみると、古代のように大規模な官兵制度をなくして、各地の徒党・群党の類が一般的で、また太刀や弓矢による個人戦の傾向がいちじるしかったので、本格的な城郭建築の構築は、総じて古代より少なく、またあっても小規模であったと思われる。

それにしても中世全般を概観するとき、律令制の弛緩、つまりは中央政府の全国的な統制力の減退とともに、地方の土豪がそれぞれに武士団を編成して、徐々に軍事はもとより政治・経済の実権をも掌握していったので、かつての国府に代わる城柵を構えていった事実を見逃すことはできないであろう。

それらは、上方では「タチ」、奥羽では「タテ」というのが一般的で、「館」の字を当て、その一部を「館の内」とか「堀の内」といった。その平面形状は丘陵山地に築かれたのでさまざまであるが、概して一辺一町（一町＝六〇間＝約一二〇メートル。土木的測地では、一間＝六・五尺＝約二メートルである）ほどの正方形に近い台形で、周囲に高さ一～二間（約二～四メートル）ほどの土居をめぐらし、堀を設けた。

中世の館（粉河寺蔵『粉河寺縁起絵巻』所収）

『一遍聖絵（ひじりえ）』に描かれた九州筑前国の館はその一例で、ほぼ十三世紀の館の模様を伝えていて貴重である。内郭の建物は、武家の館とはいっても、公家同様の寝殿造りのごく普通の建物で、とくに城塞的構造をもっていたとは思われない。ただ、周囲の堀と柵垣の正面に橋を渡して櫓門を描いており、わずかではあるが「館」の施設を示している。すなわち、門の上に小さいながらも屋形を建て、そこに弓・矢を常備して、いざ戦争ともなれば、いつでも城の構えを一応なし得たものと考えられる。ほぼ同様の図柄は『粉河（こかわ）寺縁起絵巻』や『六条道場絵伝』でみられ、館は全国的にかなり普及していたと思われる。

『今昔物語集』にいう「各軍に備えて、戦わん事を営む」とは、以上のような「館」あってのことであろう。いずれにしても、古代の「キ」とか「サシ」と本質的な構造変化がない点は留意する必要があろう。

筑前国の館（清浄光寺（遊行寺）蔵『一遍聖絵』所収）

6 「要害」の発達

古代の大野城のように、地勢けわしくして守りやすく攻め難い地形は、元来、軍事性に富む。

『続日本紀』大宝二年（七〇二）十月の条に、「国内要害の地において柵を建て戍を置きてこれを守らんと……」とあるのは、まさしくそれであろう。群党が地方に割拠したとき、館よりも山城の構えをもつ要害が、戦乱の世＝中世に重視されるのは当然であろう。

たとえば鎌倉幕府の正史『吾妻鏡』によると、治承四年（一一八〇）十一月四日、源頼朝軍の攻略で佐竹秀義の籠る常陸金砂城は、居館を離れた臨時の山城であるが、「佐竹冠者は金砂において城壁を築き、要害を固め、兼て防戦の儀に備えて、敢て心を揺がさず、干戈を動して矢石を発し、彼城郭は高嶺を構えるなり」とある。

つづいて寿永三年（一一八四）二月、安徳天皇を奉じて平家が摂津福原一の谷に築いた城郭は、「一谷要害」（『吾妻鏡』）といわれた。東の生田森と西の一の谷に「城戸口」を設け、その中三里ばかり須磨板宿福原に兵庫が続き、堀を掘り、二重三重に逆茂木を打って櫓を掻き上げ、さらには垣楯を構え、「誠に由々しき城郭」であったという（『源平盛衰記』）。

こうした要害の一部が『後三年合戦絵詞』所収図で具体的に知られる。奥書によると画工飛騨守惟久が詞書の筆者仲直朝臣（上巻）・左少将保脩（中巻）・従三位行忠卿（下巻）とともに描いたもので、貞和三年（一三四七）の序がある。よって後三年の役（一〇八七）そのものに関連しての史実にどの程度絵画的な信憑性があるか問題であるが、鎌倉時代の一般的な要害の状態とみるのは差し支えなかろう。楯を立てた高櫓は、外敵を弓で射るのに便利に違いなく、しかも櫓の下を土壁にして耐火性を強めている。それにしても、非常時の城郭であるから、実質本位のごく簡素な建造物であったことは想像に難くない。楠木正成（くすのきまさしげ）が正慶元年（一三三二）挙兵して幕府軍を大いになやませた千早城は、江戸時代に調べた遺跡図（岡山大学附属図書館蔵『河内千早嶽山赤坂要害図』）によると、かなりな規模と構成をもっていたことが知られる。

　臨時の要害が、常設の館の機能をあわせもって大きく拡充発展をみたのは、およそ南北朝を過ぎてのことと思われる。さしずめ長禄元年（一四五七）に完成した太田（おおた）道灌（どうかん）の江戸城などは、この時期の要害の最たるものであったろう。子・中・外の三城よりなる懸崖巨溝をもつ様

千早城（岡山大学附属図書館蔵『河内千早嶽山坂要害図』部分）

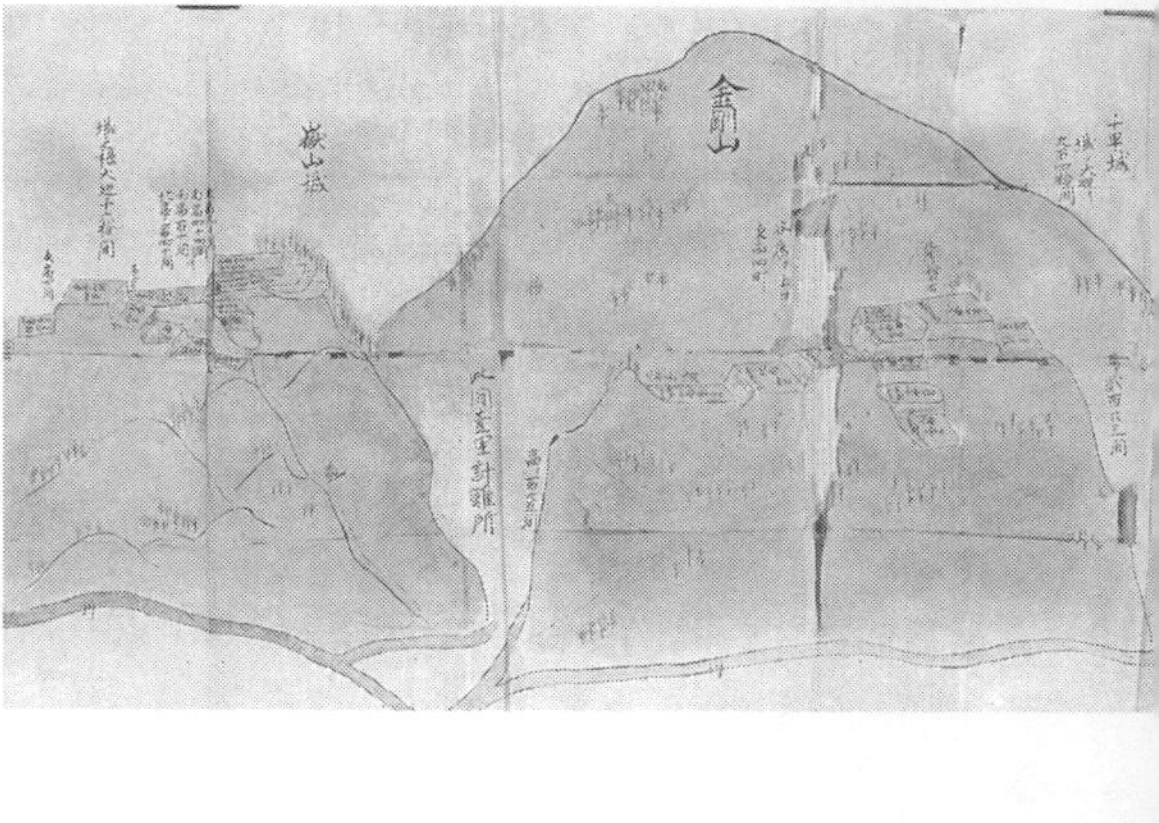

は、「江戸城高くして攀ずべからず。わが公（道灌）の豪気東関に甲たり」（『補庵景三詩文』）と喧伝された。中城には静勝軒と称する道灌の館を核として、富士の霊峰を眺める含雪斎や江戸湾に臨む泊船亭が設けられたという。

そして、子・外城には直倉があって家臣団が居住し、物見の戌櫓や厩が建てられ、さらに外延には二〇の櫓と五つの石門があったと伝えられる。城下には「根小屋」が発達してある程度の市町もできている。軍事性とともに政治・経済性をふまえたこうした要害の発達は、室町時代の特質とみてよかろう。

なお、村上要害図は、時代も下って慶長二年（一五九七）時のものではあるが、東北の辺境ゆえに後進的で、中世の要害の構造を知るには、この際きわめて参考になる。

村上要害図（米沢市上杉博物館蔵『越後御絵図』部分）

7　「シロ」と城下町

ところで「城」はもとより音で「ジョウ」と読む。訓では「シロ」であるが、これは「シリ（領）」の古い名詞形と推定されている。「領有して他人に立ち入らせない一定の区域」を示すわけで、たとえば、苗を植え育てるところを「苗代」（『播磨風土記』）といい、矢を射るための場所を「矢代」（『出雲風土記』）、神に捧げる稲を植える区域を「神田」（『日本書紀』）というがごときである。田畠の面積単位において、高麗尺六尺平方のいわゆる一歩の五倍を「代」というのも、この際、故なしとしない。ただここで留意すべきは、中世以降のように「シロ」が城郭を意味しないことである。

「シロ」に「城」を当てるようになったのは、平安京創設に当たって「山河襟帯、自然作城」ところの「山背」国を「山城」国に読み変えたのに始まるという（『松屋筆記』）。「領域を区切る」「シロ」の源意が都城制の計画意識すなわち縄張に照応したと考えられるわけで、「城」や「城」が中世を通じて「館」や「要害」に発達し、さらにそれらが本来にもつ軍事的機能よりも都城や国府のように政治的経済的機能が重視されて「城下町」へ転生する南北朝以後において「城」に変化する事実は注目すべきであろう。十四世紀後半に成立した『太平記』には、「城を枕にして討死すべし」といった記述があり、室町時代の辞典『釈最集』には、「城、シロ、要害也」とあって、「城」の用語が「城」「城」に代わって一般化したのを明瞭に知ることができる。

「城」はまた本丸以下の「丸」とか「曲輪」の用語をも普及せしめたようである。おそらくそれは「城」自体が、古代の「城」「城」と違って、各種の「丸」や「曲輪」を複雑に縄張する本質的な性格に係わっているからであろう。換言すれば、南北朝以降とりわけ戦国期は、「城」が多くの「丸」や「曲輪」、さらに「城下町」を包含して、大規

一乗谷城下町図

模に縄張された時代となったことを意味しよう。それには、衰退したとはいっても、かつての国府の立地が守護所に選ばれて、守護大名の城下町として発達した例も少なくないのである。たとえば、駿・遠両国の守護今川氏は、応永十六年（一四〇九）駿河国志太郡大津郷大草（現・藤枝市）より府中に守護所を移したが、享禄三年（一五三〇）には、「駿河府中二千余軒回禄」（『実隆公記』）とあるまでに繁栄している。

文明三年（一四七一）越前国守護所として朝倉孝景（あさくらたかかげ）が築いた一乗谷城とその城下には、少なくとも天正元年（一五七三）信長に滅ぼされるまでの間に、本丸・二丸・三丸・千畳敷・月見台などをもつ要害の西麓一乗谷川両岸狭地において、南北二キロにわたって館と武家屋敷および南陽寺・サイコージ（西光寺）などが集中する城下町が形成されていた。上・下の城戸内は、たくさんの京都人・公家が訪れ、「越南の都」（朝倉義景（よしかげ）墓碑）とさえ称された「小京都」意識がこうした地方の城下町に育つのである。

さらに越後守護代長尾為景（ながおためかげ）は永正年間（一五一〇頃）国府よりわずか一里ほどの春日山に要害を築き、のち長尾輝虎（ながおてるとら）（上杉謙信）が二丸・三丸などを固めて、山麓の春日町、それに府内および信濃者の住む善光寺門前の三市町をあわせて、かなり広域な城下町を形成していたようである。

8　山城から平城へ

守護大名の城下町が発達することによって山城の要害は徐々に平地に移行した。周防山口はそのごく初期の例であろうが、先述した今川氏の府中（駿府）にしても、すでに平山城・平城の立地であった。この他、若狭国府の津として大永二年（一五二二）に築かれた小浜城は、後瀬山を城としながらもその山麓に館を設け、「弘治年中より別而乱世なる故、町屋の方へ城をひろげ、城を二重に構え」たといい、その結果「軍用には好といえども町中不自由なり」とされた（松原信之『若越城下町古図集　解説書』）。町を囲郭する構造であったにちがいない。関東の結城は、平山城の本城の近辺約半里以内のところに、宿・西の宮……の町が外郭状に散在して、それぞれの町に木戸門・土塁・濠が設けられていた。弘治二年（一五五六）には町の市が保護されるが、同時に上記防御施設の修理役が義務づけられ、いざ籠城となれば、町ぐるみの戦闘体制がとられた（『結城氏新法

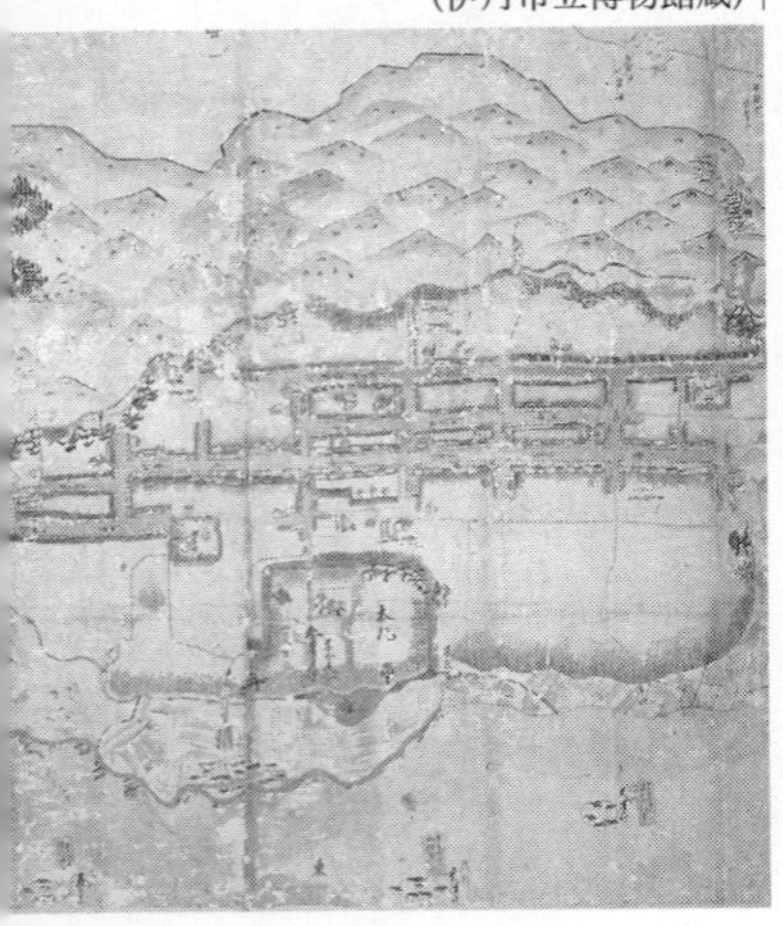

『寛文九年伊丹郷町絵図』
（伊丹市立博物館蔵）

度』)。いわゆる西洋や中国の環濠城塞都市と同じであったろう。

そうした平山城・平城の例は、信長の清洲城・岐阜城をはじめとして戦国時代には数多く知られるが、比較的小規模な縄張の一例として、摂津伊丹城がある。

この城が史上にしばしば現われるのは、室町幕府管領であった細川二流の対立抗争時で、永正十七年(一五二〇)二月落城した件は『細川両家記』に伝えられている。その後、幾多の攻防があって、天正二年(一五七四)荒木村重(あらきむらしげ)が入城、以来、有岡城と改称、大いに整備されたらしい。天正六年、信長に背いた際には、一ヵ年近く籠城後、ようやく落城しているほどの堅城であった。そのときの総構(そうがまえ)は『寛文九年伊丹郷町絵図』でおよそ推定できる。すなわち、塚口から大鹿へ抜ける街道に町が開かれ、東側に空地があり、その東端中央に、濠で囲まれた城跡が認められる。内郭は、運正坂の南、本泉寺の東・長谷坂のやや北までで、南北に少々長いほぼ矩形の敷地に城内をH字形に縄張している。北側の広い部分が本丸で、中央部は東西に二分され、その東側に「お堀」を外側に配した「天守土台」があった。南側は「二之丸金之間」である。

これより外郭濠が南方に延びて、南端の「ひよどり塚の砦」から右折して西北方に進み、北端「北の砦」で再び右折して、途中、蛇行しながら内郭北端(本丸)に達し、一周する構造になっている。

こうした城下町とあわせて、当時、真宗門徒が仏国建設を夢みた「寺内町」の繁栄も忘れられない。越前吉崎・山城山科・摂津石山などがとくに大きく、初期の吉崎の場合でも「おそらくかかる要害もよくおもしろき在所よもあらじ」（『帖外御文』）とか、「宛モ大国ノ城郭ノ如ク美々布霊場」（『真宗懐古鈔』）とかいわれたほどであった。

詳細は不明だが、たとえば、山科の遺跡からすると、「御本寺」という内郭に「内寺内」「外寺内」の外郭が三重に配され、まさしくこれは平城の構えであった。信長が攻めあぐんだ石山本願寺町は、さらに大規模であったらしく、「方八町に相構へ、真中に高き地形あり、爰に一派水上の御堂をこう〱と建立し、前には池水を湛、一蓮托生の蓮を生じ、後には弘誓の舟をうかべ、……仏法繁昌の霊地に在家を立て、甍を並べ、軒を継ぎ、福祐の煙厚く、遍此法を尊み、遠国波嶋より日夜朝暮仏詣の輩道に絶えず」（『信長公記』）であった。ヨーロッパや中国ほどでないにしても、環濠城塞都市が日本でも成立したのである。

『野村本願寺古御屋敷之図』（光照寺〔京都市〕蔵）

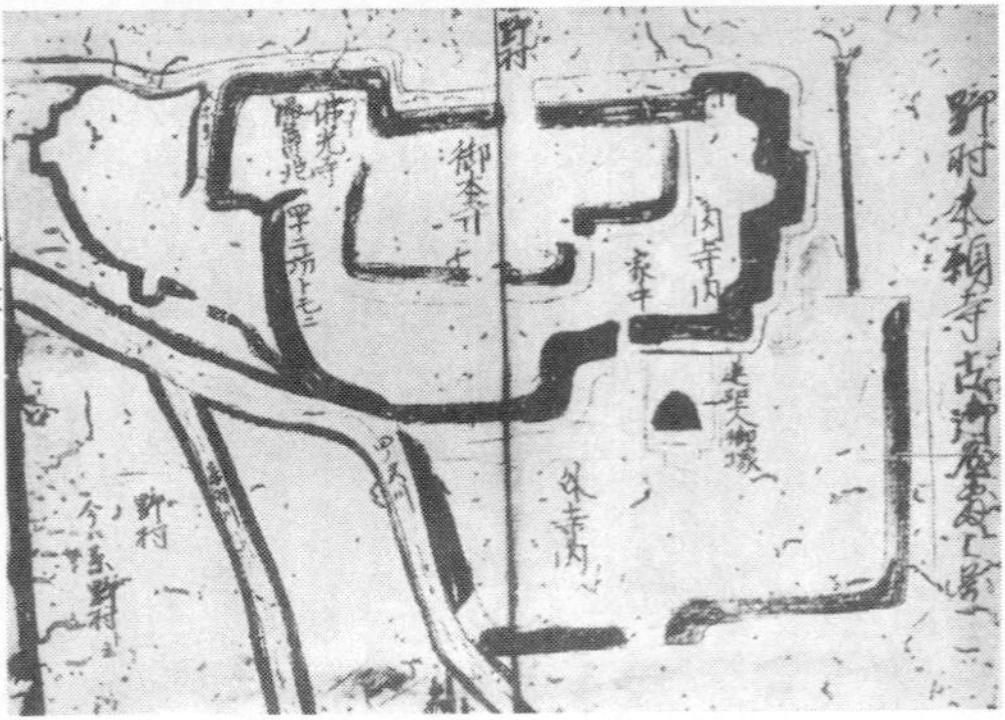

9　天主（守）の創始

城郭の造形美は、天守において極まる。世に天守の濫觴は安土城といわれている。江戸時代からの伝で、たとえば『愚子見記』（天和二年＝一六八二）には、「殿守丹羽五郎左衛門長秀始云人有、是安土城奉行被仰付依云余爾歟、安土殿守二重石垣高十二間上広南北二十間東西十七間、石垣内蔵用、其以上七重殿守也」とある。一見して太田牛一著『信長公記』といった慶長期以降の軍記類をもとに、世俗の伝を虚飾していることが明らかである。

ところで、『松屋筆記』（一八一八～四五頃）の著者小山田与清は、『細川両家記上巻』永正十七年（一五二〇）二月十七日の条に「天守」用語が初見するのを指摘している。さしあたって今日もっとも流布している塙保己一の編集した『群書類従合戦部』所収本によれば、「然るに伊丹城の中に、同名（伊丹）但馬守・野間豊前守二人申けるは、当城此数十年の間、諸侍土民以下煩としてこしらへたる、そのしるしなく、のかれける事口おしさよ、我等二人ハ此城の中にて腹切らんと、四方の城戸をさし、家々へ火をかけ、天守にて腹切ぬ」とある。これを信ずる限り、安土築城（天正七年）をさかのぼること実に半世紀以上も前に、伊丹城で「天守」が存在したわけである。

『細川両家記』は、別名『三好記』『正禄間記』『二川分流記』『聞見事記』ともいわれ、細川二流に係わる軍記で、奥書によると、生島宗竹が上巻は天文十九年（一五五〇）四月に著わしたことになっている。

さて、この『細川両家記』「天守」初見をさしあたって認めるにしても、その後の「天守」の用例は、ほぼ疑う余地のない第一級史料に限定すれば、「殿主」「殿守」「天主」「てんしゅ」等を含めて、後述のように、元亀年間（一五七〇頃）までおよそ半世紀にわたって絶えてないのである。当時無数といえるほど造営された戦国期の城で、鉄砲など日進月歩の勢いで工夫改良された戦術があって、もし「天守」がきわめて有効な軍事施設であるならば、一時に多用されたはずである。それなのに半世紀も記録にまったく「天守」を見出せない以上、『細川両家記』は、概して脚色の多い軍記類であるだけに、改めてその史料としての信憑性を問わざるを得ない。

現在、『細川両家記』の生島宗竹自筆原本と考定できるものは伝わらない。そこで念のため、多くの写本にて永正十七年二月十七日の条を検討してみると、上記「天守」が「しゅ

修史館本『三好記』（内閣文庫蔵）▼

てん」「主殿」ないしは「てんしゅ」とされている場合があって、必ずしも諸本一致していない事実が判明してきたのである。

その際、注目すべきは、「しゅてん」「主殿」が、比較的写本年次の古い良質本に共通してみられる点である。林鵞峯（一六一八〜八〇）の蔵書であった林（大学頭）家本『三好記』、塙保己一（一七四六〜一八二一）収集の和学講談所本『正禄間記』はすべて「しゅてん」であり、安永四年（一七七五）写しの和学講談所本『聞見事記』は「主殿」となっている。そして、とくに興味深いのは、享和二年（一八〇二）写しの修史館本『三好記』は、上記諸本同様「しゅてん」としながらも欄外にて「てんしゅナルベシ」と朱書していることである。他方「てんしゅ」とあるのは、紅葉山文庫本『細川両家記』であり、「天守」に至っては、昌平坂学問所で林述斎（一七六八〜一八四一）が主宰した記録調所本『二川分流記』や内務省地理寮本『細川両家記』等、概して写本年次は幕末以降にくだる。要するに『群書類従』所収本の原典となった幕府関係本で

林家本『三好記』（内閣文庫蔵）
——永正17年2月17日の条

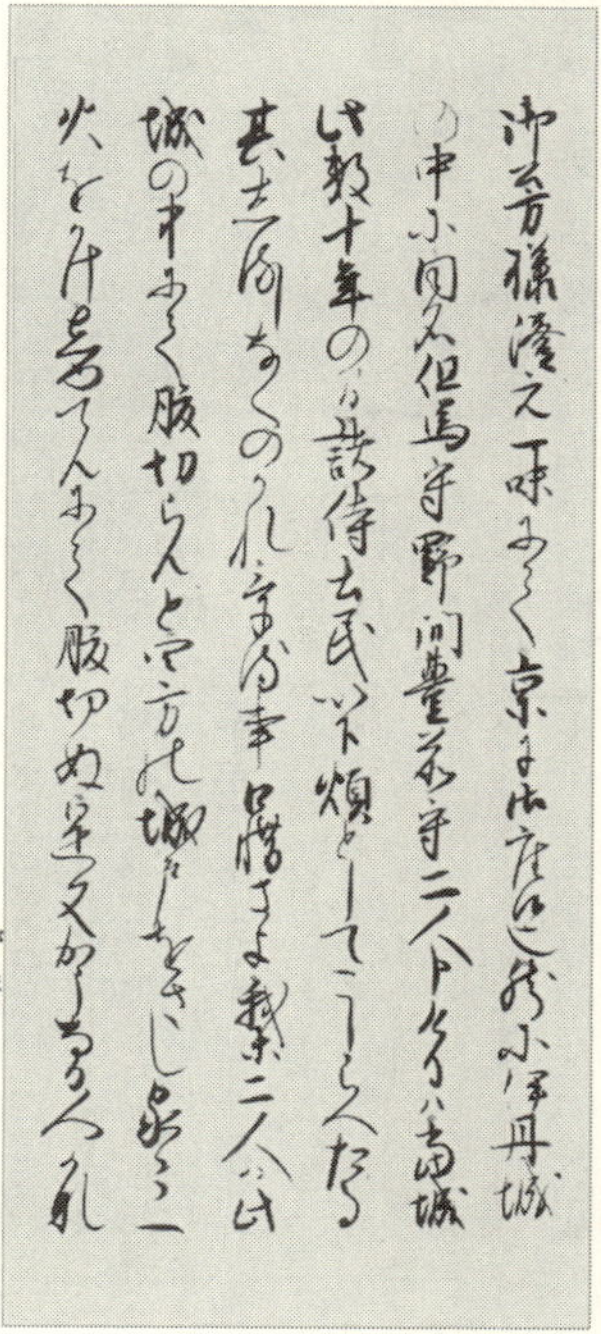

は、「しゅてん（主殿）」から「てんしゅ（天守）」へ改稿されている。

ところで「主殿」は、古代の寝殿造りの中核となった「寝殿」が中世において略化したもので、ほぼ十五世紀初頭から文献に現われ、応仁の乱後に普及している（川上貢『日本中世住宅の研究』）。とくに北山から東山文化へと成長した新興文化の荷担者たる武家は、衰退する略式寝殿すなわち主殿を、単に略式と意識するだけでなく積極的に新様式へと止揚せしめた傾向があり、ついには安土・桃山時代において書院造りの広間へと大成するにいたる。したがって『細川両家記（上巻）』が書かれた天文十九年以前では、「しゅてん」に用語としての歴史的な必然性があり、これを「てんしゅ」とするのは、江戸時代末の史家の誤った校訂の結果と判断される。

そこで次に、信憑性のある史料から天守の発生過程を検証してみよう。たとえば『信長公記』首巻弘治三年（四カ）（一五五七）の「清洲北矢倉天主次の間」といった近世に著わされた軍記の類を当然にここで問題外とすれば、『元亀二年記』七月二十四日の条に、上京町衆舞踊遊行を二条城「天主之前」で挙行した件があり、管見するところこれが天主（守）初見の記録である。

この二条城は、信長が永禄十二年（一五六九）から造営したもので、その結構はルイス・フロイスをして「日本にかつて見たることなき石造」といわしめたほどのユニークな構造をもっていた。とにかくこの二条城「天主」の記録以降、その用例は徐々に多くなる。

元亀三年の近江坂本城「天主」（『兼見卿記』）、同四年高槻城「天主」（『兼見卿記』）、天正

二年勝（青）竜寺城「殿主」（『東山御文庫記録』）、天正四年安土城「天主」（『兼見卿記』）、天正七年安土城「殿守」（『津田宗及茶湯日記』）、同「殿主」（『安土日記』）、天正七年井戸宿城「天守」（『多聞院日記』）等々で、天正十年代には、その例は枚挙にいとまがない。興味ぶかい例では、天正十一年四月二十四日の北庄（きたのしょう）城落城の件を伝えた同じ秀吉の書状でも、小早川隆景（たかかげ）あてでは「天主」「天守」とあり（『毛利家文書』）、大友義統（よしむね）あては「天守」「殿主」となっている（『大友史料』）。新しい天下人を目前にした秀吉が、少なくともこの時点で天守用語を混乱していたことが明らかである。

　結局、以上の検証によって、確実なる天守用語は、室町将軍第（てい）である二条城において「天主」として初見し、天正期に入って「殿主」「殿守」「天守」と変化した過程があとづけられる。

10　天守の変容

それでは、天守の「天主」たる造形が何故に求められたのであろうか。

江戸時代より説かれた天守起源説は、建築としての構造の様式性から①楼閣説と②高櫓（たかやぐら）説があり、また城郭施設としての機能性から③天守説と④殿守説が、さらに造形内容の思想性を重視して⑤天主（儒教）説、⑥天主（仏教）説、⑦天主（キリスト教）説、⑧殿守（神道）説があった。

たとえば永禄九年（一五六六）の墨俣（すのまた）城（俗に一夜城）には、後世からみれば天守と称してさしつかえない望楼がたてられたことが近年の新史料の発見によって明らかとなっている。また『長篠合戦図屏風』における一見天守状の建物は、この屏風が合戦のあった天正三年（一五七五）から半世紀のちの元和・寛永期の制作になるにしても、望楼を設けて城の中枢であったことは確かであろう。慶長二年（一五九七）に制作された村上要害図（四六ページ）にも、山上本丸にそれに類した建築が認められる。

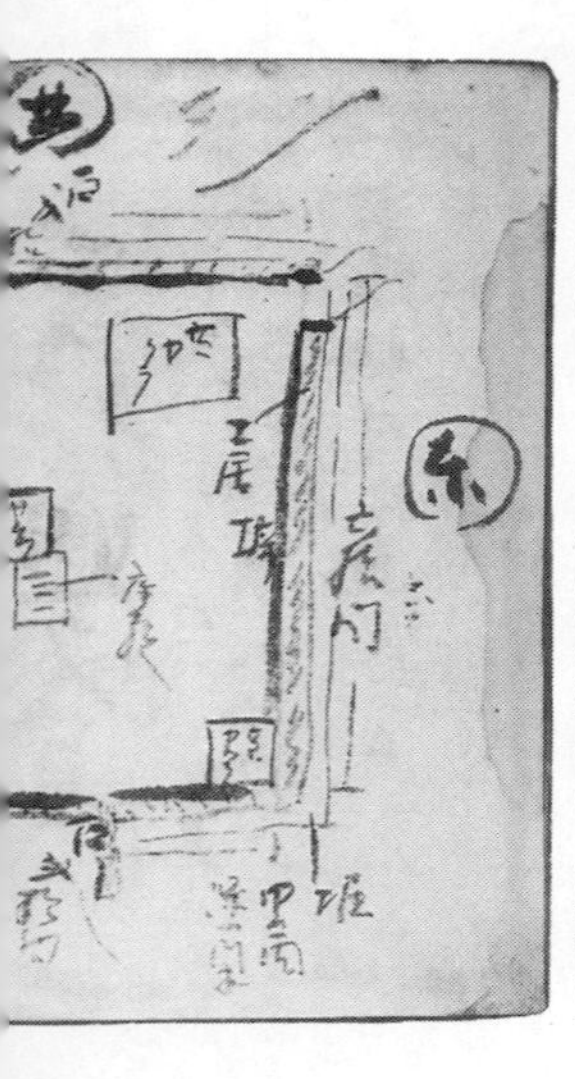

しかし、単に城中で最も高い構造様式をもつというだけなら、それが楼閣であろうと高櫓であろうと、あえて「天主」と名付けた歴史的な必然性を説明できない。その意味で①②説の所論は薄弱である。また逆に、機能的意味をだけ求めて「天守ハ天下の守衛」「殿主ハ一殿の主頭」とする③④説は、あまりに辞句の付会に終始しすぎて、あえて高層建築にした天守の造形的理解に欠ける。やはり⑤〜⑧の思想性を問題としなければ、天守創始の本質に迫ることは不可能であろう。

その場合、前節で述べた「天主」が室町幕府第であった二条城において発生をみている検証と、安土城では、地階に宇宙の中枢表現たる宝塔

墨俣一夜城の平面と楼

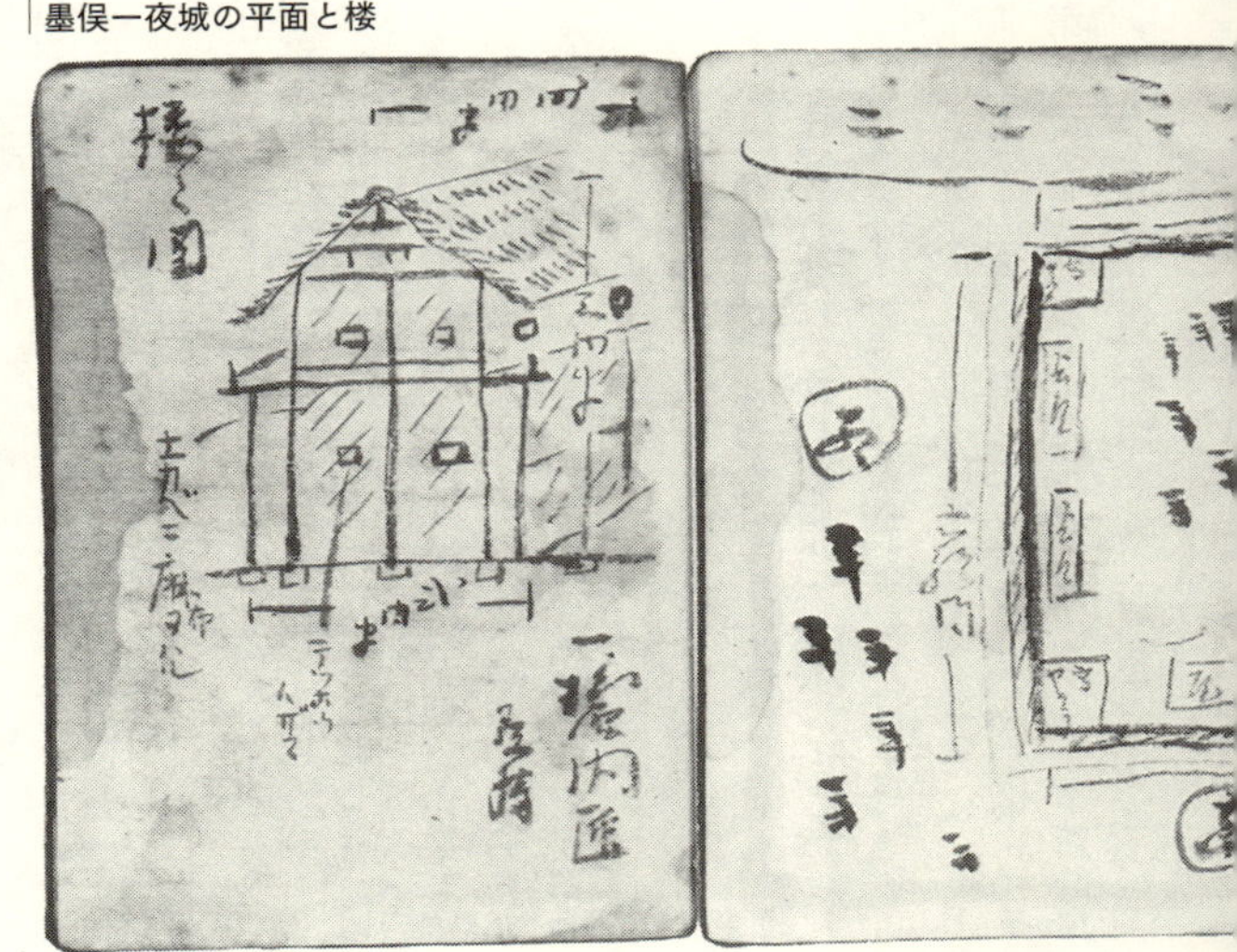

をもち、一階に信長の化身となした石を祀る神道的な「盆山(ぼんさん)の間」があり、さらに五階に仏教的な八角堂を設け、最上階に道教・仏教思想を宣揚している事実に留意しなければならない。

そこで、新たに⑨天主（天道）説を提出したいと思う。戦国期のいわゆる下剋上の社会において、旧来のさまざまな法や道徳が公然と破られる際、そうした行動を正当化する武将の思想・倫理意識ないしは信仰様態を考慮する必要があろう。戦国武将がもっとも関心をもったものは「天道思想」で、人間の運命を意識した道教的な冥慮を基底に、仏典に由来して「天堂」すなわち天上界を志向する場合、儒教思想を反映して天道の名において天地の当為を求める場合、神道のいう天地万物の規範道理を象徴して人倫の道を説く場合などがあった。

安土城の天主の造営内容はまさしくそれで、その淵源を遡れば、公武両権を支配して儒仏不二・神仏唯一・三教一致を至高の思想とした足利義満が、自らも「天山道有」と号し、北山第に建築史上はじめての三階楼閣（金閣）を建てた件は、刮目(かつもく)に価する。

二条城の詳細は不明であるにしても、いわゆる天下人のあえて高層建築を造営してきた北山第↓二条城↓安土城の造形系譜を思想的に評価したいと思う。

そうした天下人の「天道思想」を破天荒な規模と内容で実現したその政治的経済的ダイナミズムにおいて、やはり、安土城は北山第や二条城とは造営次元が数等に異なって革新的であり、世俗の伝のように天守の濫觴(らんしょう)と考えざるを得ない。

その安土城天主の建築様式は「前期望楼型」である。これが規範になって天正度大坂城・聚楽城（第）・名護屋城などが造営されたが、関ケ原役後大坂陣前における天下の政権定かならぬ時期の危機感があって、いたずらに軍事性のみが強調されて要害堅固な「後期望楼型」から「前期層塔型」に変容し、当時（慶長十四年）「今年日本国中ノ天主数二十五立」（『鍋島直茂公譜考補』）といわれるほどの築城ブームであった。やがて、いわゆる元和の一国一城令後、「後期層塔型」となって天守の造形は完成する。

併せて天守の縄張も大きく変容する。安土城・岡山城・犬山城などの前期望楼型は、不整形な天守台上に付櫓をもった「梯立式」縄張であるが、およそ後期望楼型にかけてのころ、付櫓を分離発達せしめ小天守を付設した「連立式」縄張になり、さらにその極限形態として複数の小天守を環状につなげた「環立式」縄張を完成する。もっとも戦闘的な構えであるが、平和な江戸時代になるとかえって無用の長物と化し、そこで複雑な小天守を廃して単に城下からの遠望にたえる大天守のみの「単立式」縄張になり終える。すなわち「天守は一城の飾り」といわれるに至るわけである。

11　テクノクラート誕生

天守の変容過程が端的に物語っているように、戦国時代から安土・桃山時代にかけては、未曾有の建設事業が、全国的な規模で遂行された。城普請の必要にせまられたとはいえ、闘うことを専業とする以上に、名だたる戦国武将は、都市や建築の計画技術に多大な知識を必要とした。それゆえにこそ「梯郭式」「連郭式」「環郭式」「渦郭式」といった各種縄張（九一ページ以下参照）を平山城・平城に駆使し得たのである。たとえば加藤清正とか藤堂高虎・小堀遠州などは、縄張の名手としてとりわけに著名であるが、彼らをいたずらに高度の技術保有者とみるのは誤りである。彼らに直接助力した総合的な技術指導者すなわちテクノクラートの存在を忘れてはならない。

その初期例としては『多聞院日記』天文十五年（一五四六）の条に、安芸国の出身「少南平

中井大和守正清画像（中井正知氏蔵）

三」と「坂の市の介」なる「城作り」がいたことを伝えているし、また『天文日記』の同二十一年に、大坂石山建設に際して「松田三郎入道」なる「城作り」の存在が知られている。元亀元年（一五七〇）から実に十一年間にわたって行われた信長の石山合戦においては、加賀国より「城作り」が召し寄せられ、方八町の石山本願寺の城構えをなしたともいわれる（『信長公記』）。

彼ら「城作り」が実際にどのような技術をもっていたか必ずしも明らかでない。しかし、先の安芸国の「少南」とはオトナと読み、広島県佐伯郡「大人」（現・廿日市市）のことで、近辺の「坂」とともに、広島湾に面して瀬戸内採石に優れた技術をもった石工（俗に「浜筋の者」という）の住むところであるから、後世にいう職能名としての穴太（穴生）のことであろう。しかし単なる職人的な石工ではなかったらしく、「松田」は若党・中間を配下に抱えて活躍し、天文二十二年「謀書段」によって処罰されている（『天文日記』）。「城作り」として城塞計画の枢要に関与していたものと思われる。

信長が安土築城に際して近江国志賀郡坂本村穴太（現・大津市）の石工を登用した件は周知であろう。戸波一族はその中心的存在で、「駿河」「三河」は豊臣・徳川両家に仕え、伏見

絹本著色藤堂高虎像（西蓮寺蔵〔伊賀市教育委員会提供〕）

城・名古屋城・駿府城・江戸城・大坂城の構築に加わり、江戸時代には絵師の狩野派同様、全国の諸大名に弟子を派出していた。紀伊藩の戸波弥兵衛・同市助、熊本藩の戸波儀太夫、加賀藩の戸波清兵衛、津山藩の戸波平左衛門、福岡藩の戸波次郎左衛門などである。この他、豊臣家に「出雲」がおり、一族は堀金（ほりがね）姓を名乗って岡山藩に仕えた例があり、紀伊藩の高村武兵衛、高知藩の北川豊後なども「穴生」として記録に残る。

加藤清正も築城術に秀でていたという。たしかに熊本城や名古屋城の天守台をみればその伝は首肯できるが、じつは飯田覚兵衛や三宅角左衛門が配下におり、世に「二カク」としてその名手を謳われた。また、原田茂兵衛も有名であった。彼らの技術があってこそ、築城術に「清正流（せいしょうりゅう）」の盛名が残るのである。

安土築城には、御大工棟梁として尾張熱田社の岡部又右衛門父子の活躍も見逃せない。父子は信長とともに本能寺の変で戦死しているものの、配下には、かつて室町幕府に仕えたこともある京都・奈良・堺の名工が参集していた。

彼らとなんらかの関係があってか、近江出身の大名には、築城術に長じた者が多い。藤堂高虎や小堀正次とその子政一（遠州）で、豊臣家の建設行政を担当した秀長の家臣として少なくとも郡山・和歌山・小倉・伏見などの築城に関与、各地で優れた技術者を育てている。紀伊粉河（こかわ）大工次郎三郎はその一人であるが、なんといっても一世を風靡したのは、奈良大工中井正清（なかいまさきよ）の登用である。正清の父孫太夫は、天正度大坂城の御大工棟梁であったらしく、その優れた技術を相伝して秀長没後は、高虎や正次・政一とともに徳川家に仕え、伏見・二条・江戸・駿府・名古屋といった慶長度に行った幕府の主要築城工事すべてに指導的役割を果たす。今日でいうテクノクラートで、城下町の都市計画をなし、先に述べた天守様式の後期望楼型から前期層塔型への移行とか複連立式や環立式縄張といったきわめて実戦向きの天守を考案している。

こうした軍事的活躍ばかりではなく、瀬田から宇治に通ずる舟路疎通を角倉了以(すみのくらりょうい)と共に計画してもいる。その結果、琵琶湖の水位を三〜四尺も下げれば、近江盆地は二〇万石の新田ができることを予測している。正清の活躍があまりにもはなばなしいだけに彼の死（元和五年＝一六一九）をもって日本城郭史は最盛期の幕を下ろしたといっても過言ではない。

12　天守のない城下町

「天守は一城の飾り」といわれるように、信長の安土城以来、天守は久しく城下町のシンボルであった。しかし元和偃武以後、泰平の世がつづくと、天守を含む本丸諸施設は「無用の長物」化してくる。そして慶長の風雲急な時期に急遽建造された巨大な城郭建築は、半世紀も経ると修理の必要も生じてくる。加えて籠城を意識して設計された本丸の居住施設が充分機能を果たさなくなる。そうした本丸城館は、修理や罹災の際に一時的に、本丸に次ぐ重要な郭で庭園施設をももつ二丸に機能を移すようになる。すなわち、次第にこの二丸が城主の常住居処となってくる。早い事例としては元和五年（一六一九）家康の子頼宣入部に伴う和歌山城がある。寛永期に入ると水戸城・名古屋城が同五年、江戸城でさえ同七年頃から二丸を拡充する。金沢城も本丸火災後寛永十三年（一六三六）に二丸に城主居館を、同十六年には仙台城にも新造される。

やがて明暦三年（一六五七）、いわゆる振袖火

水戸城再建天守（戦災焼失）

事で防災上最も完全といわれた江戸城にも火が入り、幕府権力の象徴五層の大天守を始め、本丸・二丸・三丸の諸御殿は灰燼（かいじん）に帰した。直ちに復興計画が練られたが、本丸御殿群の竣工に先立ち、老中の面々が協議した結果、とくに家光の異母弟で四代将軍家綱の補佐役保科（ほしな）正之（会津藩主）の、「軍用に益なく、ただ観望に備えるだけの天守再建はこの際無用」との建言によって、天守台のみの整備で結局建造は取り止められたのである。以後、江戸は天守のない城下町となる。

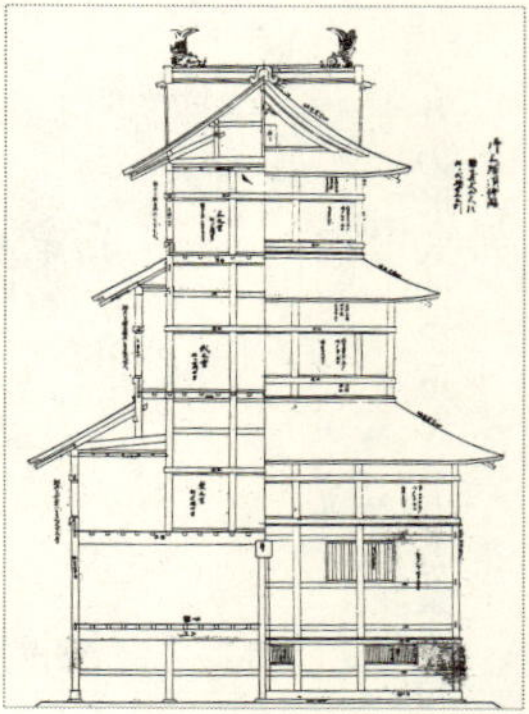

慶長時代の築城ブーム時でも、天守台まで構築しながら、幕府を憚（はばか）って天守を建立しないことはままあった。とくに一国一城令（元和元年＝一六一五）以後、元和五年福島正則が幕府に無断で広島城を修築したことを理由に所領没収、信濃に蟄居（ちっきょ）を命じられた件もあって、とりわけ外様大名には過飾な五層大天守の建立を遠慮した向きがないでもなかった。伊達家の仙台城や黒田家の福岡城、島津家の鹿児島城などがその例であるが、前二者は機会があれば建立の意図はあった。なお天守を全く建立しなかった城には山形城・米沢城・明石城・赤穂城・三原城・篠山（ささやま）城・唐津城・中津城がある。

こうした覇府江戸城天守再建案の否定に加え、幕府城郭天守の非再建（駿府城――寛永十二年焼失・大坂城――寛文五年落雷炎上・二条城――寛延三年落雷焼失）は天守を代表とす

水戸城天守図

る城郭建築に対する社会的認識に重大な転機をもたらし、災厄で失った天守を復旧せず、天守のない城下町は増加した。盛岡城・小諸城・福井城・久留米城・佐賀城・八代城などがその好例である。

しかし天守はないといえ、江戸城が伏見櫓（ふしみやぐら）を天守の代用にしたことに因（ちな）み、世の大名も罹災天守の再建は幕府をおもねて大天守は建てず、三層櫓で代替する例が多くなる。御三家の水戸家でさえ三階櫓で再建（明和三年＝一七六六）し、番城の小田原城も外観三層で再興（宝永三年＝一七〇六）しているため、外様の金沢城では慶長焼失後三階櫓で通している。

また、幕末に東南隅櫓（すみ）を再建した時、天守に擬すため大手側に破風（はふ）を多用し、城内側は鉄板の突上窓以外無装飾に徹した弘前（ひろさき）城三層櫓は、見えがかりの形式性を重んじた幕末の時代相をよく示している。

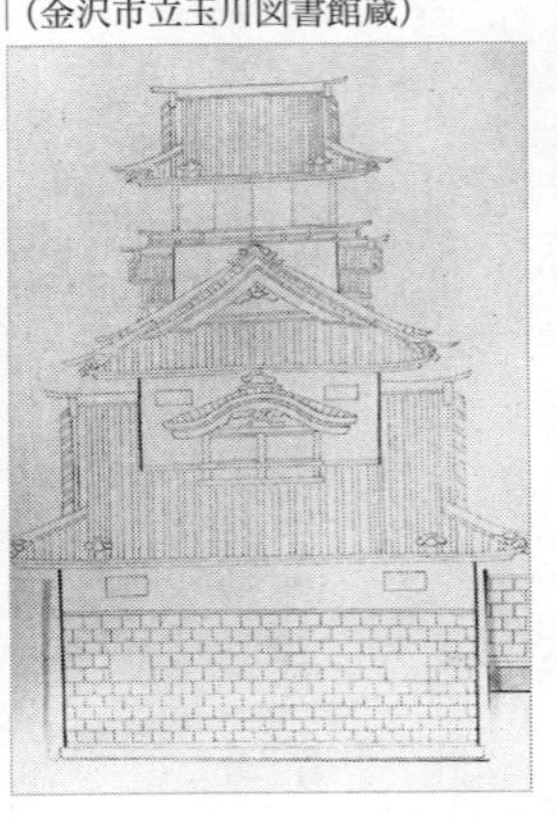
金沢城三階櫓平側
（金沢市立玉川図書館蔵）

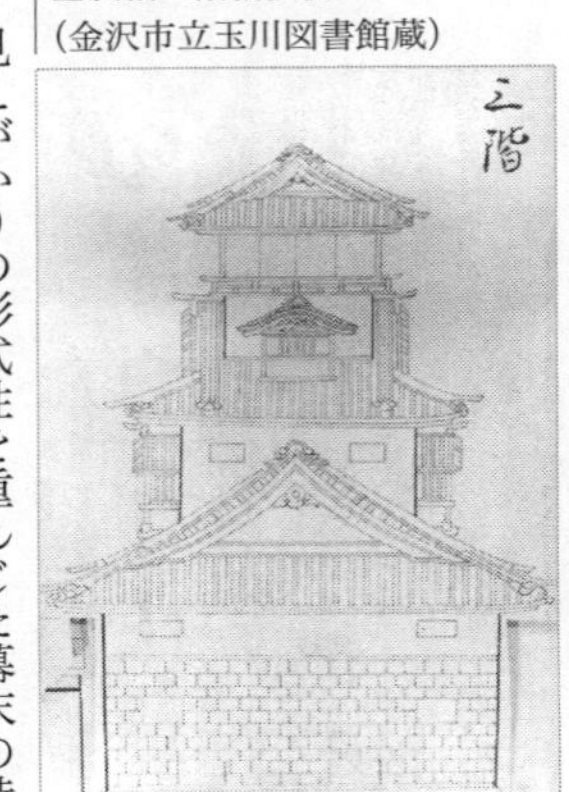

金沢城三階櫓妻側
（金沢市立玉川図書館蔵）

13　略式と復古

慶長の戦塵(せんじん)がおさまって泰平の世に移ると、城郭・天守はその実用価値を大幅に失う一方、それが災厄などで失われると「無用の用」をもつ城下町の象徴(シンボル)として逆に希求されることもあった。まず城郭の簡略化は元和の一国一城令が拍車をかけた。例えば名古屋城は対豊臣家の大坂城に対して城郭の総構を初期から計画したものの、大坂陣の勃発で中止、以後泰平になると工事は打ち切られた。城郭略式化の風潮が次第に強まる。略式は当然、天守にも波及し、初めは既存天守の縮小化がある。すなわち、慶長頃までに建造された天守が傷んでその修理の必要もあって大改造するもので、初期例としては大津城天守(五層)を彦根城天守(三層)に移建したケースがあるが、会津若松城の七層の五層化(寛永)や伊予松山城の五層の三層化(寛永十九年＝一六四二頃)の実例がある。また、寛永十三年、老中酒井忠勝(さかいただかつ)の小浜(おばま)城天守も五層五階の計画を立案したが、結局、三層三階で新築(大工中井正純設計)した。これは幕府を憚(はばか)った一面もあるが、天守の縮小化の風潮がこの寛永期に横溢していたためであろう。

以後、たとえ建造されるにしても三層以下の小さな天守にする場合が恒例となる。改築例としては、宇和島城天守がある。これは、創築天守は初期望楼型梯立(ていりつ)式であったらしいが、腐朽のため寛文期に石垣から築き直して、整形平面をもつ三層の総塗籠(ぬりごめ)単立式天守として建造したものである。

新築例は、島原の乱の戦功で讃岐に入部した山崎家治が建設した丸亀城天守である。三層三階で初階平面は一一・六×九・四メートル、現存する最小規模の天守であり、一般城郭の隅櫓程度でしかない。大手側二層目に据（すえ）唐破風（からはふ）を配して天守の威厳をかろうじて保っているが、城内側は極めて簡素である。

再建例としては小田原城（宝永三年＝一七〇六）と水戸城（明和三年＝一七六六）が該当しよう。前者は幕府の番城で、戦略上の配慮もあって、江戸城でさえない天守を公儀普請で再建したものである。そのため苦肉の策として外観三層で内部四階の層階不一致の形式をとっている。後者は副将軍格でありながら幕府を憚って三層にして再建、御三階と呼称した。ただ実際には下層は石垣を擬して海鼠壁（なまこ）でデザインをした三階で、結局内

宇和島城天守

部五階の規模であって、無破風とあわせてどこか間の抜けた形態はいじらしくさえある。

復古天守とは、再建に際し、創建当初の様式を採用したものをいう。代表的なものは四国の高知城である。享保十二年（一七二七）火災で失い、延享四年（一七四七）にやっと再築された。この時期に外様大名で四層五階の大天守を築いたのは珍しく、回縁望楼型の復古様式である。和歌山城も弘化三年（一八四六）の雷火で焼失後直に再建し嘉永三年（一八五〇）に竣工した。御三家の格式からして五層天守も計画されたが、幕府が許可せず結局三層の回縁望楼型で復興している。

他に伊予松山城も見逃せない。天守は天明四年（一七八四）の雷火で焼失、やっと嘉永七年（一八五四）に再建なったものが現存する。旧規に従い小天守や隅櫓を環立する縄張であ

丸亀城天守

高知城天守

り、また大天守は、軒唐破風・据千鳥破風を飾る回縁望楼型の三層天守で、黒板壁は古式といえる。なお右の三城は、復古の様式とはいっても外観回縁望楼型であるという程度にすぎない。とくに石塁はほぼ全面的に組替えられ、平面も初期天守特有の不整形でなく矩形であり、かつ構法も後期天守の仕様が施されている。

14　兵学の発達

わが国の兵法の変遷は、『日本書紀』の“背日戦法”にみる操軍法に始まるが、のち大陸との交渉により中国の兵法が輸入された。特に吉備真備により組織的な中国兵法がもたらされ、筑前怡土城構築はその成果という。平安時代には中国最大の兵法『孫子』が貴紳の教養としてもてはやされ、大江家が伝えている。なお陰陽術と併用して、戦法の吉凶を占っていることも見逃せない。

中世は、仏教・道教・世俗信仰・修験道などが混じり、卜筮日次や占術による軍配思想が横溢した。本格的に兵法が体系化されたのは、じつに戦国期も終焉した泰平の世になってからである。徳川幕府の文教政

城と陣形（『合戦之秘図』所収）

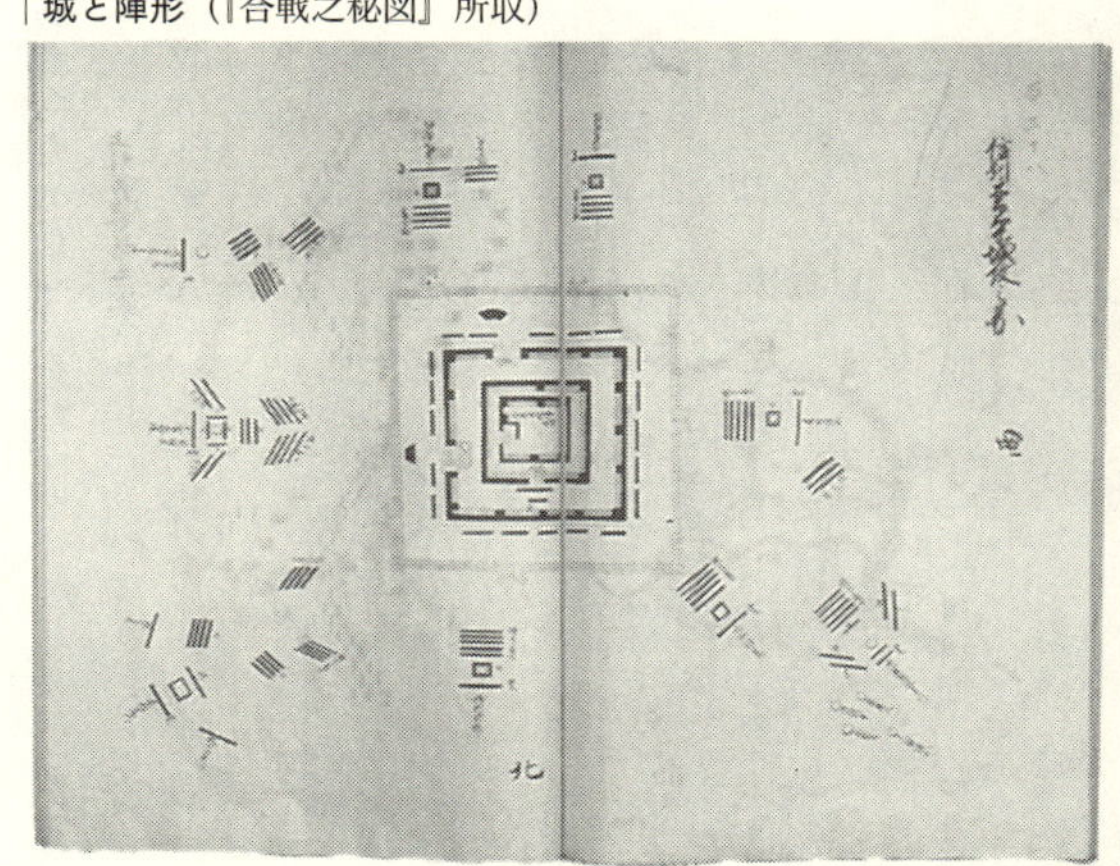

策として戦乱の風を知らぬ武士に、戦法・戦術教育のため兵学者を幕府が登用したため、兵法に著しく流派が誕生、時に塾での教授が普及した。しかし武家生活の規律を維持する精神的基盤となったにすぎず、治国の理念としての教養的要素が強く、実戦的な意味あいは少ない。

流派としてもっとも著名なものに「甲州流」がある。武田信玄を祖とするもので、信玄・山本勘助、高坂弾正昌信（まさのぶ）により成った『甲陽軍鑑』は最終的には春日惣次郎が完成させた。甲州崩れの後は小幡（おばた）勘兵衛景憲（かげのり）（一五七二～一六六三）が徳川家に属して大坂陣で活躍、『甲陽軍鑑末書上巻・同下巻』等を著わし、甲州流中興の祖として後に広島・尾張藩等に普及した。

この小幡に学び、甲州流のうち中世的な面を除き、近世的な

「播州赤穂城図」（岡山大学附属図書館蔵）

兵法としたものに「北条流」がある。北条氏長が元和七年（一六二一）十三歳で景憲に入門、『兵法雄鑑』『士鑑用法』等を、神道的思想や、オランダの測地学・測量学など科学的思想を採り入れて大成したもので、幕府の兵学として用いられた。

さらに、この甲州流・北条流を基礎として、儒教的哲学思想と日本的史学思想を加えてもっとも兵学としてまとまったのが、山鹿素行（一六二二～八五）による「山鹿流」である。これは赤穂や平戸・弘前に伝えられたが、他に水戸・津・松江・熊本にも伝えられた。『兵法奥義講録』『武教全書』が代表作である。甲州流に対峙するものに、上杉謙信を祖とし、小さくは御所流・宇佐美流・要門流の分派を持つ「越後流」がある。明石・萩・盛岡・津軽藩や唐津・岡崎藩等に普及した。

近藤源八作製の「甲州流水櫓雛形」（花岳寺蔵）

山鹿流に中国の古典兵法や明の兵法を合せて体系化したのに長沼澹斎（一六三五～九〇）

の「長沼流」がある。すべて漢文で書かれた『兵要録』があり、久留米・福岡等で採用された。甲州流・越後流・長沼流の三大流派に比べ規模は小さいが、他に「上泉流」（上泉伊勢守信綱）がある。前述の大江家より伝えるもので、『兵法秘術一巻書』『訓閲集』があるが、平和時では必要性が薄い流派である。「楠流」や「太子流」はそれぞれ楠木正成や聖徳太子を祖と仰ぎ、とくに後者は仏教的な思想が表面にでている。

　以上のように机上の空論的な兵学が多いが、実践されたものもなくはない。例えば甲州崩れの後、井伊家に抱えられた早川幸豊は、彦根築城に際し、縄張に関与した形跡があることは、甲州流兵学による経始がなされているとみてよい。また大々的に実施された例としては、慶安元年（一六四八）に築かれた赤穂城がある。兵学者甲州流小幡勘兵衛門下の近藤源八の縄張で始め、一部山鹿素行の指示があって寛文初めに完成したものである。平城であるにもかかわらず兵学の知識の結実をあえて強調せんがため、複雑な縄張となっているところに大きな特色がある。

15　洋式の築城

わが国の築城術は、桃山時代に盛期を迎えた技術そのままで幕末に至っている。しかし十八世紀の後半になると、欧米列強のいわゆる異国船が日本周辺各地に出没、植民地政策の一環として通商を求めるようになった。それまで長崎以外での外国貿易を堅く禁じてきた幕府は、ここに至って、にわかに国際的な関心を持たざるを得なくなる。北方の蝦夷地・千島の探索が行われたのもこの時期で、安永七年（一七七八）ロシア船が蝦夷地厚岸（あっけし）に来航、松前藩に通商を迫る事件も起こった。そこで十九世紀に入って、遅ればせながら北辺防備の行動を起こす。すなわち嘉永二年（一八四九）津軽海峡を眼下にする松前に稲山城を築いたのである。切込（きりこ）みハギの整然とした天守台に三層三階で据破風（すえはふ）皆無の、何ら特色のない旧態依然たる略式天守であったが、こうした築城が、大砲を主とする近代戦に通用するはずはなかった。

ひるがえってみれば、家光の時代、兵学者北条氏長をして慶安三年（一六五〇）射撃を上覧したオランダ人ユリアン・

桿出工法（竜岡城）

スハーデルから伝えられた西洋の築城法・攻城法を筆記した『由利安牟攻城伝』があったが、江戸中期以後、各藩では蘭学を通して強い関心を寄せるまで一般化しなかった。やがてまず文化七年（一八一〇）幕命として、白河・会津両藩に、相模・安房海岸に大筒台場の取り建て方を指示、くだって嘉永三年（一八五〇）、幕府はまた相模観音崎の砲台を改築、佐渡海岸要地にも台場を新設した。江戸の咽元にあたる品川にも、嘉永六年より急遽江川英竜に設計を依頼して、計十三の計画のうち、一～六番まで、橰出を持つ切込みハギ（一七六ページ以下参照）の台場が建造されている。

そして幕末の安政六年（一八五九）、ベクマン著『築城新法』が広瀬元恭により、ケルキウェイキ著『築城全書』が伊藤慎蔵により翻訳公刊される。万延元年（一八六〇）には、吉母波百児著『築城典刑』も大島圭介により紹介された。

近代戦に沿った洋式築城法が具体的に採用された例としては、安政四年から約七年半を要して建

モンタレムベルトの城築法（内閣文庫蔵）

設された五稜郭がある。のち江戸幕府開成所教授となった蘭学者武田斐三郎（あやさぶろう）の設計になり、ベクマンやケルキウェイキの影響が強く、平地に五星形の濠を掘り、その排出土を利用して土塁を二段に築き、星形端部に稜堡（りょうほう）を設けるなど、石造建築が本格的でないわが国での苦心の程が察せられる。なお同類のものに、五稜郭の北方の四稜郭がある。

他に竜岡城（長野県）も洋式築城術、特にフランスのヴォーバンの手法に則している。時の藩主松平乗謨（のりかた）は若年ながら学識秀れ、老中格・陸軍総裁を兼ね、佐久郡内の田野口に一城を計画した。文久三年（一八六三）着工、慶応二年（一八六六）に一応出来上がった。平城で、星形の平面は石塁と濠で囲まれていた。西方の一稜に砲台を置き、総面積約六・六万平方メートルで、石塁の上部は桿出工法（一七八ページ参照）を採り、敵の侵入を妨げる工夫がある。そして、天守のような高層建築は大砲の攻撃の的となるので避け、低層の表御殿・広間・小書院・台所・御納戸を設け、空地は練兵場とした。また家臣の居宅は城外としている。しかしながら工事は中止され、結局は明治新政府の富国強兵策に沿った近代化の流れの中で、歴史のかなたに忘却される命運となる。

2段の土塁（五稜郭）

16 世界史上の城

日本の城郭の歴史を十九世紀の洋式の導入で結ぶにあたって、都市としての宗教・政治・経済の三大権力表現様態を世界史上において総覧してみよう。

人類が狩猟採集の原始生活をへて、農業社会を形成する際に、後世都市と考えるにふさわしい聚落を建設するのは、近年の考古学の発掘成果により、新石器時代の紀元前七千年期にさかのぼる。西アジアのヨルダン地峡にエリコ遺跡が発見され、約四ヘクタールにおよぶ聚落が神殿と推定される建築を含めた城壁と濠をめぐらしていたことが明らかになっている。やがて紀元前三千年期に入るといわゆる四大文明圏（メソポタミヤ・エジプト・インダス・黄河）が花開く。たとえばエジプ

北京城東南角楼（17世紀中国）

ト王朝の首都メンフィスやテーベが繁栄を極め、太陽信仰のオベリスク（先端が方錐状の四角柱の記念碑）をもつ壮大な神殿は、宗教権力による城の初源様態を伝える。

続いて古代は、ギリシャからローマ帝国の発展を典型とする政治権力主導の都市建設の時代である。東洋の黄河文明圏でも、周以来秦・漢・魏・隋・唐等王朝が洛陽・長安を首都として東アジアを統括する。さらに後世にいうアメリカ大陸でも、マヤ・インカ文明が発達して、紀元前一世紀から紀元二世紀にかけてティオティワカンの大都市が出現する。やがて十五世紀にマチュピチュの空中都市の城郭が造られるのも必然とする程の強大な宗教権力の存在が知られよう。

シュノンソー城（16世紀フランス）

そして中世は、特に西洋のキリスト教文明圏において城郭都市が本格化する。ローマ時代

からの城塞が発達して castellum（ラテン）、fortezza・cittadella（イタリア）、forteresse・citadelle（フランス）、fortress・citadel（イギリス）、Festung・Zitadelle（ドイツ）等の建築が形成され、封建都市国家の政治権力を象徴していた。

そうした宗教・政治権力優先都市に続いて経済権力が成長するのは、中世も末の十～十四世紀のことである。イスラム文明圏の西アジア・北アフリカの地中海交易をふまえて、「地球が丸い」ことを発見してからの大航海時代が始まり、アフリカや新大陸や「黄金の国ジパング」を含む東南アジアの交易が本格化して、十四世紀以降のいわゆるルネッサンスの近代となる。城は、宮殿の château・manoir（フランス）、Schloβ（ドイツ）、mansion（イギリス）等になり、donjon・tourmaîtresse d'un château（フランス）、Bergfried（ドイツ）、keep・castle-tower・donjon（イギリス）として都市のシンボルとなる。日本でも天主（守）が成立する。

ノイシュバンシュタイン城（1886年ドイツ）

第二章　城郭の構成——その総体の計画

「縄張（なわばり）」とは、文字通り地面に縄を張って一定の境界を定めるデザイン行為をいい、まさに〈城〉の〈シロ〉たる源意にそう。今日の「都市計画」ないしは「建築計画」を行うことに照応する。本章は、城郭を構成する場合のそうした計画意識を、人類の思想や哲学から発して、現実化を図る技術的過程から把（とら）えようとするもので、「城のある風景」にみられるさまざまな美学を、空間演出の歴史的様態において理解する。

1　選地原理＝四神相応

中国特に、隋・唐の文明・文化は、人類史上、政治・経済・宗教の統一を図り、それを権力体制に昇華して、都市の構成を本格的に考えた結果である。「シロ」の源意に相応して、日本の都市計画原理もまた、中国の都市計画思想、具体的には人間の自然環境学ともいうべき「陰陽学」により、それを日本に導入、まず平城京を造り、やがて平安京の計画となる。

すなわち、京都の東山・北山・西山をめぐらして、鴨(かも)川・桂川と流れる山背(やましろ)（城）盆地中央に立つ船岡山南麓が平安京大内裏地に選ばれる状況と同様、陰陽学にいう「四神相応」の地相なのである。

その「四神相応」とは、もともと中国の古典『礼記』曲礼上篇で記す都城の選地原理で、日本でも、たとえば『太子伝玉林抄』の「吉相此地国之秀」に、次のように説く。

陰陽書曰。
左青龍者、従レ東水南流也。
前朱雀者、南池溝在レ之也。

右白虎者、西大道有也。後玄武者、後山岳在レ之。月東下南下西北高大吉也。此云二四神具足地一也、云々

そして昭和四十七年（一九七二）発見された高松塚古墳中の四壁にも四神画像が認められ、さらに平城京造営時では、『続日本紀』に「方今平城之地、四禽叶レ図」とされていたことは、この際、特に注目されよう。前述京都の地相とはまさしくこれであり、具体的には、東に鴨川あって青龍の神に、南に巨椋（おぐら）池あって朱雀の神に、西に山陽道あって白虎の神に、北に船岡山あって玄武の神に、それぞれ（四神）相応していたわけである。

四神相応の都市計画原理図

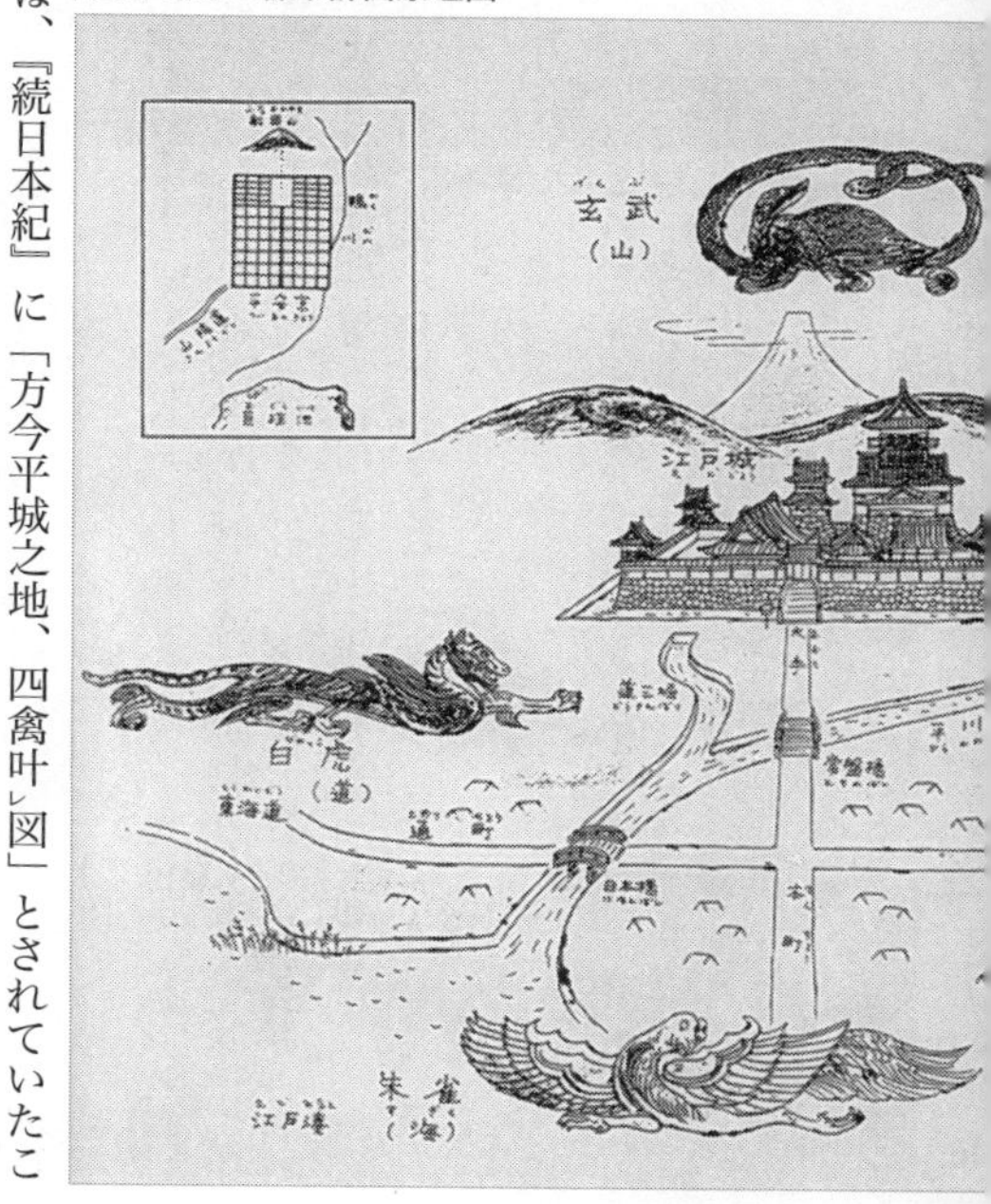

こうした都市の選地原理は、要するに中国の経験環境科学の集大成ともいうべき陰陽思想

ないしは術の運用にかかわるもので、道教・儒教・仏教の影響を受け、兵学とともに我が国に導入されている。『日本書紀』天智天皇十年（六七一）正月の条によると、百済の帰化人＝谷那晋首（こくなしんしゅ）・木素貴子（もくすきし）・憶礼福留（おくらいふくる）・答炑春初（とうほんしゅんそ）の四人が「兵法」に、角福牟（ろくふくむ）が「陰陽」に通じて叙位されている。その六五年後、吉備真備（六九三〜七七五）が一九年間の唐での留学研鑽を終えて帰国、諸葛孔明の八陣法、孫子の九地戦法等が具体的に紹介され、実際に筑前怡土（いと）城を築いてもいる。さらに陰陽学も、令制によって陰陽寮が設置され、陰陽師の専門職が生まれ、加えて神道の思想的裏付けもあって、賀茂・安倍の二氏によって世襲、以来古代社会形成の指導哲理を示すに至る。その際兵学は、平安時代末から鎌倉時代の動乱期をへて学的大系が整えられ、源義家が学んだという大江匡房（まさふさ）を開祖とする上泉流の成立がある。やがて室町時代末のいわゆる戦国の動乱期にあって武田信玄・山本勘助（かんすけ）・早川幸豊（ゆきとよ）らによって実学として安土・桃山時代の近世城下町計画へと継承されたのである。

2　城下町の計画

近世城下町計画の形成原理は、その山本勘助（かんすけ）一統の兵学で体系化されており、いわゆる甲州流と称して相伝されている。その高弟＝高坂昌信（こうさかまさのぶ）の著『甲陽軍鑑』や小幡景憲著『甲陽軍鑑末書上巻・同下巻』『同結要本』等は、甲州流兵学の定本であるが、さらに小幡景憲（おばたかげのり）（一五七二〜一六六三）は、徳川家に登用されただけに後世への影響は大きく、武田家の遺臣に伝わる早川幸豊（ゆきとよ）の著『城取相伝』等を集大成する。そして遂にはその門人に北条氏長（うじなが）（一六〇九〜七〇）の俊英が育って北条流として大成、幕府正統の兵学となる。

かくして、近世の城下町計画の原理、ないしは築城術は、古代の陰陽学から甲州流→北条流の兵学という正系にはぐくまれたわけであるが、その際、特に留意すべき変化があった。天文博士＝安倍晴明（九二一〜一〇〇五）の撰とされる陰陽道の古典『簠簋内伝（ほきないでん）（三国相伝陰陽輨轄簠簋内伝金烏玉兎集）』第四には、

一、地判形事
東低西高青龍地、南低北高赤龍地
西低東高白龍地、北低南高黒龍地
中低方高黄龍地、方低中高四龍地

青龍地者、木姓人貧、火姓人富、土姓人病、金姓人災、水姓人栄。赤龍地者、木姓人栄、火姓人貧、土姓人富、金姓人亡、水姓人患。

白龍地者、木姓人没、火姓人患、土姓人栄、金姓人貧、水姓人富。黒龍地者、木姓人楽、火姓人没、土姓人患、金姓人栄、水姓人貧。

黄龍地者、木姓人半、火姓人楽、土姓人貧、金姓人吉、水姓人病。四龍地者、五姓人俱可厭之、或是曰無主地（中略）

二、四神相応地

東有流水曰青龍地、南有沢畔曰朱雀地、西有大道曰白虎地、北有高山曰玄武地。右此四神具足、則謂四神相応之地、左大吉也。

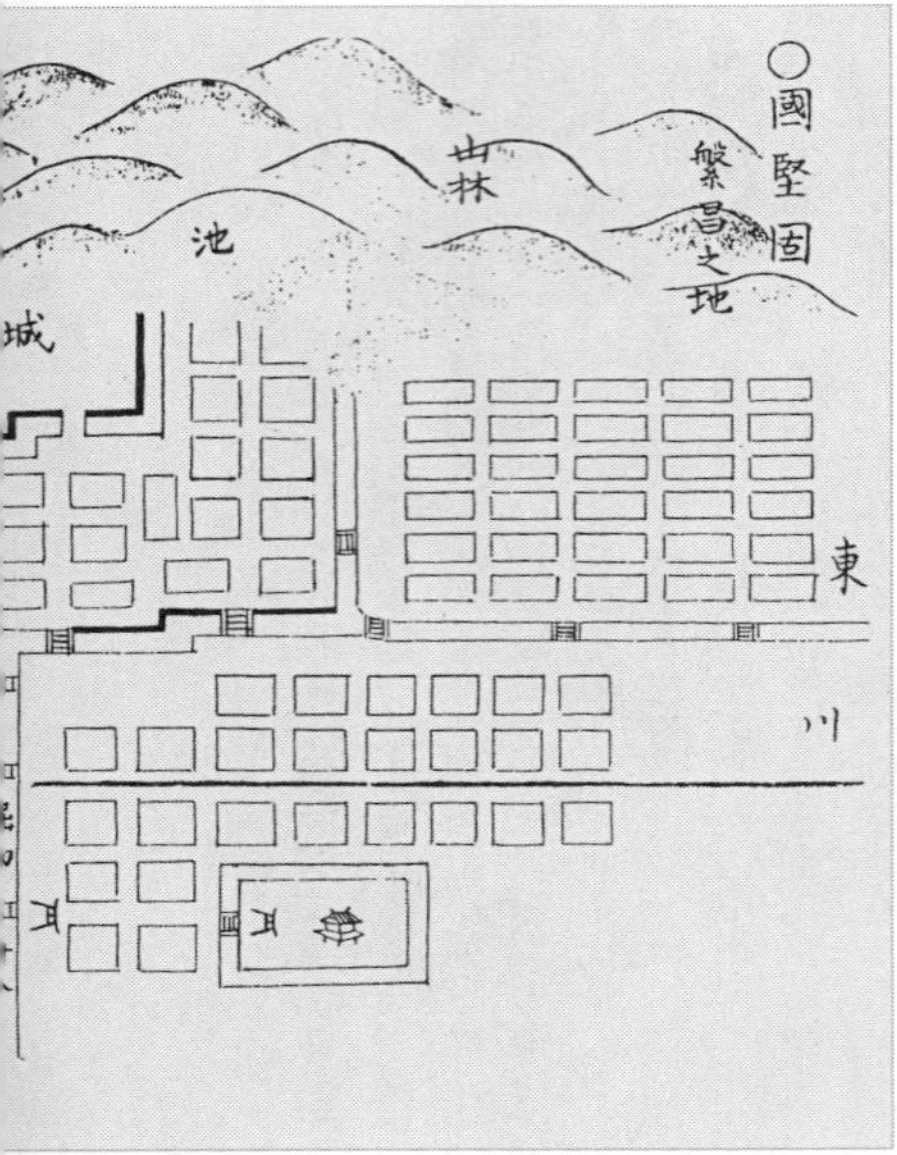

とする。

しかるに北条氏長寛永十二年（一六三五）の著『兵法雌鑑』には、次のようになっている。

> 繁昌の地形を撰事（中略）はんしやうの地形と云は、北たかくして南低（く）、きた（北）南へ長、東西南に流水あり、（但海も同意なり）是を繁昌の地形と云。又曰、東有二流水一、謂二青龍一。南有二小河田沢一、謂二朱雀一、西有レ道、謂二白虎一。北有二谷林一、玄武と名づく。是を四神相応の勝地と云なり。

安倍晴明著『簠簋内伝』とほぼ同じ内容を伝えてはいるが、次の細目において異なっている。

近世城下町計画の原理
（金沢大学附属図書館蔵『軍詞之巻図解』所収）

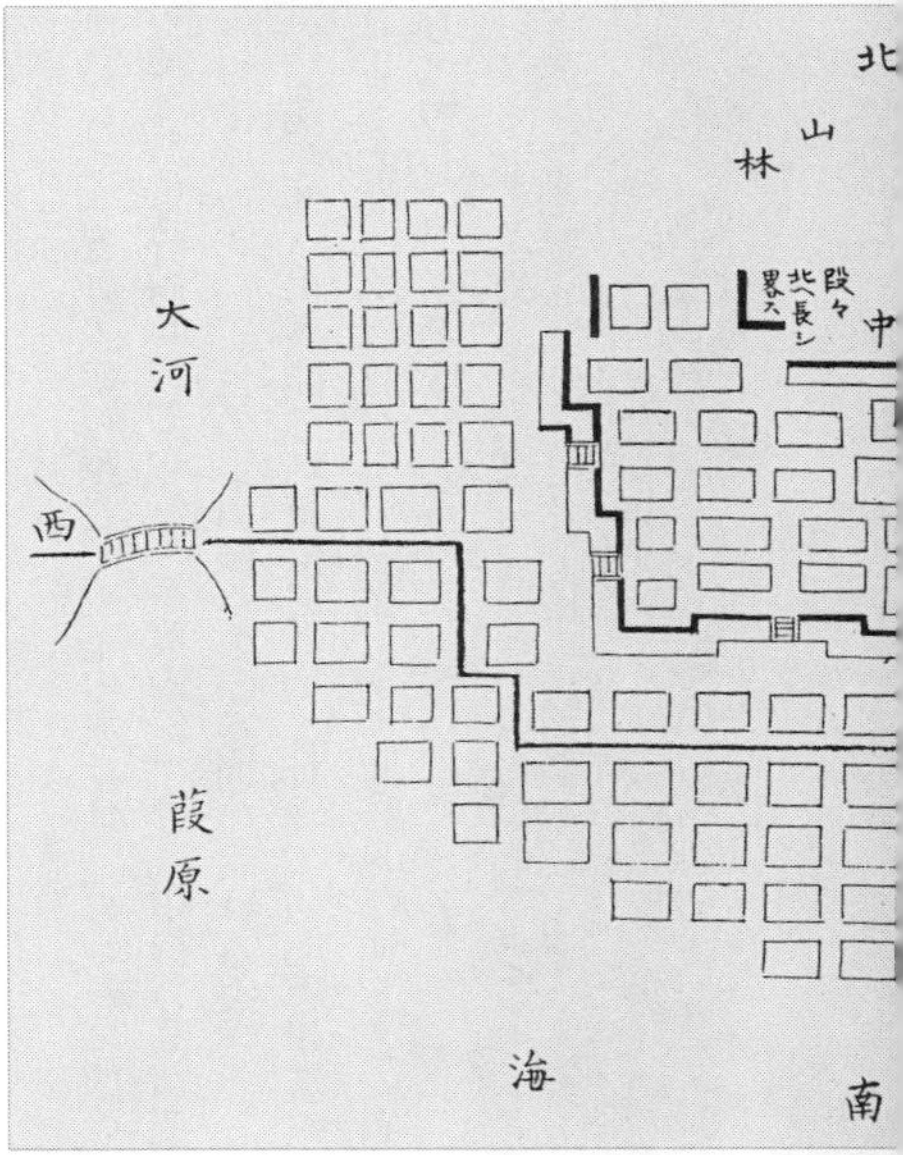

地形の性をしること北高くして、南ひきき(低)は、黒龍の地、水姓なり。南高くして、北ひききは、赤龍の地、火姓なり。西高くして、東ひききは、白龍の地、金姓なり。東高くして、西ひききは、青龍の地、木姓なり。中高くして、四方なだらかなるを、土姓の地と云、黄龍なり。是にて、相剋相生をかんがへ、大手の虎口を取、城の性を可レ定。(傍点筆者)

『簠簋内伝』の「方低中高四龍地」にいう「五姓人倶可厭之、或是曰無主地」のいわば凶の地相を、兵学では、「土姓黄龍」の地として評価し、しかも『簠簋内伝』の「中低方高黄龍地」を消去しているのである。中世の山城から、近世の平山城への転換期における実学としての兵学の、単なる環境論としての陰陽学からの展開の結果である。これは、初期甲州流の書と目される『信玄全集末書』以来記されていることで、具体的に大規模な城下町経営を前提としての新しい設計原理を意識してのことであろう。

3　郭の縄張

【梯郭（ていかく）式】

郭（曲輪）が本丸を中心に段下がりに二丸・三丸を張り出すように計画した縄張をいう。梯は、〝寄りかかる〟意を有し、図形的にみれば本丸に二丸が、その二丸に三丸が寄りかかったような形状で、結果として本丸の位置が偏心してみえるのである。もちろん城郭が本・二・三丸のみの小規模なものは少なく、一般には多くの郭が付いて、城郭全体では、後述の環郭（かんかく）式と違って不整形な平面構成となる。

この「梯郭式」として、山城では鳥取城がまずあげられ、平山城では、飯山城（長野県）が好例である。平城では府内城（大分城）が典型。その他には、小田原城・笠間城（茨城県）・刈屋城（愛知県）・岡山城・福山城・松江城・萩城・大洲城（愛媛県）・熊本城・竹田城（大分県）・日出（ひじ）城（大分県）・延岡城などもこの形式といえる。なお本丸と二丸が梯郭式で、三丸が連郭（れんかく）式に配置さ

梯郭式縄張（松江市・松江城蔵『極秘諸国城図』部分――府内城）

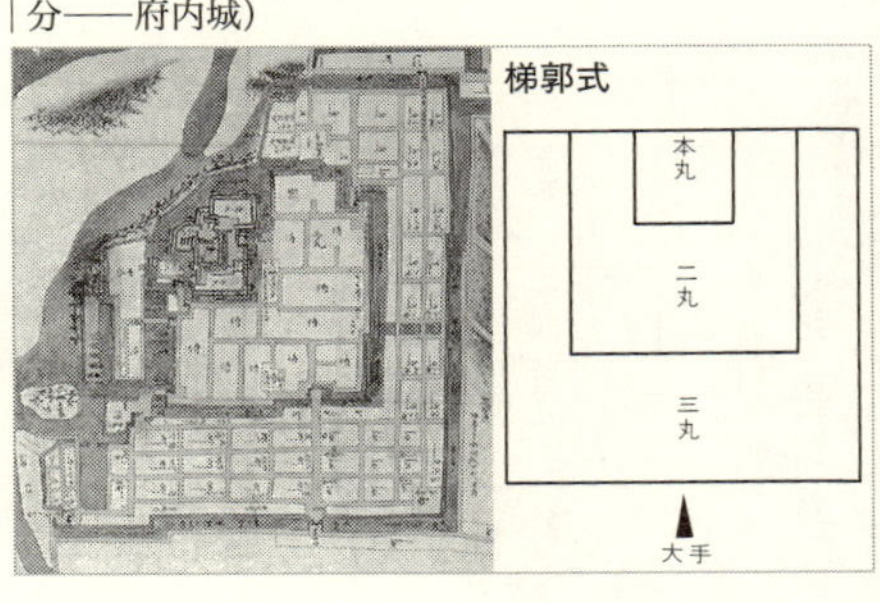

れる、いわば混合型の「梯郭＋連郭」のものはなく、逆の「連郭＋梯郭」の例は多い。

【連郭式】

本丸・二丸・三丸をほぼ一直線上に計画配置する縄張をいう。特に平山城で典型的にみられ、水戸城がその代表例といえる。他には盛岡城・平城（福島県）・古河城（茨城県）・浜松城・田原城（愛知県）・岸和田城・三原城（広島県）・臼杵城（大分県）があり、水城では諏訪高島城が見事で、模範例に属する。なお大垣城や彦根城もこれに準じた形式といえよう（連郭式＋環郭式）。

本丸・二丸が「連郭式」で、三丸との関係が後述の「環郭式」や先述の「梯郭式」といった、いわば混合型のものも多い。例えば前者の「連郭式＋環郭式」では小松城（石川県）が模範例で、高知城や小倉城・丸岡城（福井県）・長岡城（新潟県）なども同類である。

後者の「連郭式＋梯郭式」には、弘前城・関宿城（千葉県）・村上城（新潟県）・西尾城（愛知県）・福知山城・新宮城（和歌山県）・丹波亀山城・備中松山（高梁）城・明石城・津和野城・徳島城があげられる。

【環郭式】

本丸を城郭の中心として、それを取り囲む形状に二

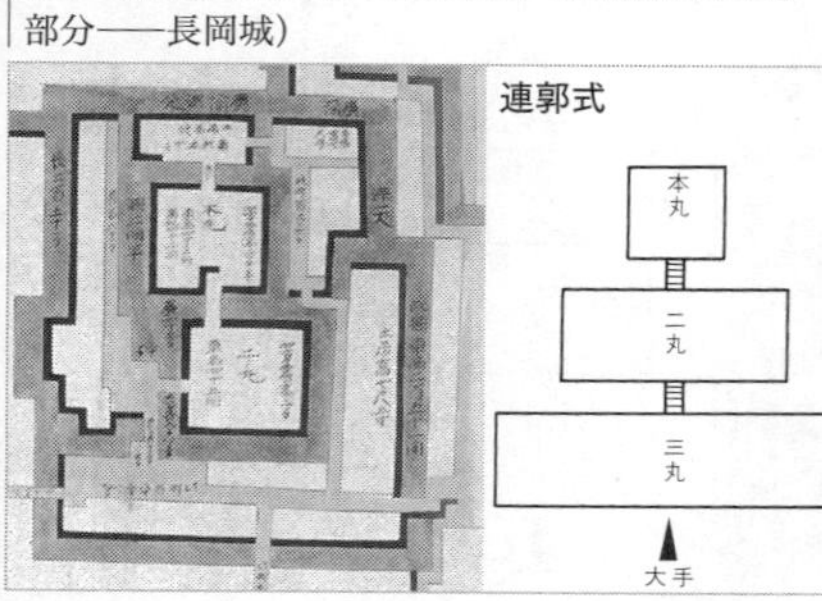

連郭式縄張（松江市・松江城蔵『極秘諸国城図』部分——長岡城）

丸・三丸が配される平面計画をいう。特に同心円状に本丸・二丸・三丸を縄張するものを円郭式と称する場合があり、最も完備した例として田中城（静岡県）がある。

一般的な環郭式の例としては秀吉の天正度大坂城があり、徳川氏の寛永度大坂城も同様である。その他には駿府城も好例であり、山形城・米沢城・篠山城（兵庫県）は矩形における典型である。本丸と二丸しかないが、二条城も一応この型式に準じよう（環郭式＋連郭式）。その他、広島城・津城・高遠城（長野県）・棚倉城（福島県）・上ノ山城（山形県）・福井城・佐賀城もこの環郭式に分類できる。

なお新発田城（新潟県）は、本丸・二丸が環郭式で、それに三丸を「連郭式」に配置する、いわば混合型である。他に赤穂城（兵庫県）も同類である。「渦郭式」との混合の例としては丸亀城（香川県）がある。

環郭式縄張（松江城市・松江城蔵『極秘諸国城図』部分——田中城）

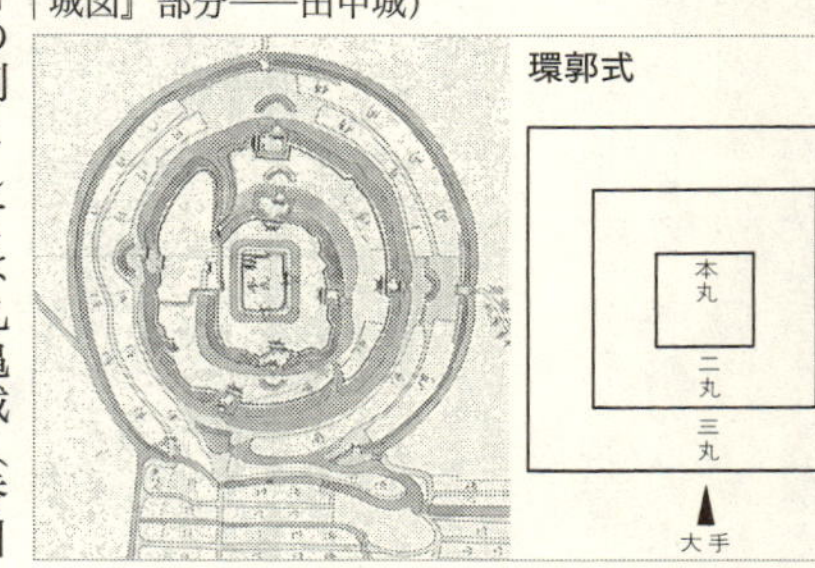

【渦郭式】

本丸を中心として、二丸・三丸を渦巻状に配置する平面計画をいう。「の」の字形とか「螺旋型」ともいえるが前記三つの分類名称にあわせて「渦郭式」と称する。

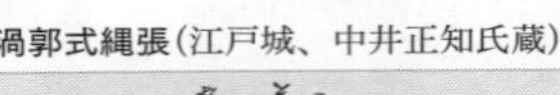

渦郭式縄張（江戸城、中井正知氏蔵）

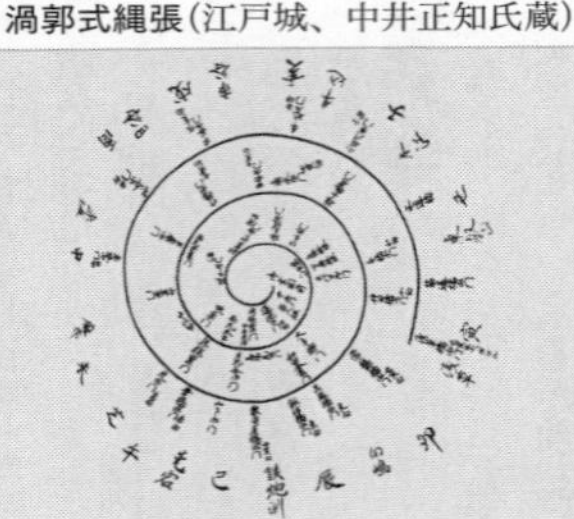

渦郭式
本丸
二丸
三丸
大手

渦郭式縄張（松江市・松江城蔵『極秘諸国城図』部分――津山城）

もともと中世の山城では山頂の本丸へ登る通路上に螺旋式に曲輪（くるわ）を配置したが、縄張が巧妙なため平山城・平城でも応用された。特に河川の利用と相伴って、本丸・二丸・三丸以下諸曲輪を順次渦状に配する。総曲輪に至るまで徹底した例には江戸城がある。都市部までこのように渦郭式の例は、他に金沢城があげられる。

城郭部のみの渦郭式には津山城（岡山県）や姫路城があって、特に後者は建造物も現存して実際に確かめやすい。なお他に松坂城や大和郡山城もこの渦郭式といえる。平城のうち水城で渦郭式をとる例に高松城がある。他との混合型としては、主要城郭部が渦郭式で、それを環郭式で囲繞（いにょう）する例に丸亀城がある。その石塁の雄大さとあわせて渦郭式を示す代表例といえよう。

4　塁の縄張

兵学においては、さまざまな防御・攻撃の場合を想定して、土塁や石塁を目的に応じて多用に構成する。次のような縄張の諸形式が説かれている。

【ちぎり縄】

「膝縄」とも「鰲亀利縄」とも書き、兵学書でいう城の出入口である「虎口」の諸形式をいう。具体的には「草の丸馬出」「的土馬出」「草の角馬出」「枡形向虎口」「蔀の土居」「馬出無しの虎口」「左袖の様子」をさす。以下、それぞれ説明しよう。

〔草の丸馬出〕草とは真・行・草のことで複雑正式なものから単純略式を示すうち、もっとも簡単なものをいう。したがって、ここでは堀も設けず、丸形に土塁のみで築く出入口の形式をいう。

〔的土馬出〕安土馬出・垜馬出・的山馬出とも書き、城の出入口（虎口）の向かいに半円形に築いた土居で構成する最も始原的な馬

ちぎり縄

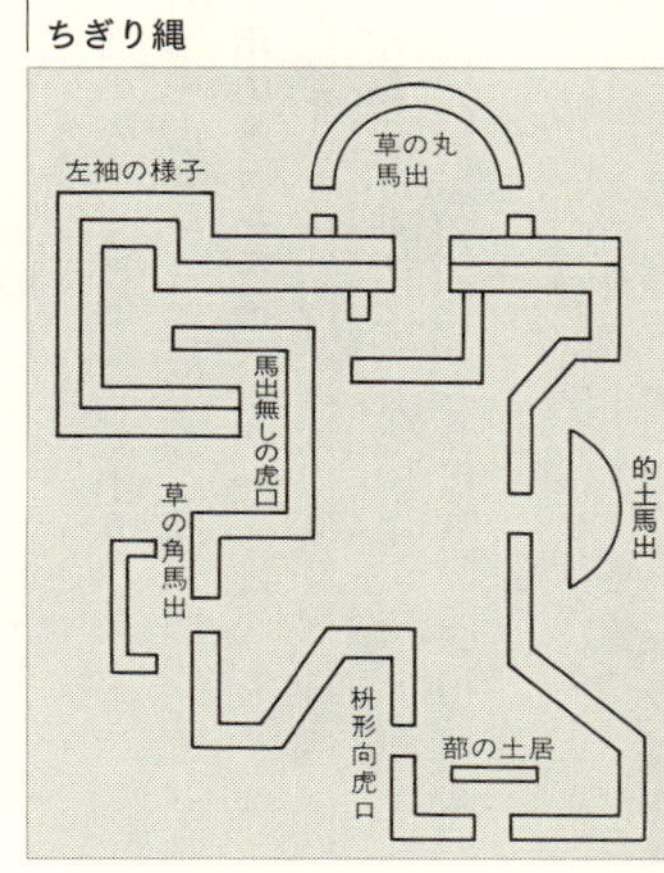

出。

〔草の角馬出〕堀を設けることもなく、簡略な土居のみで、角形に築く出入口をいう。

〔枡形向虎口〕四角の塁を枡形というが、この枡形を前入口（虎口）の正面に向かって計画する縄張で、虎口防備の一形式。なお、特に攻撃用のそれを「横矢枡形」と称す。

〔蔀の土居〕虎口の城内側に設けた目隠し用の土塁をいう。「蔀」は特に城外から見透かされないようにするもので守成（陰）を目的とし、攻撃の「茀（かざし）」と対比される。

〔馬出無しの虎口〕馬出を造らないで、実際は馬出の形式が叶うように計画した虎口をいい、兵学書では「陰中陽の虎口」に属する。

〔左袖の様子〕馬出の虎口は普通二ヵ所となり、さらに真（正式）の馬出には防御の両袖壁を虎口に舗設するのが常であるが、横矢枡形でその虎口に向かって右袖壁を省略したもの。

【やまと縄】

「大和縄」とも「箭籠縄」とも書く。塁や虎口を敵が侵す時、横から弓矢・鉄砲・大砲などで攻撃することを横矢といった。やまと縄はこの横矢に係わる塁の構築形式をいう。具体的には「出角（ですみ）」「入角（いりずみ）」「屏風（びょうぶ）」「枡形」「歪（ひずみ）」「角欠（すみかけ）」

やまと縄

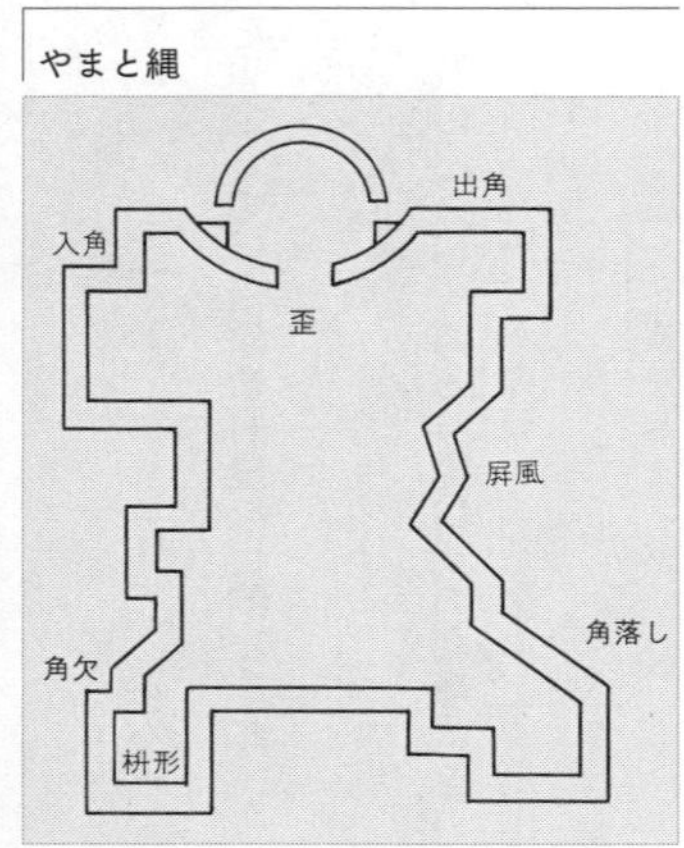

「角落し」をいう。

〔出角（隅）〕郭において隅が四角に出張った形式をいい、「横矢枡形」と同類で、防御・攻撃いずれにも適する。

〔入角（隅）〕前項の「出角」の先端を角形に切り落とした形式で、隅に寄せる敵を二方向から打つのにはよいが、構法や城内面積の点で難点がある。

〔屏風〕塁が「く」の字形の屏風状態で築くことに由来する。なお「ノコギリ折り」とも称し、外へ出張る外折（味方折）と内へ凹んだ内折（敵折）とがある。

〔枡形〕郭の隅または直線部分で、四角の枡のように出張った「横矢枡形」と虎口内部に設けた四角の「内枡形」があり、前者は櫓（やぐら）台となり、後者は城門となる。

〔歪（ひずみ）〕邪・斜とも書く。城内側へ傾斜（曲がって）している塁壁をいい、虎口でも用いることがある。なお地形に沿って大きく「く」の字形や斜をつけた場合を「流（ながれ）」という。

〔角（隅）欠〕郭の四隅以外での出角（隅）を四角に欠き取った塁の形式。

歪（姫路城）

〔角落し〕郭の四隅以外での出角（隅）に歪をつけた塁の形式で、城外側の敵の行動を斜めに見ることができ、側攻に適する。

【沈龍縄(ちんりゅうなわ)】

陰の縄張。敵が場内に入り難く、虎口(こぐち)から虎口に紆余曲折が多い塁形式で、専守防御の構えをいう。その形式には「繰返しの曲輪」「水撚(みずひねり)」「両袖の虎口」「隠し曲輪」「違虎口」「馬出無し虎口」「折長橋」の七種がある。

〔繰返しの曲輪〕同じ形式の塁壁を逆対称に組み合わせて縄張するもので、守備に最適。

〔水撚〕堀の形の一種で、城外側の堀端を平行させず、城内側の堀端が餅をひねり出したように四角く城内のほうへ堀の曲がり角で入っているもの。水堀では、特に舟を入れておく目的を有する場合が多い。

〔両袖の虎口〕虎口の両側に横矢枡形などを縄張して防備する形式。

〔隠し曲輪〕文字通り、窺(うかが)ってその存在がわからないようにした郭をいう。虎口が一つで行き止まりの郭としたもので、敵を導き入れて攪乱(かくらん)させることを目的とする。なお『武教全書』では隠し曲輪奥に埋門や切戸塀を設けておき、敵

沈龍縄

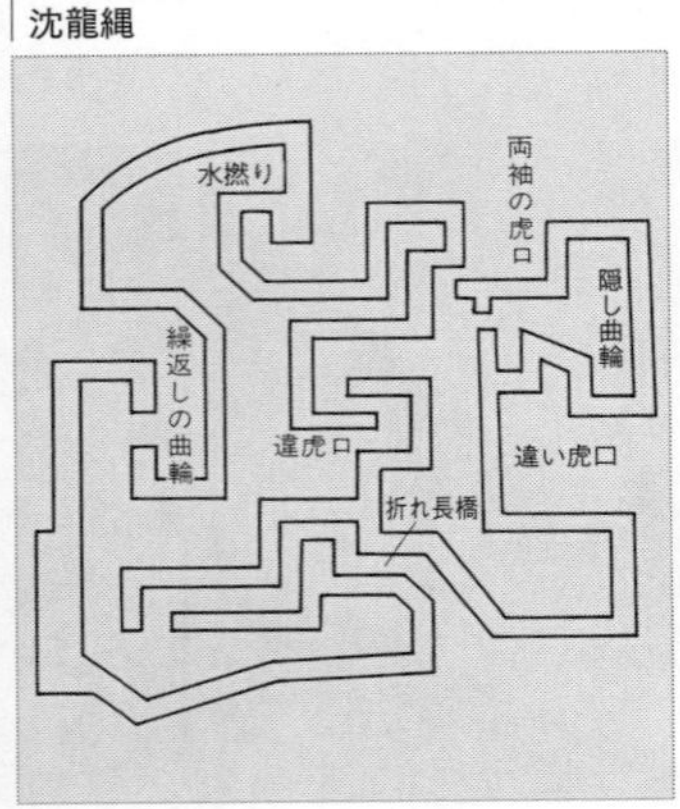

を挟み討ちにするのによいという。

〔違虎口〕喰違（くいちがい）ともいい、左右の土居がその末端で前後に重複したものをいう。したがって通路はヘアピンのように一八〇度回転した形式。江戸城に例があった。

〔馬出無し虎口〕馬出を設けない虎口の形式で、防備の横矢が利く形式。

〔折長橋〕虎口を細長くとり、その間を故意に屈曲させて横矢（側面攻撃）を有利に導くための塁の形式。

【現龍縄（げんりゅうなわ）】

陽の縄張。城内から出撃しやすい形式で、攻撃守御の構えをいう。その形式は「真の丸馬出」「横曲輪」「辻馬出」「真の角馬出」「両袖の枡形」「四方正面」「満字馬出」の七種がある。

〔真の丸馬出〕草の丸馬出の対で、種々の設備、すなわち、塁・堀・塀や狭間（さま）をもった丸形の虎口（馬出）である。

〔横曲輪〕馬出の横に位置し、その馬出を擁護するための郭で、普通かなりの規模がある。敵の横面を打つことができる郭もこの類に入る。

〔辻馬出〕二つの虎口の前に、その虎口を防御するために小さな郭を設けて、別の二つの虎口

現龍縄

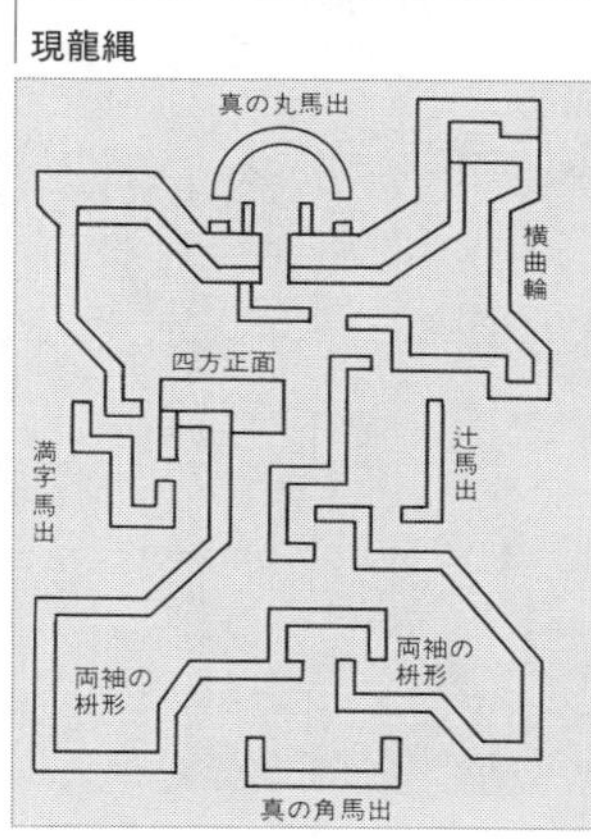

を外部へ通ずるようにした馬出。「辻」とは直角に交差する道をいい、その形状に類似していることに由来する。真の丸馬出の一つ。

〔真の角馬出〕塁・堀・塀や狭間をもった角形の虎口（馬出）。

〔両袖の枡形〕内枡形の虎口の左右に、これを援護する横矢枡形や横郭のある形式。防御されながら城外へ打って出るのに都合がよい。

〔四方正面〕前後・左右どちらからみても敵正面に向かうように縄張した塁である。

〔満字馬出〕城内側虎口の一つで、その前に塁を屈曲して設け、卍の字のように外部へ虎口をつける形式。

なお、以上の「ちぎり」「やまと」「沈龍」「現龍」の四縄の他に「満字縄」を加え、いわゆる五縄とすることもある。主として曲輪続きの縄張であるので、特殊例と考えればよかろう。

真の角馬出（岡山大学附属図書館蔵『丹波国笹山城絵図』部分）

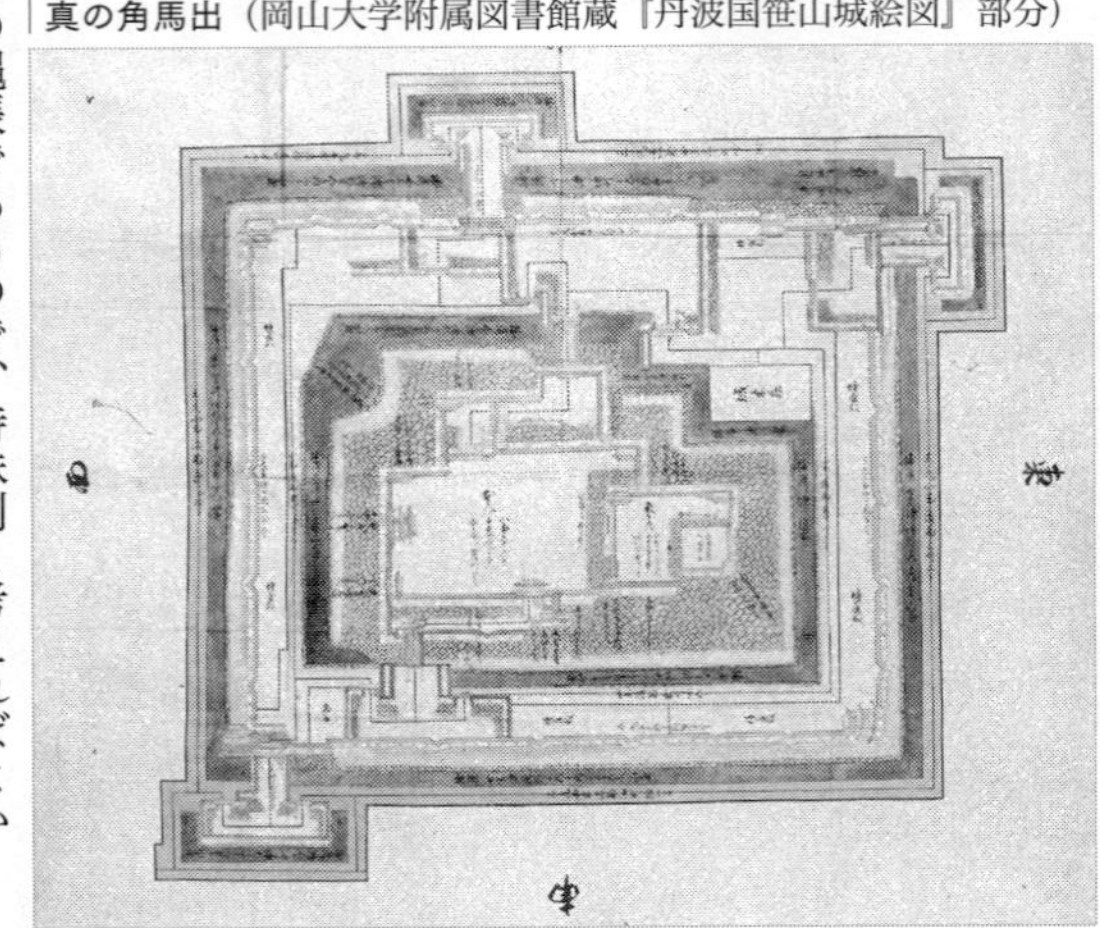

5　守護神

すでに第一章でも述べたように、「城郭」の源意は、外敵から住民を護る強い意志の表現にあるので、元来が護国思想を内包しており、のち仏教・道教・儒教や神道の理想的世界の「守護神」にそれを仮託することは早くから行われていた。事実、わが国の古代の九州大野城には守護神として四天王を祀り、さらに大和高安城にも毘沙門天（びしゃもんてん）を祀る信貴山（しぎさん）朝護孫子寺があるなど、鎮護国家の思想の具現がみられる。平安時代、神仏習合の先駆に清和源氏の氏神として、また後の武人の守護神となった八幡大菩薩信仰が普及したのち、仏教・道教・儒教・神道を習合した天道思想が戦国時代に一般化している。たとえば、『永禄以来出来初之事』にいう尾張楽田（がくでん）城に「……城中に高さ二間余の壇を築き、其上に五間七間に矢倉を作り、真中に八畳敷の二階座敷をこしらへ、八幡大菩薩愛宕山権現を勧請し奉り、つねに信仰有し……」はそうした守護神の役割を、史実は充分に伝えている。

したがって城郭の中枢的存在の天主に守護神

木像人柱（熊本城より出土）

を祀ることは容易に推察される。　天主建築の起源を仏教に求める説は古くからあり、多聞、櫓の創建にからんで仏教の宇宙観に依拠する見解がある。すなわち、三界（欲界・色界・無色界）のうちの欲界には、空輪・風輪・水輪・金輪上の中央に聳え立つ須弥山頂に〝天〟（忉利天）があり、帝釈天を主とする三十三天が住み、その帝釈天の外臣で天下を護衛するための四天王（東に持国天・西に広目天・南に増長天・北に多聞天＝毘沙門天）が須弥山の中腹に居すという。近年明らかにされた安土城天主の地階中核に宝塔をおくのは須弥山における天の表現であろう。一方神道では、先の武神として八幡大菩薩を祀った楽田城の他、最上階に守護神を祀った天守はけっして少なくない。安土城を模して慶長二年（一五九七）頃完成の岡山城天守最上階西側に「天御神・武甕槌命・経津主命」を祀った神棚、慶長十四年完成の姫路城大天守六階に「姫山の地主神刑部大

姫路城大天守6階の刑部神社（北村泰生氏撮影）

神」を祀った神社、慶長十五年上棟の小倉城天守最上階でも「不動尊・摩利支天・その他諸社御札守」のある棚が設けられていた。元和八年（一六二二）完成の福山城天守最上階には「延広八幡宮」の神霊を奉祀しており、加えて寛文九年（一六六九）再修の讃岐高松城には上階に諸神三十体・神主入厨子四神旗を安置し、正月・五月・九月の三度に大般若経を請じて城の守護を祈禱していた。水戸城再建天守（三階櫓）三ノ重の天井裏に鹿島神宮・静神社・吉田神社等を祀った例もある。また熊本城大天守最上階の南張出し部分は帳台形式をとるものの、祭神を祀った可能性もあるという。遺構としては、備中高梁城において二階の上部を「社壇」と称し守護神をおく場が補設されている。

いずれにせよ神仏習合にみる思想的な守護神とともに鬼門のあつかいを特に意識している。鬼門に梵字を刻んだ石を配した例に伊勢神戸城天守台があり、人柱の代替として人形を埋めた例としては、熊本城出土白木墨書の人柱形がある。概して人柱伝説は史実として扱えない場合が多いが人柱に代わっての人形が現実に出土した以上、人柱による城郭守護の意識が実在したのは確かであろう。なお、泰平の元和期に建設した越後長岡城でも、人柱が考えられたものの、人形で代替した記録もある。地鎮祭に鎮物として人形を埋納する習慣は古代以来あるため、人柱伝説はそれから発生し、城郭の普請は難工事が多いだけに脚色される例が多かった。

6 天守の縄張

天守自体の縄張には、従来「独立式」「複合式」「連結式」「連立式」の四つがあるとされ、歴史的には前者から後者へ発達してきたと説かれていた。しかし天守創始期の様態が不明であった時代の見解であり、最近のように、安土城（天正七年＝一五七九）や福知山城（天正七年）などの詳細が判明してくると、「独立式」の縄張が最初にあったとするのは疑わざるを得ない。伝説的に創始期天守といわれる尾張楽田（がくでん）城にしても、その土壇が残るのみで平面形状は未詳で、たとえ櫓（やぐら）はあっても「天主」と称せられていたか不明である。天正四年建立と伝えられる丸岡城にしても、しばしば地震による倒壊再建を繰り返しており、現状そのものが単純に初期天守とみるには問題が多く、少なくとも付櫓があって独立式でなかったことは確かである。そこで新たな研究を踏まえて、次の「梯立式」「連立式」「環立式」「単立式」の四縄張を提案したい。

まず「梯立式」とは、未熟な石塁構築技術ゆえに、

岡山城天守

天然の地山地形に準じた不整形な天守台に縄張されたもので、あたかも天守の階梯となるような付櫓が添え加わる形式をいう。天守の濫觴（らんしょう）といわれる安土城天主は、そうした特性をいちじるしく示しており、不等辺八角形平面をもつ。その構造を検討すると、中核の東西一〇間×南北一二間に東側へ登閣御門櫓、西側へ二段広縁、北側へ大倉をそれぞれ添えて梯立式になっていることが明らかである。時代が下るとともに平面は徐々に整形に近くなるものの、後世の矩形平面にはいまだほど遠く、たとえば秀吉の天正度大坂城天守（天正十三年＝一五八五）は北側に、肥前名護屋城天守（天正二十年＝一五九二）は東側に、広島城天守（文禄二年＝一五九三頃）は、東と南にそれぞれ付櫓があり、岡山城（慶

梯立式天守縄張

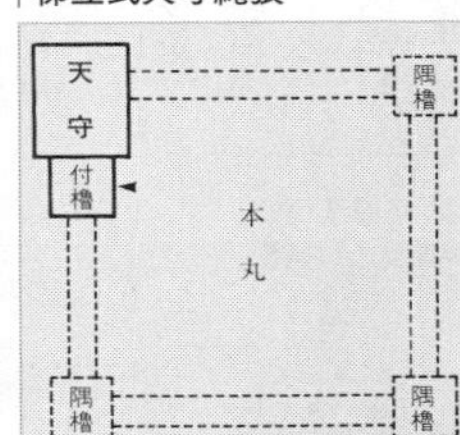

連立式天守縄張

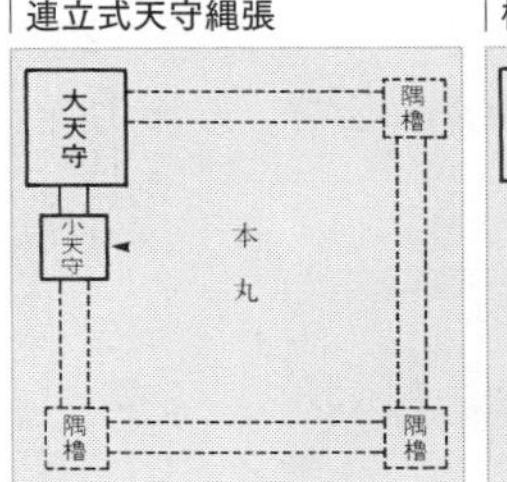

熊本城天守

長二年＝一五九七頃）にいたっては、北側に山形の突出部があり、不等辺五角形平面となっている。

次に「梯立式」の付櫓が独立して一ないしは二基の小天守となり、大天守と機能的につながりながら聳え立つ形式を「連立式」という。天守台平面がほぼ矩形（ただし、いまだ歪はある）となり、小天守と渡櫓や橋台で接続する。一軸方向に連なる実例は、熊本城・名古屋城など、概して後期望楼型から前期層塔型天守にみられる。二軸方向の例としては、実現はしていないが、名古屋城で計画された。いずれにしても次の環立式に準じてかなり実戦的な構えである。

「環立式」は、「連立式」の小天守への接続が一順して環状になった形式をいう。したがって「連立式」縄張が極限に達したと考えられるもので、普通ほぼ四角に縄張されるが（例：姫路城、伊予松山城）、多角形になる場合（例：和歌山城）もある。また中央に大天守を置き、その周囲に小天守を近接して環状に配し、天守のシンボル性を「環立式」

姫路城天守

で徹底した実例に、駿府城・淀城がある。一人前の曲輪となるから「天守丸」と称された最盛期天守の縄張である。元和偃武(げんなえんぶ)以後、天守は「一城の飾」と化し、「環立式」の縄張は、本丸殿舎との連絡上、その必要性が認められなくなり、本丸内最奥の位置に「単立式」が建つのみとなる。登閣御門口に、例えば小天守台が設けられても、それは名目だけで小天守の建物は造られず、大天守のみが単一に立つに過ぎない。元和寛永両度江戸城・寛永度大坂城をはじめ、宇和島城・丸亀城など江戸時代に縄張された天守のほとんどはこれである。俗に「独立式」は古式といわれるが、それを「単立式」とみると逆にもっとも新しい縄張となる。

単立式天守縄張

隅櫓
隅櫓
天守
本丸
隅櫓
隅櫓

環立式天守縄張

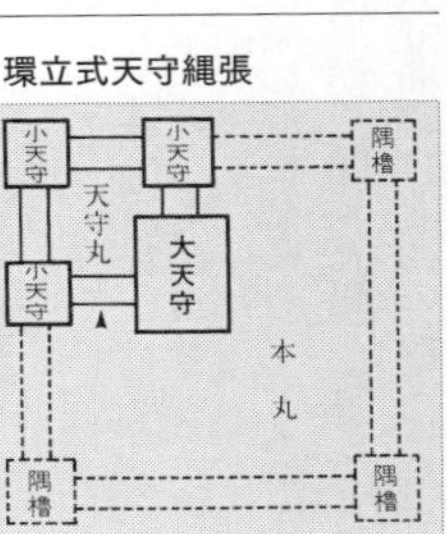

丸亀城天守

7　天守丸

天守丸とは、城郭の中心建造物――天守――が存在する曲輪をいう。一般には、天守は本丸（後述）内に存することが多いのであるが、これと特に別して天守および台所などの籠城施設のみを比較的小規模にまとめた曲輪をさし、「詰丸」ともいう。こうした縄張は概して安土・桃山期の平山城のみに見られ、城内の最高所に位置するのが普通である。元来は実戦的な山城の縄張を、平山城でも活用した技法といえよう。

遺例からみて、台所丸を従える信長の安土城が天守丸の初期例といえるが、確実に天守丸と称していたのは、安土城を模して天正十年（一五八二）より縄張した備前岡山城である。『備前国岡山城絵図』（岡山大学附属図書館蔵）に「殿守丸」とあり、規模は「南北六拾弐間、東西弐拾九間」で「地形弐間本丸ニ高シ」とあり、本丸レベルより一段高く位置し、しかも比較的狭いことが知られる。この岡山城天守丸は自然の丘陵を利用したとはいえ、周囲を石塁で構築したところに特色があり、城の要の本丸に一朝事があっても、この天守丸で戦うことが可能となっている。

この他、徳川家康修築の浜松城にも、本丸の西に一段高く「天守曲輪」があり、ここに外観三層内部四階、初層規模八間×五間、高さ約七間の天守が存在した。なお城郭は東と南へ展開しているので、天守曲輪は北西の最奥にあったことになる。この近隣の掛川城にも天守曲輪があった。すなわち、天正十八年（一五九〇）家康が関東へ転出するに及んで、かわって山内一豊が城郭の整備に着手し、天守曲輪・本丸・二丸・三丸を配しているものの、城塁は自然の崖と土居を最大限に活用、わずかに天守曲輪と本丸の一部に野面積（のづらづみ）石塁を積んでいるに過ぎない。この天守曲輪の規模は東西一〇間、南北二五間程度で、本丸の一三分の一程度に狭いが、二〇間余の深さの井戸（霧を吹き出し城をかくした伝説があり、俗に霧吹き井戸といわれる）を備えている。

『備前国岡山城絵図』（岡山大学附属図書館蔵）

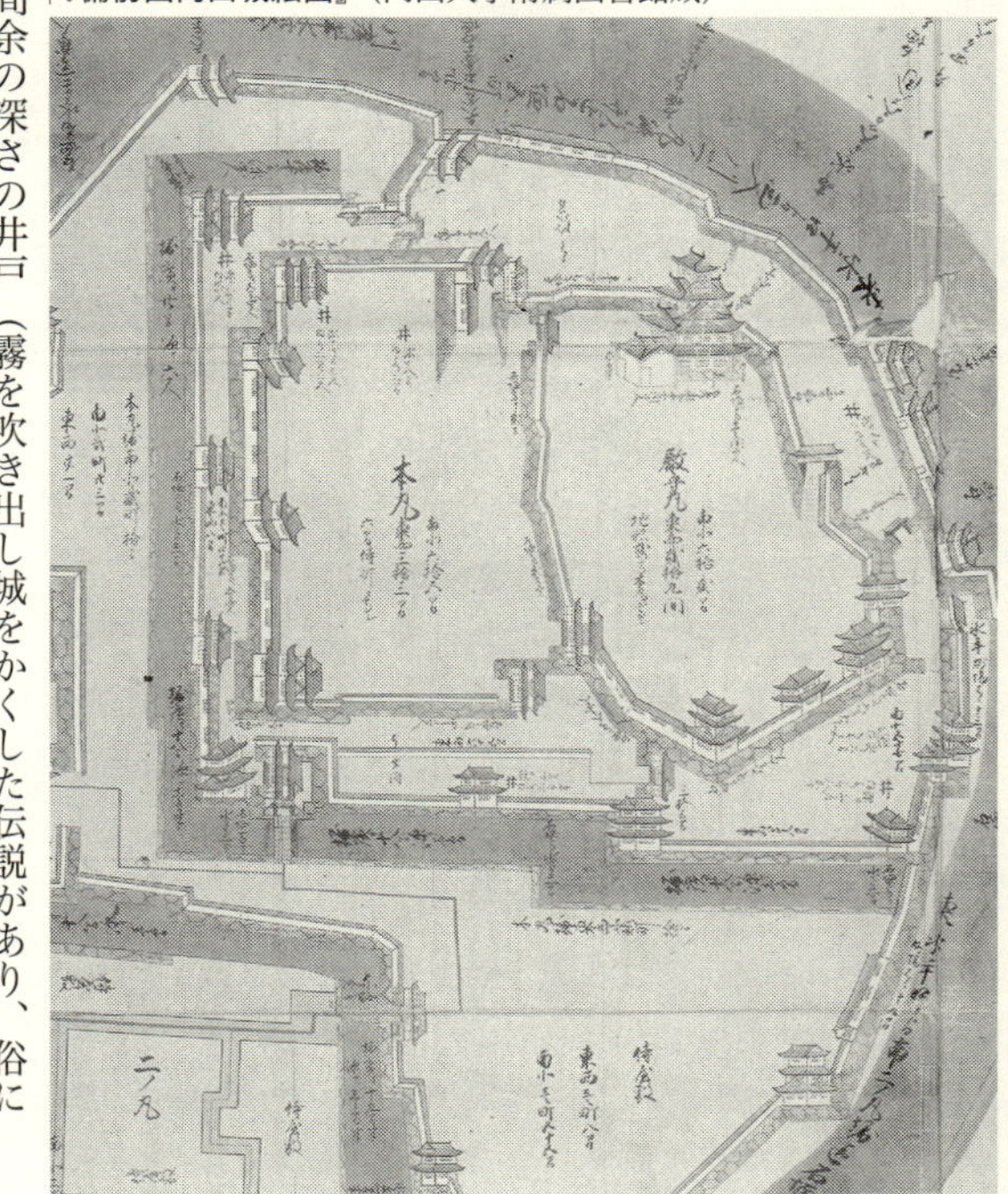

いずれにしても、慶長度の最盛期天守の縄張は、この種が多く、家康が秀吉の天正度大坂城を意識して造った慶長度江戸城天守はその代表例である。現存最古の実測江戸図『慶長十三年江戸図』を諸記録とともに検討すると、高さ一〇間、初重平面規模七尺間で一六間×一八間の環立式大天守（後述）を擁する「天守丸」の存在が知られる。先の浜松城や掛川城と同様、江戸城にも天守丸を構想したものといえよう（二二六ページ）。同時期のものに姫路城の遺構もある。本丸の一隅に大天守一、小天守三、計四基を続櫓（つづきやぐら）で緊結環立する城郭構成として天守丸が設けられている。その壮大な結構は、縄張技法の限りを尽くしているといっても過言ではない。

他に慶長十一年（一六〇六）頃には完成した和歌山城も天守と櫓を結ぶ構法で「天守丸」の形態をとっているし、伊予松山城も天守と小天守で一部を構成するもので同類とみてよい。また美作（みまさか）津山城は、天守のある本丸の一部を「天守の段」と称していた。

また本丸に対して、かなりな独立性をもつ場合、特に「詰丸」と称するようである。秀吉の天正度大坂城がそれで、本丸が南北に長く、中央でくびれているため、天守のたつ北部は、南部に対し「詰丸」とした。また毛利家の萩城は、指月（しづき）山頂を「詰丸」とし、一応平山城の構成をとりながら、山下に改めて天守のある本丸を配している。

8　本丸

本丸とは、複数の郭（曲輪）により構成される城郭全体の中心になる曲輪をいい、二丸・三丸に対する語。本丸は城内の最奥の一区画で外郭に対する内城の意がある。したがって、のちの兵学者はこれをとくに「本城」とも呼んだ。

中世には「根城（子城）」ともいい、最後に立て籠る場として天守丸同様「詰の城」でもあった。先記天守丸の存在は必ずしも多くなく、天守が他郭に擬せられる異例を除けば、この本丸に普通天守をおく。中世の城や山城の本丸では、最後までこの郭だけでも十分に戦える施設設備をもつことが必要であるが、曲輪規模が必ずしも大きくないため、井戸や居住施設・収蔵施設が設けられる程度である。

近世で平山城から平城に移るにつれ、本丸は城郭の中枢として拡大・強化される。特に天守の高層化と城主居館の整備が推捗する。したがって、中世山城の本丸は文字通り円形の曲輪（丸）であり、面積規模も大きくないが、近世に入ると本丸は新武器鉄砲への対策からも石塁で囲繞される。

その先駆例が信長築城の二条城であろう。詳細は不明にしても天守を有する本丸が石塁（蔵）で構築されていたことは諸記録の一致する記述である。すなわち丸でも形態は石塁施工を考慮すれば矩形を考定せざるを得ない。以後、平山城・平城に限らず本丸は石塁を多用して要塞となり、他郭（二丸・三丸）と連結して縄張は複雑化する。

規模に関しては、武田信玄の将＝高坂昌信著『甲陽軍鑑』の「城取の事」に〝一、ちいさくまろく〟と単に小さく丸くと述べるにすぎなかったものが、泰平の世の江戸幕府兵学者北条氏長著『兵法雄鑑』に「城大中小三段の事」として表のように区別している。

この表は本城城内の坪数というので、これらが本丸に該当する。しかも、縄張からすれば、山稜・河岸など天険要害の地における本丸は、それらを背景に、前方へ二丸・三丸をおき本丸を守備する。平地では人工的に曲輪（郭）を作るため、本丸は当然中心地となって周囲に二丸・三丸を配するということになる。いずれにせよ、本丸が城郭の中心として敵に最も遠い地となるわけである。

実例からみると尾張楽田（がくでん）城は『尾張古城志』によれば、「東西四十間南北五十間」という。秀吉の肥前名護屋城本丸は実測値より東西五二間南北五六間程度、聚楽（じゅらく）第を模した広島城本丸が東西九五間南北一二〇間（正保図による）、岡山城本丸が東西三三間南北六五間（正保図）、寛永度二条城本丸は東西七二間南北七二間、名古屋城本丸は一〇〇間余四方

城大中小三段の事

大名・将軍区別	大	中	小
公方様	136間四方		
10〜20ヵ国の国持ち大名	90間四方	90間・80間	90間・60間
国持ち大名	59間四方	49間四方	43間四方
侍大将城	35間四方	30間四方	25間四方

と、時代とともに（特に一国一城令以後）本丸の規模が拡大の方向にあることが首肯できよう。本丸殿舎がもろもろの武家典礼が挙行される藩政中枢の場となるためである。そして、天守自体の縄張が環立式から単立式となり（一〇七ページ）、実戦向きの天守丸も本丸に併合される傾向にある。元和度以降の江戸城がそのよい例である。

『寛永度江戸城本丸図』
（中井家・大熊家史料をもとに実測図上に復元）

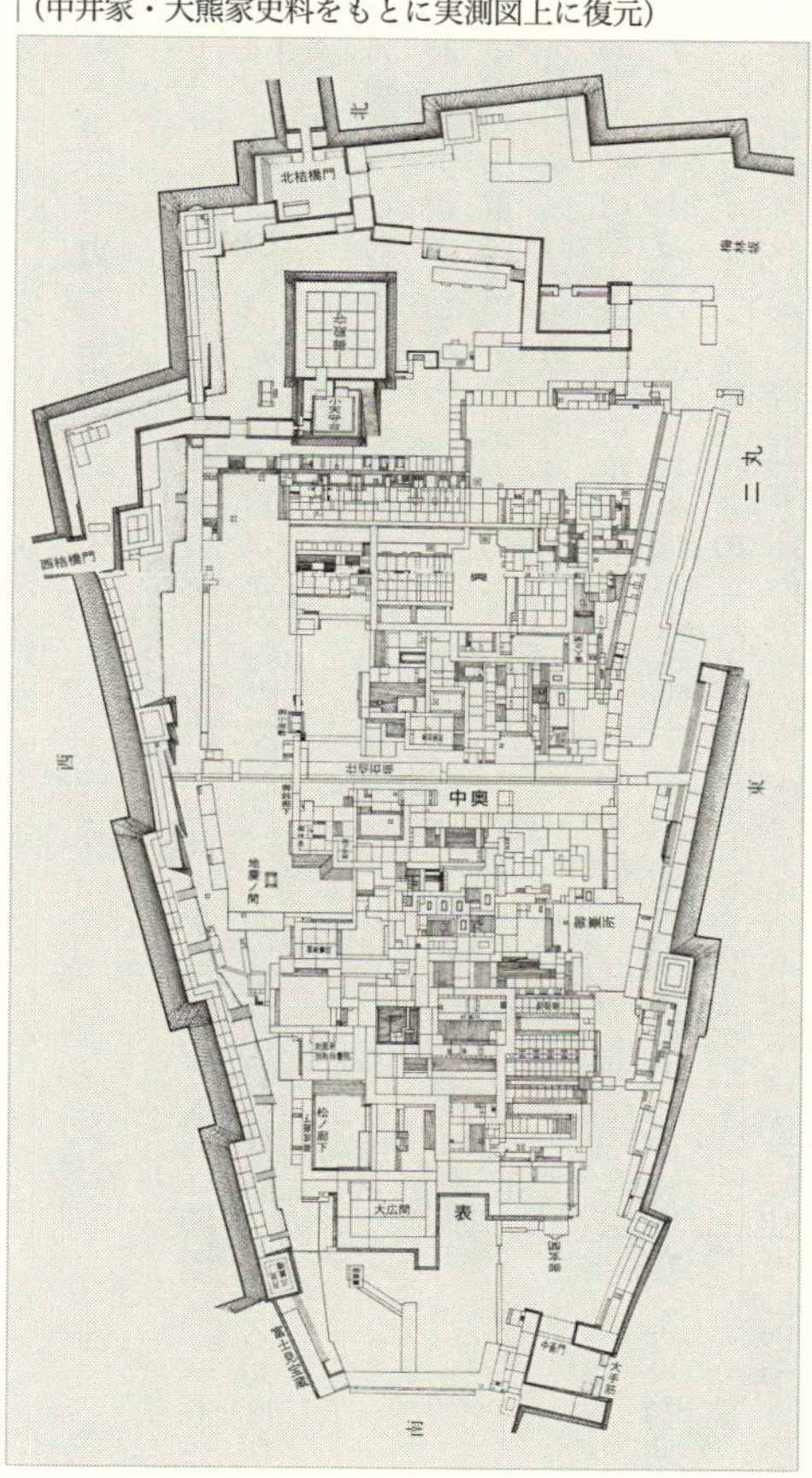

9　二丸・三丸

二丸（にのまる）は、城内で本丸に次ぐ重要な曲輪。「二郭」「中丸」ともいう。本丸に隣接し、本丸への出入口の曲輪として、実質的防御の最終拠点であり、この二丸陥落は落城に準ずる意味があった。

二丸の機能は、大きく次の場合に分類できる。

① 城主の近親者（親・子）の居住地
② 家臣団（重役級・上級武士）の居住地
③ 倉など諸施設の設置場所
④ 空地または樹木草花の庭園

もともと中世山城では二丸の規模は本丸に準ずるか、逆に大きいものが多いが、近世初期城郭では、本丸が拡大・整備されるのに比べ、相対的に狭小化している。

しかし、元和偃武（げんなえんぶ）以後、特に寛永期の泰平の世となると、本丸殿舎が武家故実に則（のっと）った形式的な結構となり、ついには日常性を失う。その代わりに二丸は、城主の下屋敷に転用され、また罹災時の本丸御殿の代替としたものが次第に常住居所として使用されるようになる。たとえば、和歌山城（元和五年徳川氏入府に伴い二丸を拡張整備し新築）・二条城（寛永三年行幸に際し新築）・水戸城（寛永五年二丸整備に伴い新築）・名古屋城（家老邸を三丸へ移し、城主居館を元和三年に新築、さらに寛永五年に整備)・江戸城(寛永七・十三年に整備)・金沢城(本丸火災後、寛永十三年新築)・仙台城(寛永十六年新築)・高松城(松平家入府後、承応ごろ再建か)・岡城(建立年次不詳だが、月見櫓・風呂屋など風雅な居館がある)などがある。これらは、規範に縛られることの少ない二丸山里に城主の本拠が転移したことを物語っている。なお、二丸は常住居所として、くつろぎのための庭園および庭間諸施設を伴うのが普通で、江戸城・名古屋城・二条城の各二丸庭園は今日に遺存して名高い。

三丸は、本丸・二丸に次いで重要な曲輪をいい、「三郭」ともいう。ふつう数字で表わされる曲輪はこの三丸までで、四以降の曲輪名称は寡聞にして知らない。

もともと二丸を守備するのが主要目的で、一般には家臣団を配する曲輪であり、かつ城郭では本丸到達への最初の曲輪として大手門が舗設されるところで、戦時には前衛となって守備されるのである。しかし先述の二丸が城主居館の郭となったところでは、この三丸は重役邸や諸施設(役所・倉庫など)がおかれるようになる。なお、この三丸に城主居館が設けられた出羽の本庄城があるが、まれな例といえよう。

三丸の縄張は、二丸に隣接するのが原則だが、本丸に隣接し「連郭式」(前述)に配する場合もある。城郭では、本丸・二丸・三丸が一応、一組となって中枢郭を構成するもので、兵学書にいう縄張は「一・二・三の段」といって、本丸を最高所に、以下、段下がりに計画するのを理想形態とする。たとえば、姫路城・鳥取城・江戸城のように平山城でその典型がみられる。

10　西丸

西丸（にしのまる）とは、城郭を構成する一曲輪の名称で、本丸の西方に位置したことに由来するが、江戸時代の漢学者は中国風に「西城」とも称した。数詞の郭――二丸・三丸――に対し、本丸からの方位によって名付けられた郭には、この西丸以外に「東丸」「南丸」「北丸」の名称もある。したがって「西曲輪」（彦根城）や「西出丸」（富山（とみやま）城・伊勢亀山城）、「西方の丸」（豊後府内城）などの別称も一応同類である。

「西丸」の初期例は、天正六年（一五七八）家康が大須賀康高に築かしめた横須賀城で、本丸の西に「西丸」を、その表に二丸、本丸の東に三丸を配する連郭式縄張であるが、平山城の地形のためにできた曲輪で、本丸に隣接付随したいわば「馬出」的要素もうかがえる。秀吉の聚楽城（第）も同様で、本丸西南部に張り出し、『駒井日記』によれば四周「百三十間」ほどで、のちの『京都図屛風（元和末年）』『寛永十四年洛中絵図』にて復元すると、東西約三〇間南北約四〇間程度の規模となる。

本格的な独立の郭としては明らかなものでは、やはり秀吉の伏見城（第Ⅲ期）に先駆例をみる。伏見城古図に徴すれば、伏見城西丸は本丸の西にあって本丸と比較しても遜色ない規模をもっている。「西丸様」の異称で知られる淀君の存在を考えれば、本丸（秀吉居住）に劣らないこともよく理解できる。なお、第Ⅳ期の伏見城西丸は、本丸普請のため家康が西丸へ移徙したところからみて、本丸代替の郭とみてよい。また天正度大坂城には関ケ原役後秀吉の正室＝北政所が住んでおり、北政所が京都に去ったあと家康が入り、天守さえもたっている。朝鮮役の本営＝肥前名護屋城の西丸は、本丸の北西に弾正丸とともに搦手口を守る要諦として位置しているので、方位による名称とみてよい。

後世、西丸の意に「隠居」の性格を与えたのは江戸城が嚆矢であろう（「隠居曲輪」そのものの名称をもつ城に太田道灌の岩槻城がある）。文禄二年（一五九三）の『秀忠日記』に「廿九日、御普請御隠居御城堀当候」とあり、本丸とは蓮池濠を隔て別の丘陵の地相に隠居城を築いた。秀忠が家光に将軍職を譲るに当たり、西丸居館の整備が急がれ、寛永六年（一六二九）に成就し移徙している。すなわちこれ以後代々将軍の隠居城の実質が伴う。

その場合、『寛明日記』により、その表書院群の構成をみると、大広間—小広間—対面所—書院—小書院—御座の間となって、隠居の殿館といっても本丸同様な規模であることが判明する。しかも本丸ほどの形式性を伴わないので、山里の庭間施設が整い居住性に優れていることが多い。そしてのちに「西丸」とは、そこに居所する人——大御所（退位将軍）——を意味するに至る。こうした性格は江戸城に限られるが、同類に和歌山城の例がある。

他城郭では倉蔵（名古屋城）、重役屋敷（高松城）、女房居館（姫路城）、本丸の補助または代替（彦根城）、本丸の馬出（津城）などが主な用例である。

最後に、江戸期に西丸が作られたものに明石城（元和年間）・岡城（寛文四年）がある。その他に西丸の命名は多く、駿府城・臼杵城・高知城・豊後府内城なども見逃せない。

11 山里丸

山里丸（やまさとまる）とは、山里曲輪ともいい、城郭の中で自然風雅を楽しむのを主機能とする、最も非戦闘的な郭をいう。日本の城郭が、西洋の城塞と大きく異なるのは、一つに風雅をとり入れた点であり、すでに中世末の太田道灌の江戸城にも何らかの近似したものがあったようだ。特に茶の湯の興隆に伴い、往時、京の市中の山居——山里庵——が出現して以来、城郭にもその影響が現われる。具体的には現実の生活——都——に対し、「田舎」への憧憬が「市中の山居＝数寄屋」を生み出したのであり、こうした数寄＝茶の湯の思想を深めた千利休が天下覇者の信長や秀吉に大きく影響を与えているとみてよい。信長の安土城にも山里の萌芽形態を窺（うかが）えるが、やはり、城郭においての山里曲輪は秀吉の天正度大坂城に始まるという。聚楽城（第）でも山里は知られるが、この山里は独立の郭ではなく本丸の一部に存することに特徴がある。以後、秀吉系の城郭には必ず山里なる一郭

上山里丸（佐賀県立名護屋城博物館蔵『肥前名護屋城図屏風』部分）

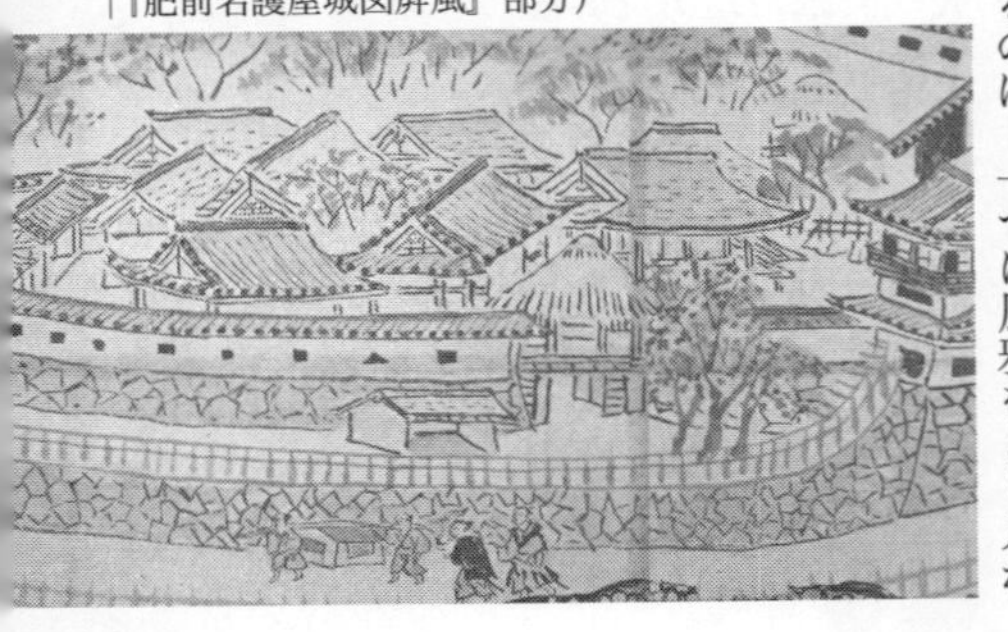

がある。たとえば臨時の城郭肥前名護屋城にさえ山里曲輪の存在が確認できるのは興味深い。

『肥前名護屋城図屏風』によると、「上山里丸」と「下山里丸」の二郭から成り、「上」には藁葺宝形屋根の楼門、内部に柿葺・瓦葺の殿舎があり、樹木の繁る庭園の一角に数寄屋がのぞいている。近接して岡山城月見櫓に酷似する朱塗り高欄付の二重櫓を具して一応防備の構えをとる。また「下」には観能施設——舞台・楽座——があり、両者をあわせて戦陣の息抜きの場であることが知られる。秀吉の隠居城伏見城にも山里施設があり、ここでは「学問所・舟入」が大々的に造営され、むしろ本丸の規模に勝るともおとらない様相を呈していた。

家康の江戸城にも、山里多聞や山里門の名称が物語るように、山里は西丸・二丸の一部に造営された。独立した郭としては、明暦大火後の水戸・紀伊・尾張御三家の郭外移転に伴ってできた「吹上庭園」がこれに当たる。この庭園は江戸城本丸の防災施設的意味も大きく、ゆったりした回遊式庭園となって今日に伝わる。

下山里丸（佐賀県立名護屋城博物館蔵『肥前名護屋城図屏風』部分）

徳川幕府による寛永度大坂城には、秀吉時代の城に因んで「山里丸」は寛永元年（一六二四）本丸の修築と同時に考慮されている。本丸の北に一段低く、搦手（からめて）の役目を負うのみで、庭間施設までは造営されなかったようである。

岡山城「後楽園」

金沢城「兼六園」

泰平の世になるとこのような山里の構想（庭園）は一般城郭にも普及し、名古屋城・姫路城・熊本城などにその名が残っている。がしかし、旧城郭を利用するよりもむしろ外郭に広大な庭園を計画するようになってくる。

たとえば寛永初年ごろ、井伊直孝のとき造られた彦根城「玄宮園」は大池泉回遊式の庭園で、のち延宝五年（一六七七）追加造営された「楽々園」は下屋敷的扱いである。この他、城北に隣接して造営された「蓮池庭」を延宝年間に造営整備した金沢城「兼六園」、元禄二年（一六八九）池田公が天守対岸に築造した岡山城「後楽園」、それに水戸城「偕楽園」なども同類である。やがて城郭の庭園は遠く離れた下屋敷に重点がおかれ、広島の「縮景園」、熊本の「水前寺成趣園」、鹿児島の「仙巌園」など今日にのこる著名な庭園が数多く造られるに至る。

12　水手曲輪・帯曲輪

水手曲輪（みずのてくるわ）の水手とは、城中の飲用水のことで、城郭の中で飲用の井戸や貯水設備を有する曲輪をいい、「水郭」とも称する。

ここで改めるまでもなく、もともと城は山険の地を利用した山城より発達しており、飲用水の確保が城の維持そのものにかかわり、まさに「城にとって水は生命である」といっても過言ではない。特に籠城の場合に備えて、平生より水に対してきわめて注意を払っている。

一般に水源としては「井戸」を掘った。しかし中世の山城や平山城では井戸水だけでは城中の飲用水を賄（まかな）いきれないこともあり、「河川」「湧水」さらには「雨水」をも利用したという。井戸はもちろん水手曲輪以外には本丸天守近辺にも設けられたり（聚楽第本丸・姫路城本丸）、ときには天守内部にも設けられる（浜松城、名古屋城、熊本城）が、これら

水手曲輪井戸（小田原石垣山一夜城）

は、天守・本丸に付して設けられたものであって、水源を主とした郭ではない。したがって、水手曲輪は、これら井戸貯水池の周囲を土塁や石塁で固め、櫓や堀で囲繞して防備することが多い。特に河川や沼水を利用する場合には、井楼を組んで上部を櫓とした「水手櫓」を構えて、下から水を汲み上げる。

こうした遺例としては高天神城（静岡県）に「井戸曲輪」の名称で残っており、さらに秀吉築城肥前名護屋城にも「水手曲輪」が存在した（『太閤記』）。この規模は東西、南北各一五間ほどで、本丸東北隅の天守下に位置しており、石畳敷きの井戸が二ヵ所掘られていた。ここは丘陵地で、水利の悪さを物語っており、築城時の苦心のほどが察せられる。他には慶長十九年（一六一四）竣工した奥州平城（福島県）にも、本丸東側に一段低く水手曲輪が設けられている。湧水を利用した例では、津和野城や小田原石垣山一夜城があり、さらに雨水を漆喰で固めた枡で集めた例

帯曲輪（江戸城）

は、春日山城（新潟県）や萩城詰丸にみられる。

なお、城攻めの手法の中に「水手攻め」がある。これは水手曲輪を直接破却したり、飲用できなくする（水源の断ち切り・毒物投入など）ことによって、籠城を不能にするもので、戦国期しばしば用いられた戦法という。

帯（おび）曲輪は帯状に細長く一つの郭の外周に一段低く設けられた曲輪、または二つの郭を連結するためにその間に細長く築いた郭をいう。特に、帯状にならない短い曲輪を「腰曲輪」といって区別する場合もある。なお帯曲輪のうち、さらに幅の狭いものを「犬走り」と称する。

帯曲輪は、中世の山城での利用が多いが、近世では城郭内のうちの一曲輪の固有名称となっている。近世城郭の縄張図を集大成した山県大弐著『主図合結記』でみると、伊勢亀山城・三河刈屋城・近江彦根城に帯曲輪がみられ、他にも美濃岩村城にあるが、これらは後者の固有郭名と考えられる。

本格的な帯曲輪としては、天正度大坂城（中井家蔵『豊臣氏時代大坂城本丸図』）が著名であるが、その技巧的実例としては江戸城本丸東北部、北丸竹橋門と三丸平川門の間を結ぶ曲輪があげられる。腰曲輪は、単に本丸・二丸などに付属するものである以上、きわめて一般的である。掛川城・館林城・姫路城・高知城・福知山城・飯山城（長野県）・盛岡城などその実例は数多い。

13 総曲輪

総曲輪（そうぐるわ）とは、城本来の機能の中枢部（本丸・二丸・三丸など）を含む城郭と、その外側に経営した城下町を堀と塁（西郭）で囲繞（いにょう）防備した城の構えをいい、「総構（そうがまえ）」「外構」とも称する。堀の場合は「総堀」といい、人工的に掘るのが一般であるが、自然にある河川を利用するときには「総河」という。また、総曲輪に築かれる出入口を「総門」といい、大手に当たるため規模は大きく、枡形などで防備を施す。

のちの兵学書での大城・中城・小城の三区分でいえば、中城になってはじめて構えるもので、このとき〝方十七町十間〟という。大城では〝方二十二町四十間〟の「総曲輪」と別に「外輪」が〝方三十六町〟を標準規模としていた。なお、総構を文字通り〝総ての構え〟と解して大坂冬の陣の休戦時の処理には、外構のみでなく、三丸・二丸の堀を埋め立てて、夏の陣に導いた話は有名であろう。この大坂城の総曲輪に先立つ例は、信長の岐阜城下に看取できる。その様子を伝える絵図に、承応三年（一六五四）極月下旬写の『濃州厚見郡岐阜図』があり、稲葉山山上と、山下の御殿群、さらに城下町を、川沿いに土居が、北↓西↓南と囲繞して総構の態をなす。また安土城にも総構があり、「安土御構（おんかまえ）」と称していた。

信長を継いだ秀吉の城郭も総構がいちじるしい。大坂城は本丸の建設（天正十一～十三年）後、二丸普請を経て、総構の堀の工事が文禄三年（一五九四）正月から始まり、これを俗に三丸と称し、西は東横堀川、北は淀川、東をのちの徳川時の猫間川近辺の堀、南を現在の安堂寺町辺にあった空堀で囲む広大な規模であった。秀吉の京都邸聚楽第には「御土居」を延々「五里八町十一間余」(京都大学蔵『御土居絵図』)築いて総構とした。

大和郡山城総曲輪（内閣文庫蔵『和州郡山城絵図』）

なお、関東北条氏の小田原城の総構も著名であろう。天正十八年（一五九〇）の小田原攻めに二〇万の軍勢で囲まれた小田原城は、二十余の郭を中心に城下町を含み、東西五〇町、南北七〇町、周囲五里（約二〇キロ）

と伝えられている（『北条五代記』）。その他には、大和郡山城の総構も『正保城絵図』で確認でき、南は箕山を限り、西は丘陵の断崖に沿い、二〜三の溜池を利用して連ね、北は凹地に沿う堀をめぐらした。総延長五〇町一三間、内側に土居を設け外側が堀になっている。

しかし、何と言っても総構の最大のものは徳川氏覇府江戸城である。家康関東入国後の江戸城は、単に一大名の城郭規模であったが、関ケ原戦を境に着々と城郭の改修を行い、家康・秀忠・家光の三代約半世紀にわたり形成された。城南の江戸湾を基に城北の平川を駿河台の開削で城東の神田川へ疎水し、さらに城西で溜池まで結ぶ構えが江戸城の総曲輪で、城郭史上最大規模をもつのである。

江戸は将軍の権威の場であるためこうした巨大な総曲輪が構築されたのは当然であろうが、未完のものには家康縄張と伝える名古屋城がある。南は古渡（ふるわたり）城、東は矢田川、西は庄内川とし、大久保石見（いわみ）守の屋敷の外に土居を築く計画であったが、大坂陣の開始で、総曲輪はもちろん、三丸さえ一部未完に終わっている。なお一国一城令以後は原則として総曲輪は造られない。俗に日本の城下町には町全体を囲む濠や城壁がないというが、実は、江戸時代になってからのことである。

14　城の都市論

第一章1「『城』と『郭』の源意」で述べたように、「シロ＝城」には「都市」のコンセプトがある。そこで、「城郭の構成」を論じた本章をまとめるにあたって、都市としての総体機能を、世界史的視座において考察しよう。

さて、「都市とは何か」と改めて考えると、極めて「あいまい」である。近代に入って都市史の研究を始めた西欧の学者は、西洋の都市概念に世界史的普遍性を求めて、「都市とは、城壁で囲まれた村落」と定義した。ドイツの政治家・中世史家マウラー（一七九〇～一八七二）を代表とする考え方で、city（イギリス）・Stadt（ドイツ）・ville（フランス）・città（イタリア）等がもつ法的概念が、城壁によって定められた市場権や市憲章に基づく歴史相による。第二次産業革命を経て、工業化社会が本格化した二十世紀に入ると、都市を経済学的に考究したドイツの社会・経済史家M・ウェーバー（一八六四～一九二〇）は「共同体としての都市」の歴史的意義を市民意識に求めて、西洋中世都市こそ近代市民社会の先駆形態と評価した。

こうした西洋の研究には二十世紀中頃よりアメリカにおいて、人間生態学（Human Ecology）や社会心理学的考究が加えられる。しかし、研究の視野が大きくなればなる程に、都市の多様性が明確になり、特に西洋中心の都市分析に加えて、東洋都市の研究が進展すると、西洋都市の形態のみをもって都市の概念規定をすることに限界があることが決定的となる。都市は「大聚落」の多様性において、理解する以外にないと最終判断される。

そこで改めて都市の成立基盤を「社会的余剰」の形而上性に求めて、その社会的余剰を生み出す様態を分析する研究が注目されるようになる。フランスの古代中世史家クーランジュ（一八三〇～八九）は、都市の発生を「共通の祭祀」による宗教権力に求め、M・ウェーバーは経済権力に、さらに、奥井復太郎は政治権力を重視した。それらをまとめて藤田弘夫は、「都市は権力の複合体」とみるダイナミズムを重視して、「人間の歴史は一面で〈最小〉の支配で〈最大〉の保障をもたらす権力を作り出そうとする試み」とまで極論する。それは、アメリカの技術史・都市史家マンフォード（一八九五～一九九〇）のいう「人間が生み出した最大の便益を、最小の空間に納める文明の産物を凝縮し、貯蔵して伝達しようとした」都市の歴史相を透視した結果であ

「パリ都市図―― 1615年」
（『パリ都市地図集成』柏書房刊所収）

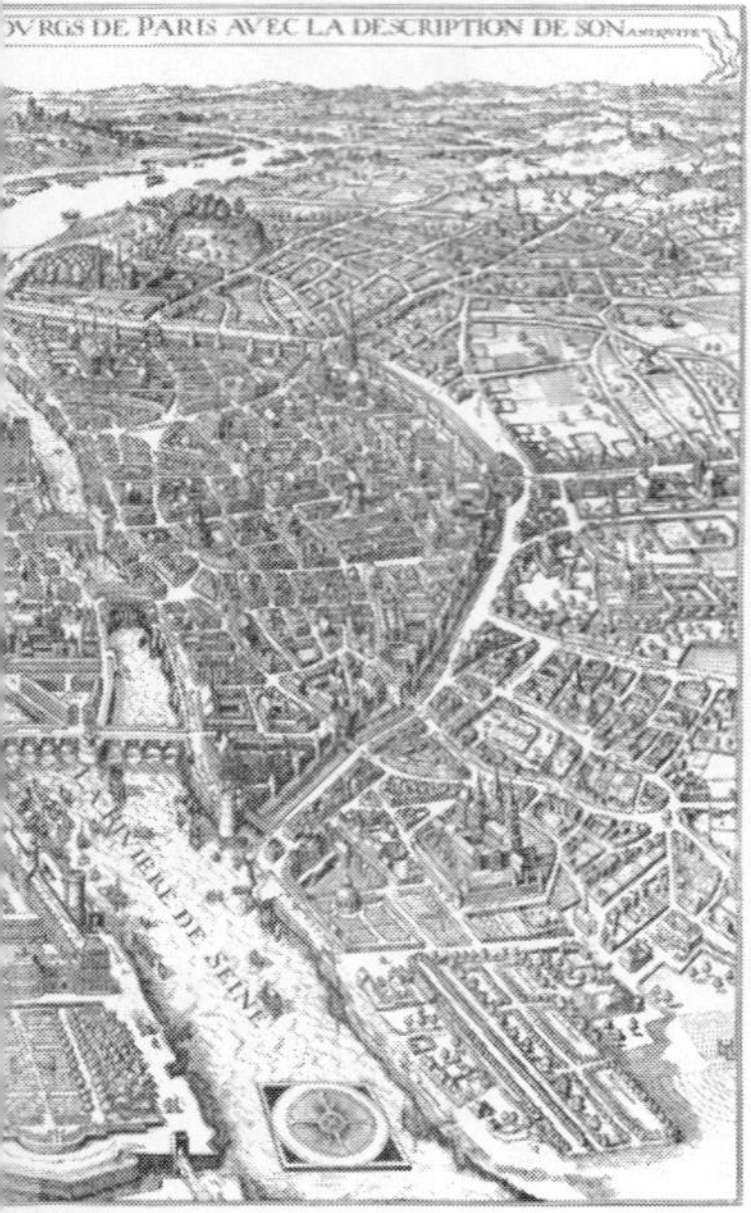

る。

以上の都市史研究を城の日本史上に位置づけるならば、「城は社会基盤としての宗教・政治・経済の三大権力が求めた都市施設」とみることが可能になる。むしろ権力行使の動態において多様に建設されたのである。それゆえに「都市の発生は文明の発生とともに古い」とさえ考えられている。都市＝city と文明＝civilization が同一語源であることを改めて認識する必要があろう。その都市文明が世界的規模で本格化するのは、近代からである。

一般に「近代」とは、古代・中世・近代の歴史三区分の概念をもとに、ヨーロッパではルネッサンス期以降とする。ルネッサンスとはギリシャ・ローマの古典復興を標榜するものの、十五世紀には、コロンブスのアメリカ大陸発見があって、地球規模での経済権力をもっ

日本都市の住区別面積（17世紀中頃）

	都市名一年代		総面積[1]	武家地 (内郭を含む)	町人地	寺社地	空地・その他	内郭面積[3]	復元史料
参考	城 安土	天正年間 (1580頃)	5.55 (100.0)	2.34 (42.2)	1.16 (20.9)	0.27 (4.9)	0.82 (14.8)	0.96 (17.2)	地名・史跡及び文献史料より最大規模を推定して復元計測。
三都	城 江戸	正保元年 (1644)	43.95 (100.0)	34.06 (77.5)	4.29 (9.8)	4.50 (10.2)	1.10 (2.5)	2.28 (5.2)	『正保年間江戸絵図』 (木版本)
	城 京都[2]	正保年間 (1647頃)	20.87 (100.0)	1.05 (5.0)	8.37 (40.1)	2.92 (14.0)	8.53 (40.9)	0.21 (1.0)	『寛永後万治前洛中全図』 (京都大学蔵中井家史料)
	城 大坂	明暦3年 (1657)	14.16 (100.0)	3.36 (23.7)	7.40 (52.3)	1.18 (8.3)	2.22 (15.7)	0.59 (4.2)	『新板大坂之図』 (木版本)
大都市	城 仙台	正保年間 (1647頃)	10.37 (100.0)	7.56 (72.9)	1.15 (11.1)	1.66 (16.0)	0.0 ——	0.54 (5.2)	『陸前国仙台城絵図』 (斎藤報恩会蔵)
	城 名古屋	正保4年 (1647)	8.57 (100.0)	5.39 (62.9)	1.90 (22.1)	1.17 (13.7)	0.11 (1.3)	0.52 (5.9)	『正保四年名古屋城絵図』 (徳川美術館蔵)
	城 金沢	正保年間 (1647頃)	7.46 (100.0)	4.91 (65.8)	1.58 (21.2)	0.79 (10.6)	0.18 (2.4)	0.23 (3.1)	『加賀国金沢之絵図』 (金沢市立図書館蔵)
	城 熊本	正保年間 (1647頃)	4.74 (100.0)	3.41 (71.9)	0.82 (17.2)	0.43 (9.1)	0.086 (1.8)	0.20 (4.2)	『平山城肥後国隈本城廻絵図』 (県立熊本図書館蔵)
中都市	城 姫路	慶安2年~寛文7年 (1649~67)	2.66 (100.0)	1.41 (53.0)	0.72 (27.1)	0.13 (4.9)	0.40 (15.0)	0.25 (9.3)	『姫路御城廻侍屋舗新絵図』 (姫路市教育委員会蔵)
	港 堺	元禄2年 (1689)	2.40 (100.0)	0.36 (1.5)	1.77 (73.9)	0.42 (17.7)	0.17 (6.9)	0.0 ——	『堺大絵図』 (堺市立図書館蔵)
	城 津山	正保年間 (1647頃)	1.88 (100.0)	1.24 (66.0)	0.45 (23.9)	0.13 (6.9)	0.06 (3.2)	0.09 (4.9)	『美作国津山城絵図』 (内閣文庫蔵)
	門 伊勢山田	寛文2年~寛文3年 (1662~63)	1.84 (100.0)	0.0 ——	1.60 (87.1)	0.24 (12.9)	0.0 ——	0.0 ——	『山田惣絵図』 (伊勢文化会議所蔵)
	港 長崎	寛文8年~延宝8年 (1668~80)	1.47 (100.0)	0.06 (4.4)	1.09 (74.0)	0.30 (20.3)	0.02 (1.4)	0.0 ——	『(寛文長崎図屛風)』 (神戸市立博物館蔵)
小都市	城 日出	正保年間 (1647頃)	0.29 (100.0)	0.16 (55.2)	0.11 (37.9)	0.02 (6.9)	0.0 ——	0.02 (6.1)	『豊後国日出城絵図』 (内閣文庫蔵)
	門 金毘羅	元禄年間 (1690頃)	0.19 (100.0)	0.0 ——	0.14 (71.9)	0.05 (28.1)	0.0 ——	0.0 ——	『金刀比羅宮大祭列図屛風』 (金刀比羅宮蔵)

注 1) 本データは、復元史料欄に示す各都市絵図を1/10,000現状図に復元計測したもの。単位は㎢。( ) 内は総面積に対する%。
2) 京都の都市域は御土居内とするために「空地」が多く、また「その他」には「公家地」が含まれている。
3) ( ) 内は内郭率＝内郭面積／総面積。

城：城下町
港：港町
門：門前町

外国都市の住区別面積（17世紀中頃）

	都市名一年代		総面積[1]	政治 (王宮を含む)	経済	宗教	空地・その他	王宮面積[2]	復元史料
大都市	ROME	(1676)	14.59 (100.0)	2.16 (14.8)	2.86 (19.6)	1.94 (13.3)	7.63 (52.3)	0.0 ——	『NVOVA PIANTA ET ALZATA DELLA SITTA DI ROMA CONTIVTTE LE STRADE PIAZZE ET EDIFICI DE TEMPII』
	LONDON	(1666)	9.16 (100.0)	0.92 (10.0)	7.15 (78.1)	0.20 (2.2)	0.89 (9.7)	0.60 (6.5)	『GRUNDFRISS DER STATT LONDON WIE FOLCHE VOR UND NACH DEM BRAND』
	PARIS	(1618)	6.20 (100.0)	1.04 (16.8)	3.39 (54.6)	0.71 (11.4)	1.07 (17.2)	0.35 (5.7)	『LUTETIA PALISORIUM URBS, TOTO ORBE CELEBERRIMA NOTISSIAQUE, CAPT REGNI FRANCIÆ』
	AMSTERDAM	(1655)	4.12 (100.0)	0.80 (19.4)	2.15 (52.3)	0.06 (1.5)	1.10 (26.8)	0.01 (0.3)	『AMSTERDAM A 1655 NAAR DE KAART VAN BALTHASAR FLORIZ VAN BERCKENRODE UITBREDING A 1612』
	COPENHAGEN	(1650)	3.23 (100.0)	0.95 (29.4)	0.90 (27.8)	0.03 (1.1)	1.35 (41.8)	0.26 (7.9)	『URBIS HAFFENIÆ DANIAE REGUM』
中都市	WIEN	(1683)	1.97 (100.0)	1.29 (65.4)	0.51 (26.0)	0.11 (5.7)	0.06 (3.0)	0.06 (2.8)	『WIEUM IN ÕESSTERREICH』
	BERLIN	(1650)	1.06 (100.0)	0.35 (33.2)	0.65 (61.1)	0.02 (2.3)	0.04 (3.4)	0.12 (16.7)	『GRUNDRISS DER BENDEN & BURF』
小都市	NEW AMSTERDAM (NEW YORK)	(1660)	0.22 (100.0)	0.01 (6.3)	0.08 (37.1)	0.00 (0.4)	0.13 (56.3)	0.0 ——	『NEW AMSTERDAM IN 1660』 (REDRAFT OF CASTELLO PLAN)

注 1) 本データは、復元史料欄に示す各都市絵図を1/10,000現状図に復元計測したもの。単位は㎢。( ) 内は総面積に対する%。
2) ( ) 内は王宮面積率＝王宮面積／総面積。

た絶対王朝の時代である。むしろ人類史上初めての地球規模での経済権力は、キリスト教等の宗教権力を背景とする植民地政策をふまえて、政治権力の帝国主義を助長する。真の意味で日本の安土・桃山時代の開幕も例外ではなく、まさに近代の黎明である。一般の日本史で江戸時代をふくめて、あえて「近世」とし、明治時代の「近代」と区別するのは、世界史の視座をとるかぎり適切な判断ではない。

事実、織田信長が天下統一を目標として計画した安土には、世界の宗教を総合する意味をもって多神教寺院＝摠（総）見寺を建てて宗教権力を示し、それに対比して安土城天主で政治権力をシンボル化し、加えて城下に自由営業できる楽市・楽座の経済権力の場をあたえており、城と城下町が宗教・政治・経済の三権力のバランスをもって建設されている。あえて新時代＝近代における平安楽土の理想郷志向を「太平の兆（きざし）」（『虚白録』）としたのである。以来江戸時代を通じて日本全土に計画された城下町のほとんどが、明治時代を通して現代都市に成長できた現実を世界史上で評価すべきであろう。

具体的には、城と城下町の建設がほぼ終了した十六世紀中頃において、その都市規模を政治（武家地）・経済（町人地）・宗教（寺社地）の区分において、復元計測し、世界の大都市＝ロンドン・パリ等と比較してみよう。西洋第一のローマは、古代の遺跡（空地）があって都市規模を大きくしているが実質は六・九六平方キロで、パリに近い。実質第一位のロンドンは九・一六平方キロで名古屋八・五七平方キロをわずかに大きくした程度で、江戸はその五倍以上の四三・九五平方キロの巨大都市であった。ロンドンやパリが世界的大都市になるのは、産業革命が本格化した十八世紀後半以降のことである。

要するに日本の城下町は、少なくとも近代が本格化した十七世紀までは、世界的にみて最大級の規模をもっていたことがフィジィカルに実証できる。治安に優れ、しかも衛生的であったとするキリスト教宣教師の記録にもよるごとく、日本の都市化社会は、地球規模として近代を先駆していたのである。

第三章　城郭の要素——その部分の意味

城には、人間歴史のロマンがある以上、
形而上的な思想表現からはじまって、極めて形而下的な
日常生活機能までが多様に求められる。
この理想と現実の調整技術あってこそ、
動乱の時代の反省として、
「平安楽土」の造形美を計画できたのであろう。
本章は、城郭の造形美のあり様を、
要素に分解して技術的に考察する。
そこには、「城の科学」と称しうるほどの合理性が発見
できると同時に、
あえて非合理性に挑んだ人間の理想郷的志向のいわゆる
思い込みさえある。

1 天守の様式

天守とは城郭構成の中枢的機能をもつ建築で、本丸ないしは天守丸に設けられるを原則として、一般に高層をなす。俗に「天守閣」と称するが、学術用語としては、単に「天守」を当てる。この他、古くは「天主」「殿主」「殿守」とも記された件はすでに第一章9「天主(守)の創始」で述べてある。

天守の建築様式は、大別して「望楼型」と「層塔型」がある。望楼型は、低層の兵庫(やぐら)の上に望楼となるべき建物(多くの場合、回縁付で方三間)をのせた構造をもち、下層の兵庫部分と上層の望楼部分とが、建築造形としての一貫性に乏しく、天守発生期の特色を示す。他方、層塔型は、下層から上層にいたるまで、デザインに一貫性があり、あたかも多層(重)塔をみるかのような外容をもち、天守完成期の特色を示す。

したがって天守の様式編年は、望楼型より層塔型へ移行する過程でとらえることができる。詳細には、両

者それぞれ前期・後期の区別があり、前期望楼型は、およそ関ケ原役まで、つづいて大坂の陣までの間に、後期望楼型から前期層塔型への進展があり、さらに陣後の元和より寛永に至るころに、後期層塔型の熟成をみている。それ以後、江戸中・後期は、天守様式に変化がなく、時に望楼風の天守が建立されることがあっても、内実は層塔型の構造をもつのが一般的で、復古様式と理解するのが適切である。

遺構および史料で判明する限りの各地天守の様式を分類すれば次の通りである（ただし☆印は推定）。なお、丸岡城・犬山城は創建時は前期望楼型と推定されるが、最上階は矩形平面で後期に近い。

〔前期望楼型天守〕　安土城・☆天正度大坂城・☆聚楽城・☆名護屋城・広島城・岡山城・松本城（遺構は後期望楼型）・熊本城・宇土城（熊本城へ移建）

唐造天守——高松城
（香川県立ミュージアム蔵『高松城下図屏風』部分）

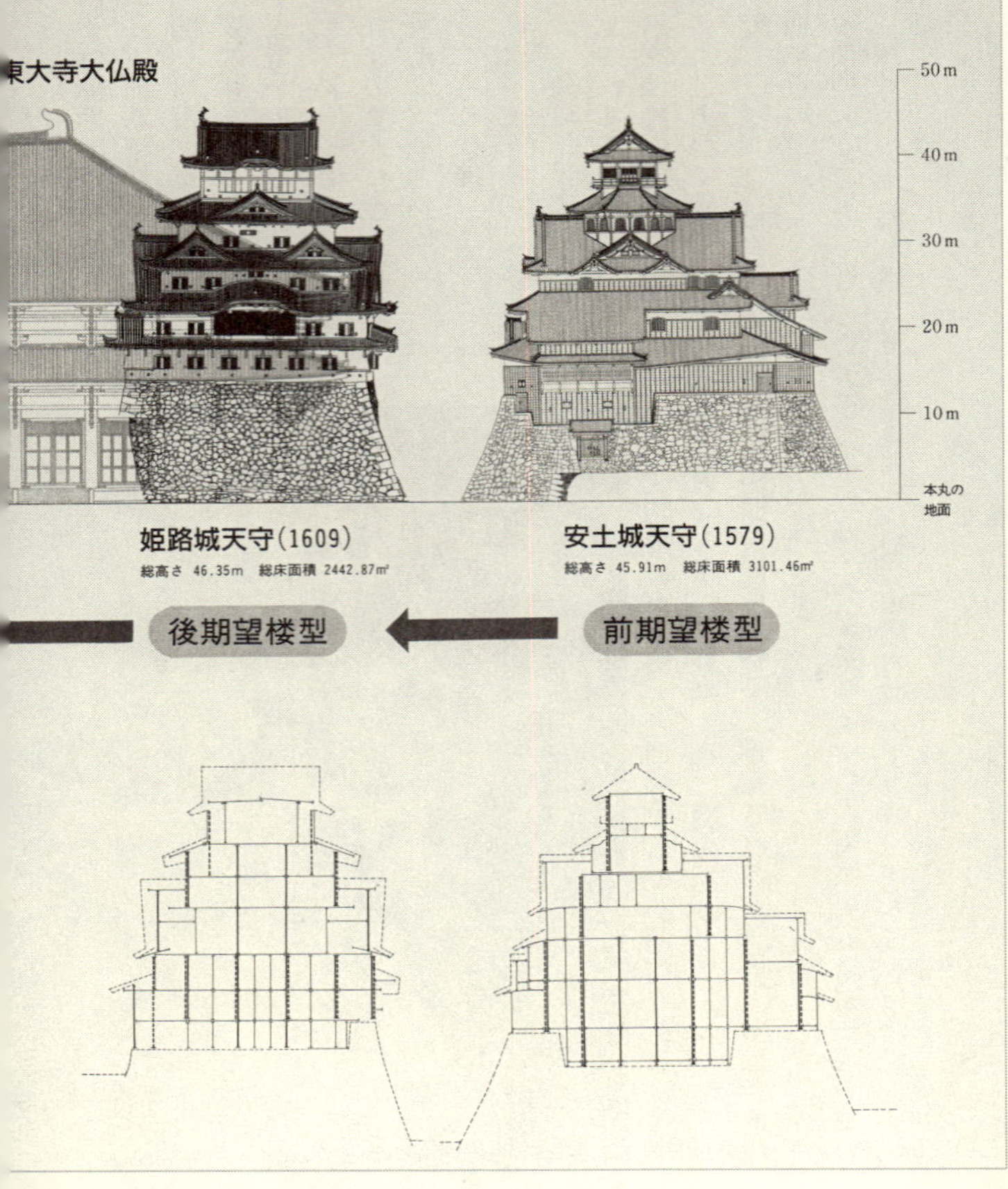
東大寺大仏殿
50m
40m
30m
20m
10m
本丸の
地面
姫路城天守(1609)
総高さ 46.35m 総床面積 2442.87㎡
安土城天守(1579)
総高さ 45.91m 総床面積 3101.46㎡
後期望楼型
前期望楼型

天守の様式変遷

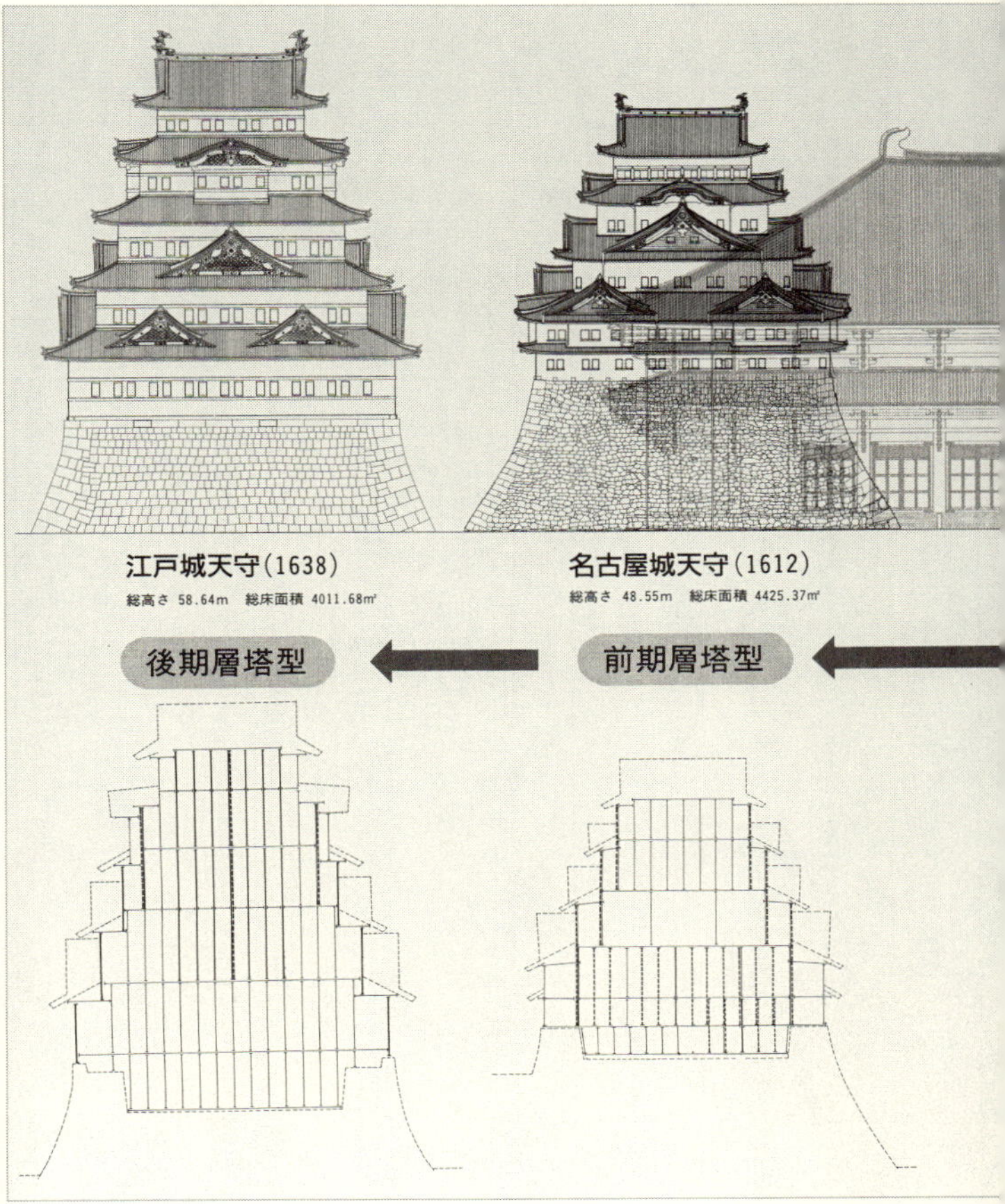

江戸城天守(1638)

総高さ 58.64m　総床面積 4011.68㎡

名古屋城天守(1612)

総高さ 48.55m　総床面積 4425.37㎡

後期層塔型

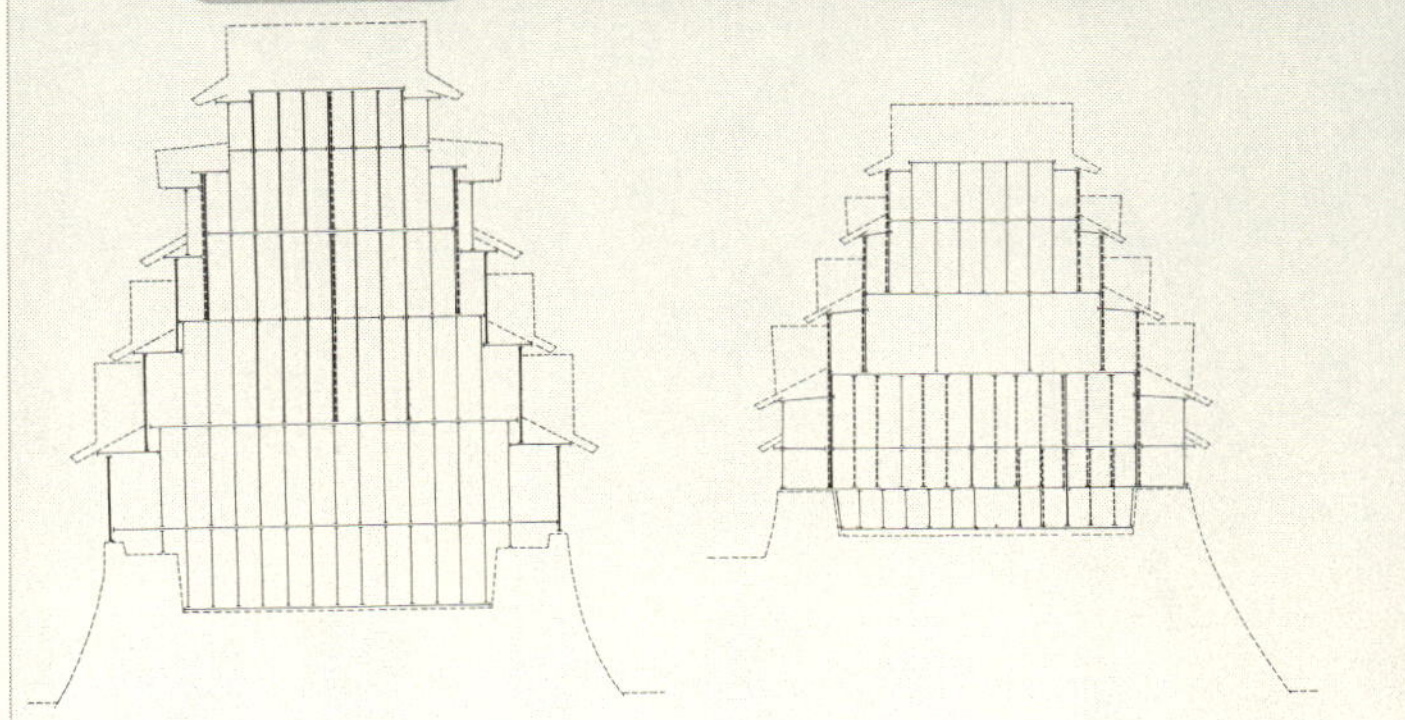

天守各様式の規模一覧表

様式	望楼型							層塔型			
	前期			後期				前期	後期		
項目＼城名	安土城 天正7（1579）	岡山城 慶長2（1597）	松本城 慶長2（1597）	福井城 慶長11（1606）	駿府城 慶長13（1608）	姫路城 慶長14（1609）	松江城 慶長16（1611）	名古屋城 慶長17（1612）	二条城 寛永3（1626）	大坂城 寛永3（1626）	江戸城 寛永15（1638）
規模	外観 5層 内部穴蔵1階 石垣上6階 計 7階	外観 5層 内部穴蔵0階 石垣上6階 計 6階	外観 5層 内部穴蔵0階 石垣上6階 計 6階	外観 4層 内部穴蔵0階 石垣上5階 計 5階	外観 5層 内部穴蔵1階 石垣上6階 計 7階	外観 5層 内部穴蔵1階 石垣上6階 計 7階	外観 4層 内部穴蔵1階 石垣上5階 計 6階	外観 5層 内部穴蔵1階 石垣上5階 計 6階	外観 5層 内部穴蔵1階 石垣上5階 計 6階	外観 5層 内部穴蔵1階 石垣上5階 計 6階	外観 5層 内部穴蔵1階 石垣上5階 計 6階
外観 石垣高さ	44.50尺	10.20尺	14.40尺	29.70尺	40.50尺	49.00尺	26.15尺	41.20尺	26.80尺	47.50尺	45.50尺
外観 建物高さ	107.00尺	76.00尺	83.09尺	100.45尺	108.88尺・	103.94尺	74.05尺	119.00尺*	83.00尺	144.90尺	148.00尺
外観 総高さ	151.50尺	86.20尺	97.49尺	130.15尺	149.38尺・	152.94尺	100.20尺	160.20尺*	109.80尺	192.40尺	193.50尺
外観 1層 軒高	18.00尺・	14.61尺	11.35尺	25.00尺	17.00尺・	15.75尺	14.57尺	15.53尺*	17.50尺	27.60尺	28.60尺
外観 1層 軒出	5.70尺・	3.28尺	5.20尺	6.30尺	6.00尺・	8.73尺	5.95尺	6.24尺	6.50尺	9.26尺	9.30尺
外観 1層 屋根勾配	4.0寸・〔4.3寸・〕	4.5寸	4.0寸〔5.0寸〕	5.0寸〔6.5寸〕	4.0寸・〔3.5寸・〕	4.0寸〔3.5寸〕	6.7寸〔5.8寸*〕	6.4寸〔5.8寸*〕	5.2寸	4.8尺	5.4寸
外観 2層 軒高	18.00尺・	9.57尺	10.70尺	20.70尺	15.00尺・	14.71尺	8.20尺	13.58尺*	16.00尺	27.10尺	28.08尺
外観 2層 軒出	5.60尺・	3.00尺	5.20尺	6.30尺	6.30尺・	7.22尺	5.85尺	7.24尺	6.00尺	9.05尺	8.80尺
外観 2層 屋根勾配	5.8寸・〔5.8寸・〕	5.7寸〔6.8寸〕	3.0寸〔6.0寸〕	5.0寸〔6.0寸〕	5.5寸・〔6.0寸・〕	6.0寸〔5.3寸〕	6.2寸〔6.8寸*〕	5.5寸〔5.2寸*〕	6.8寸	5.5寸	5.5寸
外観 3層 軒高	15.00尺・	8.77尺	15.05尺	19.30尺	17.50尺・	17.43尺	22.48尺	26.76尺*	15.00尺	25.40尺	28.82尺
外観 3層 軒出	5.50尺・	2.62尺	5.25尺	5.50尺	5.50尺・	7.22尺	6.15尺	7.16尺	5.50尺	7.85尺	8.70尺
外観 3層 屋根勾配	6.0寸・〔6.0寸・〕	5.2寸〔6.2寸〕	3.0寸〔5.6寸〕	5.0寸〔5.0寸〕	5.0寸・〔5.0寸・〕	6.0寸〔5.25寸〕	6.5寸〔5.7寸*〕	6.0寸〔5.6寸*〕	5.5寸	5.7寸	5.6寸
外観 4層 軒高	22.00尺・	14.02尺	15.50尺	17.00尺	17.00尺・	18.54尺	14.30尺	24.10尺*	12.50尺	23.50尺	22.35尺
外観 4層 軒出	6.00尺・	2.92尺	6.50尺	6.50尺	5.50尺・	6.90尺	3.25尺	6.95尺	5.50尺	7.57尺	8.50尺
外観 4層 屋根勾配	3.5寸・〔6.0寸・〕	6.0寸〔7.5寸〕	3.0寸〔5.8寸〕	2.5寸〔8.0寸〕	5.5寸・〔5.5寸・〕	6.0寸〔6.6寸〕	3.0寸〔6.6寸*〕	6.0寸〔5.2寸*〕	5.3寸	6.0寸	5.7寸
外観 5層 軒高	21.00尺・	17.34尺	14.64尺	——	26.88尺・	19.99尺	——	19.27尺*	10.20尺	20.10尺	19.75尺
外観 5層 軒出	5.50尺・	3.38尺	3.70尺	——	5.50尺・	6.39尺	——	6.06尺	4.50尺	7.43尺	8.30尺
外観 5層 屋根勾配	3.5寸・〔7.0寸・〕	3.1寸〔7.0寸〕	3.0寸〔7.7寸〕	——	3.5寸・〔7.0寸・〕	3.0寸〔7.0寸〕	——	3.3寸〔6.2寸*〕	3.7寸〔6.5寸〕	3.4寸〔6.8寸〕	3.5寸〔6.5寸〕
外観 大棟高	13.00尺・	11.69尺	15.85尺	18.45尺*	15.50尺*	17.52尺	14.50尺	19.76尺*	11.80尺	21.20尺	20.40尺
内部 総床面積	33,774.88尺^2 (799.41坪)	12,722.56尺^2 (301.13坪)	11,223.51尺^2 (265.65坪)	15,619.50尺^2 (374.00坪)	25,333.00尺^2 (599.60坪)	26,602.84尺^2 (629.65坪)	18,297.01尺^2 (433.07坪)	48,192.25尺^2 (1,140.64坪)	13,273.56尺^2 (314.17坪)	37,199.14尺^2 (880.45坪)	43,687.18尺^2 (1,034.02坪)
内部 穴蔵 深さ	13.50尺	——	——	——	13.20尺	11.70尺	10.00尺	13.95尺	5.10尺	9.50尺	18.50尺
内部 穴蔵 地階床高	2.50尺	——	——	——	3.45尺・	1.51尺	1.59尺	2.25尺	0.60尺*	6.00尺	6.00尺
内部 穴蔵 床面積	4,995.13尺^2 (118.23坪)	——	——	——	6,721.00尺^2 (139.17坪)	4,368.92尺^2 (103.41坪)	2,386.85尺^2 (56.49坪)	6,070.90尺^2 (142.69坪)	2,744.00尺^2 (64.95坪)	5,145.00尺^2 (121.78坪)	6,174.00尺* (146.13坪)
内部 穴蔵 矩体平面(東西×南北)	63.00×63.00尺 (9×9間)	——	——	——	70.00×84.00尺 (10×12間)	58.77×39.18尺 (9×6間)	47.59×50.26尺 (7.5×7.9間)	74.90×87.54尺 (10.7×12.5間)	49.00×56.00尺 (7×8間)	63.00×77.00尺 (9×11間)	70.00×84.00尺 (10×12間)
内部 穴蔵 階高	13.50尺・	——	——	——	13.00尺・	11.70尺	8.99尺	13.80尺	9.10尺*	15.54尺	24.55尺
内部 穴蔵 柱寸法	1.30尺(1.50尺)	——	——	——	1.30尺・(1.50尺・)	1.25尺(3.20尺)	1.40尺	1.30尺	1.00尺*	1.42尺	1.33尺
内部 1階 1階床高	2.50尺	1.80尺	3.45尺	(不詳)	3.25尺・	1.51尺	0.58尺	2.10尺	4.60尺*	12.04尺	12.05尺
内部 1階 床面積	11,959.50尺^2 (283.07坪)	4,201.32尺^2 (99.44坪)	2,877.39尺^2 (68.10坪)	5,070.00尺^2 (120.00坪)	6,721.00尺^2 (139.17坪)	5,944.56尺^2 (140.70坪)	4,869.23尺^2 (115.25坪)	13,208.08尺^2 (312.62坪)	4,410.00尺^2 (104.38坪)	12,495.00尺^2 (295.74坪)	14,207.36尺^2 (336.27坪)
内部 1階 矩体平面(東西×南北)	77.00×91.00尺 (11×13間)	85.10×49.65尺 (13.1×7.6間)	57.25×50.26尺 (8.7×7.7間)	65.00×78.00尺 (10×12間)	70.00×84.00尺 (10×12間)	85.12×66.10尺 (13.0×10.1間)	76.44×63.70尺 (12×10間)	108.13×122.15尺 (15.4×17.4間)	63.00×70.00尺 (9×10間)	105.00×119.00尺 (15×17間)	112.40×126.40尺 (16×18.1間)
内部 1階 階高	19.50尺・	11.72尺	8.50尺	(不詳)	16.00尺・	13.34尺	11.28尺	12.95尺	13.50尺*	30.70尺	29.80尺
内部 1階 柱寸法	1.30尺(1.50尺)	0.80尺	1.00尺	(不詳)	1.30尺・(1.50尺・)	1.25尺(2.90尺)	1.40尺	1.22尺(1.36尺)	1.00尺*	1.45尺	1.33尺
内部 2階 床面積	8,798.37尺^2 (208.25坪)	4,069.87尺^2 (96.32坪)	2,877.39尺^2 (68.10坪)	5,070.00尺^2 (120.00坪)	5,880.00尺^2 (139.17坪)	5,857.78尺^2 (138.65坪)	4,869.23尺^2 (115.25坪)	13,208.08尺^2 (312.62坪)	2,891.00尺^2 (68.43坪)	8,678.20尺^2 (205.40坪)	9,947.00尺^2 (235.43坪)
内部 2階 矩体平面(東西×南北)	70.00×84.00尺 (10×12間)	85.10×49.65尺 (13.1×7.6間)	57.25×50.26尺 (8.7×7.7間)	65.00×78.00尺 (10×12間)	70.00×84.00尺 (10×12間)	85.12×66.10尺 (13.0×10.1間)	76.44×63.70尺 (12×10間)	108.13×122.15尺 (15.4×17.4間)	49.00×56.00尺 (7×8間)	83.00×97.00尺 (11.9×13.9間)	91.00×105.00尺 (13×15間)
内部 2階 階高	16.50尺・	10.40尺	10.25尺	(不詳)	15.50尺・	15.31尺	11.57尺	22.65尺	14.10尺*	25.80尺	30.00尺
内部 2階 柱寸法	1.30尺(1.50尺)	0.80尺	1.00尺	(不詳)	1.30尺・(1.50尺・)	1.20尺(2.80尺)	1.40尺	1.20尺(1.36尺)	1.00尺*	1.45尺	1.33尺
内部 3階 床面積	4,312.00尺^2 (102.06坪)	2,429.87尺^2 (57.51坪)	1,807.41尺^2 (42.78坪)	3,042.00尺^2 (72.00坪)	4,900.00尺^2 (115.98坪)	4,111.48尺^2 (97.31坪)	3,046.90尺^2 (72.12坪)	8,466.66尺^2 (200.39坪)	1,660.56尺^2 (39.30坪)	5,789.84尺^2 (137.04坪)	6,743.00尺^2 (159.60坪)
内部 3階 矩体平面(東西×南北)	56.00×77.00尺 (8×11間)	72.00×44.70尺 (11×6.9間)	45.92×39.36尺 (7×6間)	52.00×58.50尺 (8×9間)	56.00×70.00尺 (8×10間)	71.83×52.24尺 (11×8間)	66.96×50.96尺 (10.5×8間)	77.05×91.07尺 (11×13間)	37.40×44.40尺 (5.3×6.3間)	65.80×79.80尺 (9.4×11.4間)	73.00×87.00尺 (10.4×12.4間)
内部 3階 階高	12.50尺・	12.06尺	7.15尺	(不詳)	16.00尺・	17.48尺	11.52尺	24.75尺	14.40尺*	23.50尺	24.30尺
内部 3階 柱寸法	1.30尺	0.75尺	0.70尺	(不詳)	1.30尺・(1.50尺・)	1.10尺(2.20尺)	1.10尺	1.14尺(1.28尺)	1.00尺*	1.45尺	1.33尺
内部 4階 床面積	1,911.00尺^2 (45.23坪)	1,128.40尺^2 (26.71坪)	1,807.41尺^2 (42.78坪)	2,112.50尺^2 (50.00坪)	2,499.00尺^2 (59.15坪)	2,767.13尺^2 (65.49坪)	2,313.84尺^2 (54.77坪)	4,884.71尺^2 (115.61坪)	980.00尺^2 (23.20坪)	3,376.10尺^2 (79.91坪)	4,263.00尺^2 (100.90坪)
内部 4階 矩体平面(東西×南北)	56.00×77.00尺 (8×11間)	45.50×24.80尺 (7×3.8間)	45.92×39.36尺 (7×6間)	39.00×45.50尺 (6×7間)	42.00×56.00尺 (6×8間)	58.77×39.18尺 (9×6間)	50.96×38.22尺 (8×6間)	56.13×70.15尺 (8×10間)	28.00×35.00尺 (4×5間)	49.00×63.00尺 (7×9間)	56.00×70.00尺 (8×10間)
内部 4階 階高	12.00尺・	9.95尺	13.70尺	(不詳)	15.67尺・	13.04尺	15.20尺	22.75尺	14.00尺*	23.90尺	23.00尺
内部 4階 柱寸法	1.30尺	0.75尺	0.70尺	(不詳)	1.30尺・(1.50尺・)	1.00尺(2.20尺)	1.00尺	1.07尺(1.28尺)	1.00尺*	1.45尺	1.14尺
内部 5階 床面積	1,014.88尺^2 (24.02坪)	513.37尺^2 (12.15坪)	1,165.37尺^2 (27.58坪)	845.00尺^2 (20.00坪)	1,744.40尺^2 (41.29坪)	2,302.61尺^2 (54.50坪)	810.96尺^2 (19.19坪)	2,353.82尺^2 (55.71坪)	588.00尺^2 (13.92坪)	1,715.00尺^2 (40.59坪)	2,352.82尺* (52.69坪)
内部 5階 矩体平面(東西×南北)	35.00尺(正八角形の対辺距離)	19.50×19.50尺 (3×3間)	32.80×26.24尺 (5×4間)	26.00×32.50尺 (4×5間)	35.00×42.00尺 (5×6間)	58.77×39.18尺 (9×6間)	31.84×25.47尺 (5×4間)	42.01×56.03尺 (6×8間)	21.00×28.00尺 (3×4間)	35.00×49.00尺 (5×7間)	42.00×56.00尺 (6×8間)
内部 5階 階高	20.50尺・	7.41尺	15.12尺	(不詳)	16.75尺・	12.46尺	9.88尺	12.99尺	10.60尺*	12.60尺	12.50尺
内部 5階 柱寸法	1.30尺(八角形)	0.60尺	0.70尺	(不詳)	0.70尺・	0.85尺(2.10尺)	0.75尺	0.99尺	1.00尺*	1.30尺	1.14尺
内部 6階 床面積	784.00尺^2 (18.56坪)	380.25尺^2 (9.00坪)	688.54尺^2 (16.30坪)	——	1,421.00尺^2 (23.20坪)	1,250.36尺^2 (29.59坪)	——	——	——	——	——
内部 6階 矩体平面(東西×南北)	21.00×21.00尺 (3×3間)	19.50×19.50尺 (3×3間)	26.24×26.24尺 (4×4間)	——	28.00×35.00尺 (4×5間)	42.39×29.50尺 (6.5×4.5間)	——	——	——	——	——
内部 6階 階高	9.44尺・	9.61尺	10.15尺	——	11.50尺・	12.57尺	——	——	——	——	——
内部 6階 柱寸法	0.60尺	0.60尺	0.70尺	——	0.70尺・	0.80尺	——	——	——	——	——
備考	高さ関係寸法は南本丸側を基準とする。軒高・軒出・屋根勾配は、総高さ・平面規模により算出。 1間=7.00尺	高さ関係寸法は南本丸側を基準とする。1層平面北側は2層平面に合せ配る。構造意匠より上から2層目の唐破風付屋根は略す。 1間=6.50尺(実測)	高さ関係寸法は南本丸側を基準とする。4層屋根引通勾配は南及び北側では9.0寸。内部6階階高は天井がないため、床面より軒桁上端までの寸法。 1間=6.56尺(実測)	高さ関係寸法は南本丸側を基準とする。大棟高は『天守絵図』よりの採寸値。柱、階高の記載なし。 1間=6.50尺	高さ関係寸法は東本丸側を基準とする。1層は、天守台石垣上よりの値。 1間=7.00尺	高さ関係寸法は南本丸側を基準とする。屋根勾配は南側及び北側のもの。柱寸法（ ）内は、2本の大通柱の平均寸法。 1間=6.53尺(実測)	高さ関係寸法は南本丸側を基準とする。内部5階階高は天井がないため、床面より軒桁上端までの寸法。引通勾配は採寸による。 1間=6.37尺(実測)	高さ関係寸法は東本丸側を基準とする。柱寸法（ ）内は荷持ち柱の寸法。引通勾配は『名古屋城天守実測図』よりの採寸値。 1間=7.01尺(実測)	高さ関係寸法は東本丸側を基準とする。 1間=7.00尺	高さ関係寸法は南本丸側を基準とする。階高の記入はないので構造上近似している江戸城より推定。 1間=7.00尺	高さ関係寸法は南本丸側を基準とする。軒出は記載寸法が軒瓦先までであるので、地種外角の差1.0尺を引く。 1間=7.00尺
典拠	静嘉堂文庫蔵『天守指図』 尊経閣文庫蔵『安土日記』 岡山大学蔵『信長記』 建勲神社蔵『信長公記』	岡山大学蔵『(岡山城天守閣実測古図)』 建築雑誌502号『烏城天守閣実測図』	『国宝松本城』	福井県立図書館松平文庫蔵『天守絵図』	『当代記』 『慶長見聞録案紙』 『慶長日記』 『御天守御注文』 『慶長日記増補』 『武徳編年集成』	『国宝重要文化財姫路城保存修理工事報告書』	『重要文化財松江城天守修理工事報告書』	名古屋市役所蔵『名古屋城天守実測図』	中井家蔵『二條城御天守図』 安田家蔵『二條御天守図』 『享保十三申年四月二條御城御天守御入用帳』	内閣文庫蔵『大坂御城御天守図』 岡山大学蔵『[illegible]城明細秘録』 尊経閣文庫蔵『御城之記』	東京都立中央図書館蔵『江戸御天守図』 『江戸城御本丸御天守閣外面之図』 『江戸城御本丸御天守閣建方之図』

注：1)造営年代は完成時。
2)柱寸法の（ ）内は通柱大きさ。
3)「坪」は京間坪（6.50尺^2＝42.25尺^2）。
4)屋根勾配は地種勾配。野屋根の場合は、〔 〕内に引通勾配を示す。
5)床高は礎石上端より地階床上端まで。
6)＊は図面・指図からの採寸値。
7)平面は矩体構造に限定。よって床面積と必ずしも一致しない。
8)・は考定値。
9)最上階の階高は天井高。

〔後期望楼型天守〕　丸岡城（遺構改造）・☆慶長度二条城・☆同伏見城・萩城・彦根城・松江城・姫路城・犬山城

〔前期層塔型天守〕　亀山城・小倉城・名古屋城・津山城

〔後期層塔型天守〕　元和度江戸城・福山城・寛永度二条城・寛永度大坂城・寛永度江戸城・宇和島城・弘前城

〔復古型天守〕　和歌山城・高知城・松山城

なお層塔型天守のうち、小倉城のような無破風（はふ）の異様な天守を、俗に「南蛮造」天守というう。これは鳥羽正雄博士の命名で歴史用語ではない。史料上は「唐作（からつくり）」（『倉府見聞集』）と称されていた。この唐造（作）天守は、細川忠興が（西洋の形式を取り入れたと伝えられるが確証はない）作った小倉城が初源らしい。幕末の天保八年（一八三七）に焼失して、わずかに絵画等でその外観が知られるだけである。それによれば、後期望楼型天守最上階の回縁高欄端に柱間装置（壁・雨戸）を施したものであるため、外観上は最上階がその下階より張り出した形態となる。同様の唐造天守は一つも現存しないが、西日本には少なくとも他に三つあった。

まず、三層四階の岩国城天守である。小倉城建造（慶長十二年＝一六〇七）とほぼ同じく慶長十三年吉川（きっかわ）広家が築いたもので、のち元和の一国一城令で破却されたものの、残存する建築図がその特異な形式を示して貴重である。また津山城は、大工保田惣右衛門が直接小倉城へ出かけて参考にしたと伝える。さらに、四国高松城天守もこの類に入る。

2　天守の構造

天守は、わが国建築史上はじめて可能にした高層建築である。織田信長が、安土城において天守の「天主」たる破天荒な造形を行って以来、豊臣秀吉・徳川家康など天下人は、つねにその建築規模を競っている。史料で判明する限りの大規模天守の構造概要を一三八ページに示した。たしかに天守台（一階）平面積でいえば、安土城は史上最大級の天守であったが、名古屋城・寛永度大坂城・寛永度江戸城など徳川家の造営した天守は、その規模を超えるものが多い。特に高さでは江戸城、総（延）面積では名古屋城が空前絶後であった点は興味深い。下階から上階への面積逓減(ていげん)率が大きいのが望楼型で、層塔型になるほど逓減率が小さくなるのが一般的で、高層建築構築技術の進歩研鑽による。

ところで、外観の屋根層数と内部の床階数は必ずしも一致しない。とりわけ望楼型はそうで、下

井楼式通柱構法（岡山城天守――慶長2年頃＝1597）

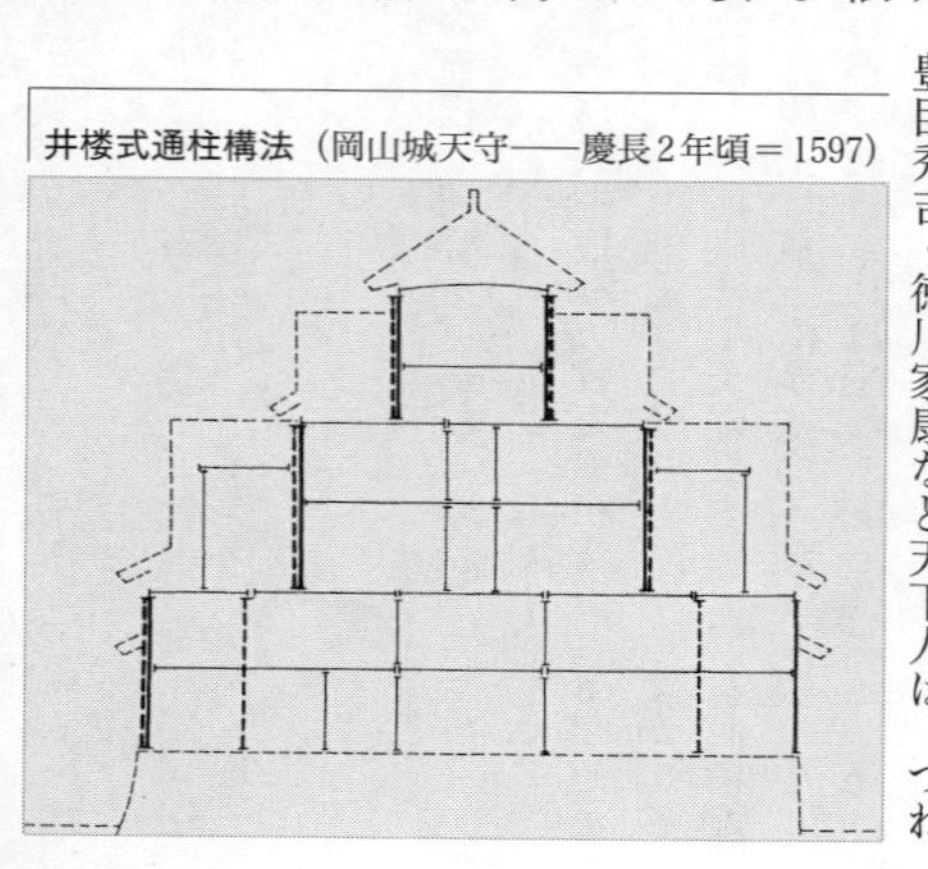

層の大入母屋屋根の上に小さな望楼をのせる構造をとるため、その大入母屋中に一階分を造作することができる結果である。そこで天守の構造形式を記す場合、「外観何層（重ということもある）、内部何階」とし、天守台内に穴蔵をもつときには、特に「内部穴蔵（地階）何階・石垣上何階計何階」とするのである。

その場合、望楼型では、下層の建物の柱と上層の建物の柱はそれぞれ独立して組み立てる。内部でいうと、およそ二階分ずつ通柱を配してその頭に梁を井桁に組み、これを一構造単位となし、数単位を重ね合わせ高楼を築く。「井楼式通柱構法」と称するもので、前期望楼型天守の原則的な構造である。

互入式通柱構法（松江城天守——慶長16年＝1611）

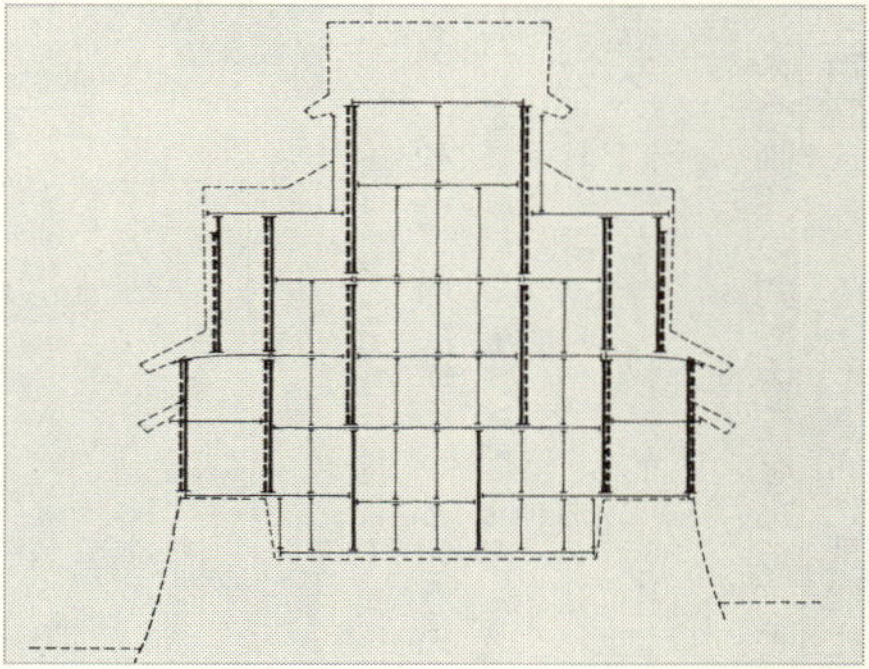

たとえば岡山城や松本城はみな井楼を三重に組んでいる。しかしこの構造では、上・下の通柱位置が不一致ゆえに井楼に組む梁を必要以上に太くせざるをえず、なおかつ地震や強風などの横力にも弱い。

そこで、慶長元年（一五九六）の大地震で倒壊した経験をふまえて伏見城第Ⅲ期（二八一ページ参照）から、通柱位置を統一して計画、通柱を各階交互に配することを可能にして、天守全体を一体的に組み上げる工法を発達せしめたのである。「互入式通柱構法」というのがこれで、後期望楼型の姫路城では、地階より石垣上六階床下までの大通柱がみられるに過ぎないが、前期層塔型の名古屋城では、各階側柱位置に互入式通柱が認められる。さらに後期層塔型の寛永度大坂城では、八八本に及ぶ通柱を複雑に組み、側柱を全く構造的に自由にして、逓減率一定の外観を整える。

また後期望楼型から前期層塔型へ移行する過程で、一間ごとの側柱の間に中柱をたて、また隅に「筋違（すじかい）」を入れる。実例として姫路城天守がある。江戸時代になると、さらに地震に

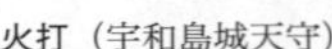
火打（宇和島城天守）

2層天守（高梁城）

3層天守（宇和島城）

対する構法が発達し、寛永度江戸城天守・寛永度大坂城天守は「火打（ひうち）」が使用されていた。遺構では、宇和島城天守がある。

なお外観のみでみると、天守は五層が一般的である。しかし低層の場合も少なくない。たとえば二層に丸岡城・高梁（たかはし）城がある。三層は五層に準ずるだけに古くからその例多く、犬山城・彦根城・宇和島城などが今日に伝わる。「四＝死」の付会もあって忌む傾向があったという四層の例も、大垣城・大洲城（愛媛県）・尼崎城・府内城（大分県）など意外に多い。六層以上の天守があったかどうかは確かでない。安土城のように前期望楼型では、外観屋根層数と内部床階数が不一致ゆえに、内部階数を俗に「七〜九重」と称している例が多い。北庄城・天正度大坂城の九重説などは、内部のことである。

中柱と筋違（姫路城天守）

4層天守（大垣城）

5層天守（熊本城）

3 天守台

天守台とは、天守の建築をのせるための一種の基壇をいう。山城や平山城では、自然の岩盤を利用した場合があったであろうことは容易に想像される。史料によると、藤堂高虎(とうどうたかとら)が建立(こんりゅう)した宇和島城天守はその一例で、苗木城(なえき)(岐阜県)にはその実例が残る。

安土城に始まる前期望楼型の天守台平面は不等辺多角形である。地山地形に従ったためと考えられ、時代とともに矩形に近いものになる。

しかしその場合でも、築造技術未熟ゆえに不整形平面であり、天正度大坂城・広島城・岡山城・犬山城など、概して関ケ原役以前に築造の天守台は、梯立式（前述）の凹凸の多い複雑な平面形状をなしている。

さらに、たとえ矩形に近い整形平面になっても、一辺の中央部は弓状に内側へへこみ、全体がバチ形平面となるのが普通である。伊勢神戸(かんべ)城（一八三ページ）・大和郡山城・和歌山城・小倉城・松本城などすべてがそうで、特に松本城は、その歪んだ石垣に沿って一階側柱が建つ

会津若松城天守台外観

ため、上層屋根に及ぼす影響甚大で、隅木の方向が一定せず、外観の納まりがきわめて悪い。

この天守台の土木的な欠点を建築的に克服したのが熊本城である。一階の側柱を天守台の外に張り出して建て、天守台自身の歪みを建築に及ぼさないようにしている。しかも、張り出した一階床を非常時には全面的に石落しとすることができる利便性もある。この工法は、天守台が小さくとも大規模な天守を構築することが可能な優れたものであるため、後期望楼型や前期層塔型の時代でもよく使われている。前者の例には萩城があり、後者の例には高松城がある。

天守台がほぼ矩形に築かれるようになったのは、前期層塔型が発達した慶長末期である。わけても後期層塔型が普及する元和・寛永期には正確に矩形に築城されることが多く、城下町のランドマーク化した時代的風潮とあいまって、単立式の天守縄張が生まれる直接の原因となったと考えられる。

大規模な天守台の内部には、穴蔵が造られる。安土城の例をあげるまでもなく、地階を蔵にして、俗に「石蔵（いしくら）」とも呼ぶ。この穴蔵に造作された地階は、名護屋城・姫路城・津山城・駿府城・松江城・名古屋城・寛永度大坂城・寛永度江戸城などでみるように、一般には

会津若松城天守台内部（2段穴蔵）

一階だけであるが、二段にして二階分をとる場合もある。会津若松城にその実例が残り、天正度大坂城も同類であったようで、先述した九重説もこの石蔵の分を含んだものと考えられる。また熊本城では、大天守に加えて小天守が増築された際にも、その連立部分に二段（階）の穴蔵を築いており、技巧の極みを尽くしている。さらに登閣御門部分のみ石蔵を二階にする例に、犬山城がある。安土城も同様で、したがって天正度大坂城風にいえばやはり内部九重ということになる。

なお、天守台を築いても当初より天守の建築を造らなかった例がある。盛岡城・仙台城・篠山(ささやま)城・唐津城・福岡城などで、概して外様大名の居城に多い。さらに、一度は建立しても被災焼失後は再建せず、修理した天守台をそのまま風雨にさらした場合もある。駿府城・江戸城・大坂城・二条城・佐賀城など、平和な江戸時代ではむしろ一般的とさえいえる。

松江城天守穴蔵

津山城天守台外観

4　殿舎の様式

江戸城の諸制度について述べた『柳営秘鑑』なる書に、次の解説がある。

> 凡此江戸城の古へ、慶長の初改め造らるゝ時には、鎌倉殿の差図を以、殿営等は作らせらるゝ、其後公方と称せらるゝにより、車寄、殿上の間、上壇(段)、御帳台(納戸構)に総角(あげまき)懸らるゝなど、室町殿の差図を以作り出さる。

同様の内容を伝えるものにこの他『大城旧聞』などがあり、江戸時代の武家住宅に関する一定の故実の存在が知られる。ここで留意すべきは、「鎌倉御所」「室町御所」の二つが武家結構のモデルにされている点であろう。

〔古代〕寝殿造殿舎構成

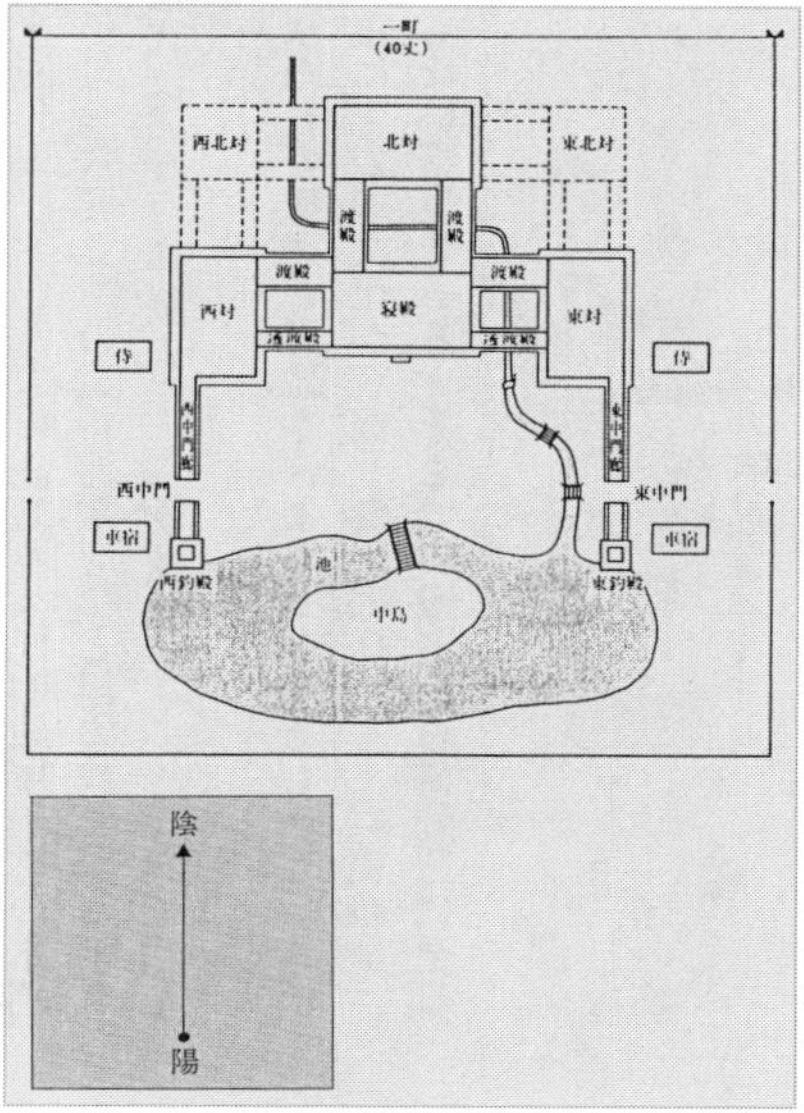

江戸幕府作事方大棟梁平内正信(へいのうちまさのぶ)が慶長十三年（一六〇八）に記した『匠明殿屋集』の木割を江戸時代最初に公刊したのは、明暦元年（一六五五）の『新編雛形』と組まれた『新編武家雛形』であった。そこで説く広間の様式は、今日建築史学上の名称として、「書院造」という。

しかしながら、この書院造がいくら武家固有の様式と意識されようとも、そもそも「式正御成」を通じての様式成立の過程を考えるに、公家文化が育成した住宅様式——「寝殿造」に全く依存していることも、またまぎれもない事実である。そこで寝殿造から書院造に至る様式転生の過程を大観して、その殿舎(でんしゃ)構成の特性を述べる。

古代の公家住宅——寝殿造は図版に示される如く、陽・陰の南北を軸として、左右対称の殿舎構成を理想としていた。これは江戸時代の学者・沢田名垂(さわだなたり)の著『家屋雛考』に説く模式図に依拠しているが、すでに第二章1「選地原理＝四神相応」で紹介した「四神相応」の思想をよく読み取ることが

〔中世〕書院造古法殿舎構成

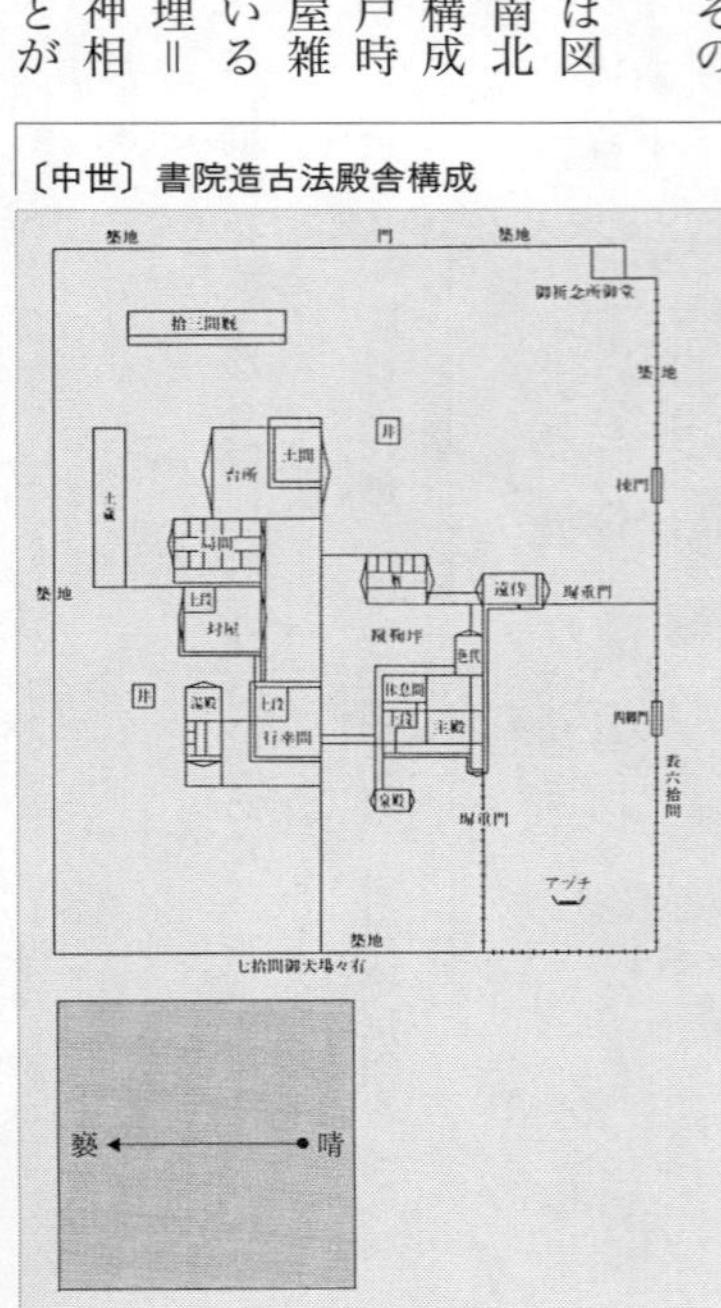

できよう。

まず敷地の中央に寝殿を置き、玄武の北から水を引いて寝殿の北より青龍の東へと方向を変え、それから朱雀（すざく）の南にある池に導き、さらに西の白虎へと流している。寝殿とは、正殿であり、その南半分は陽の空間として諸種儀礼をとり行い、社交の用をなす。一方北の半分は、陰の空間として休息・就寝・食事など日常的な生活の場であった。こうした寝殿造の構成理念は、内裏においてその顕著な具現をみるのである。内裏第一の正殿たる紫宸（ししい）殿は、他の諸殿に優先して南中央に設けられ、公式の諸礼が行われて南殿と称し、天皇常住の空間はその北方の清涼（せいりょう）殿であり、さらに北には多くの後宮を配していた。

〔近世〕書院造当代法殿舎構成

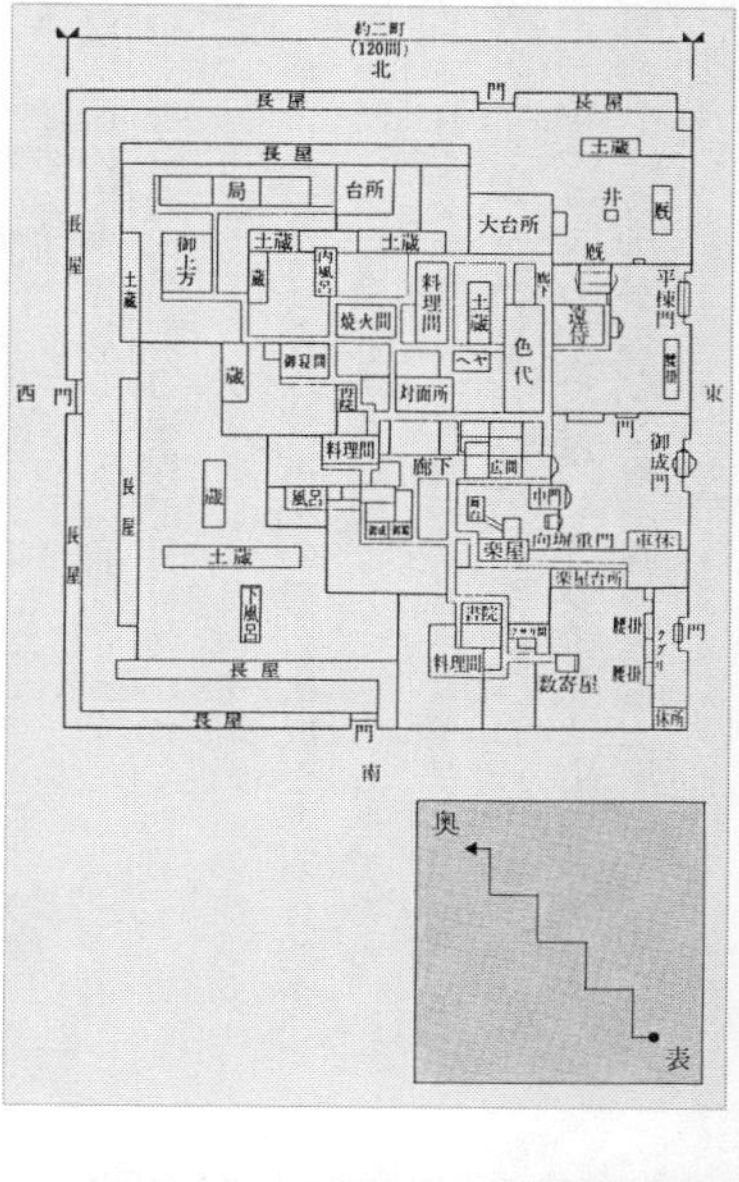

この内裏の神泉苑を典型とする厳格な左右対称の中国風な構成は、平安後期において日本化の傾向をとっていた。その例としては、藤原氏歴代の邸宅としての東三条殿があげられる。正式の出入口が敷地の南中線になく、東か西に移されると、それまで陽の空間として一

律に考えられていた寝殿以南の部分にも、空間の序列が生ずるのである。これが「晴(はれ)」と「褻(け)」の概念である。

「晴」とは、今日でも「晴着」や「晴の舞台」などの用語があるように、儀礼的・公的なものを、またその反対の「褻」は、日常的・私的なものを意味し、中国渡来の陰陽思想に加わる新しい日本的な生活の規律であった。この場合、東・西どちらかを晴にしたかといえば、日の出の方向＝東をあてるのが最も適切であろうが、道路との関係もあって、西の時もある。東三条殿では大路のある西を晴としていた。

陽の南半分において、その東西方向に晴と褻の空間序列が新たに加われば、今までの南北軸をもって左右対称の殿舎構成をとった寝殿造の原則は崩れ、非対称の例が多くなる。普及したのは平安末期頃で、やがて中世において書院造への転生過程で受け継がれている。

さて、書院造による武家屋敷の設計理念には古法と当代法がある。それを寝殿造の模式図と比較する時、顕著に読み取れる事実は、晴・褻で律せられた古法の殿舎構成が非対称的であるという以上に、当代法が雁行（雁が前後筋違いに飛行する様態）していることである。古法になくて当代法にある部分は、御寝間を中心とする主人の生活空間と、数寄屋・いろりの間、書院など茶湯に遊興する空間であって、他はほぼ対応する。やがて江戸時代になると、これらの部分は、「中奥」と称し、表向(おもてむき)にあっても奥向(おくむき)に近い生活空間として一郭をなすまでに発展する。また数寄屋・焼火(たきび)ノ間（小姓の控室）などの遊興施設も山里として成長する。

5　殿舎の種類

このように発達した当代法の殿舎構成は、空間序列の伝統に従って配置される。南・北の指向をもつ陽・陰と、東・西の指向をもつ晴・褻とを複合して考えれば、敷地の東南隅より西北隅へと筋違いに雁行する殿舎構成がとられる。陽・陰の生活理念によってのみ一元的に南北に殿舎を並列した寝殿造の典型からすると、この表・奥による雁行状の構成は書院造の大きな特色といえる。伏見城以来一連の徳川幕府の建築工事に関与した中井正清の設計になる名古屋城本丸は、慶長十五年から慶長二十年（一六一五）に完成している。雁行状の殿舎の種類が実証できる現存最古の図である。

　名古屋城にみる如く武家故実の大成を伴った当代法は、江戸時代を通じて武家屋敷の設計規

園城寺光浄院客殿

模として活きる。その雁行状の殿舎構成は、一見複雑ではあるが、表から奥への空間指向をたどれば、極めて原則的である。

約一二〇間（三町）四方の敷地を、まず表向（おもてむき）——東南部とその反極の「奥向（おくむき）」——西北部に大別し、表向はさらに「表」と「中奥（なかおく）」とに細分される。

そこで空間の指向するところを追って説明すれば、ここは政事を行う、いわば役所的機能をもつ儀礼的・公的空間である。東南隅にある御正門は、正式には四脚軒唐破風（のきからはふ）付平唐門となって、式正御成（しきしょうおなり）時に備える。

ここを入ると正面に広間がある。広間は外客と主人が儀礼的に接する場であるだけに邸内最高の格を有し、最も装飾が著しく、軒唐破風をもった正客の出入口——車寄を構え、東南隅に寝殿造の遺制を伝えて

「昔六間七間主殿ノ図」＝平内正信記（『匠明殿屋集』所収）

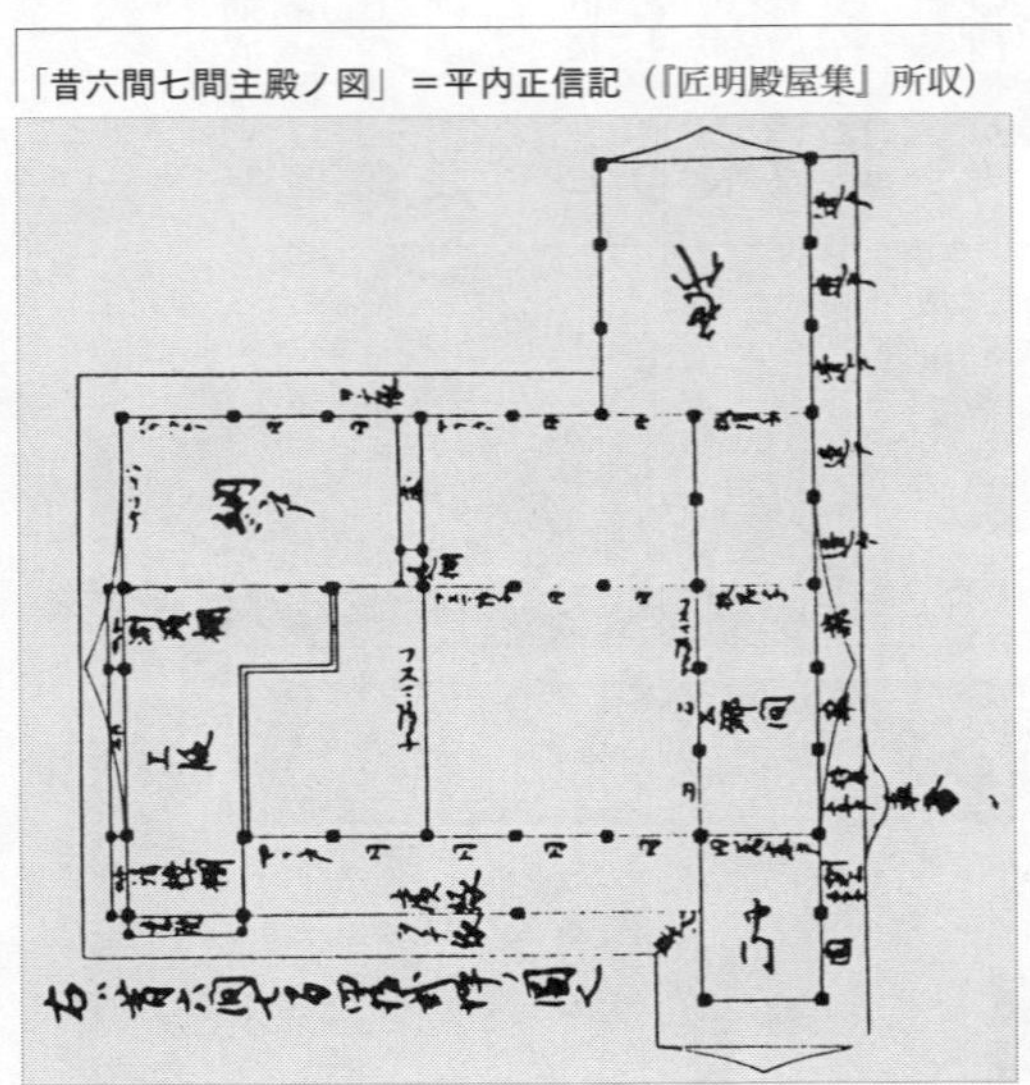

南庭へ突出した中門廊を付す。古法主殿の上段は西床を背にして東向きであったが、聚楽(じゅらく)第広間の平面をへて、当代法では北床を背に南向きと変わり、車寄の空間指向は一建物の内部でも雁行するに至る。そして上段の南庭真向に能（武家の正芸）の舞台が設けられ、式時の上演を予定している。

　この広間を過ぎると西南に御成御殿（書院）、西北に対面所が続く。御成御殿はその名の如く将軍御成専用の特別な施設で、華麗を極め、さらに南に数寄屋の遊興施設を付属している。一方の対面所は、主人が内臣に応ずるところだけに質朴なデザインを旨(むね)とする。この広間と対面所は、北東部に色代(しきだい)を接して遠侍(とおざむらい)に通ずる。色代とは、古語の人に挨拶する意に因(ちな)んでおり、車寄と異なり、玄関から上がって遠侍に控える属臣出入りの用をなす場所で、のち式台とも書く。

「当代広間ノ図」＝平内正信記（『匠明殿屋集』所収）

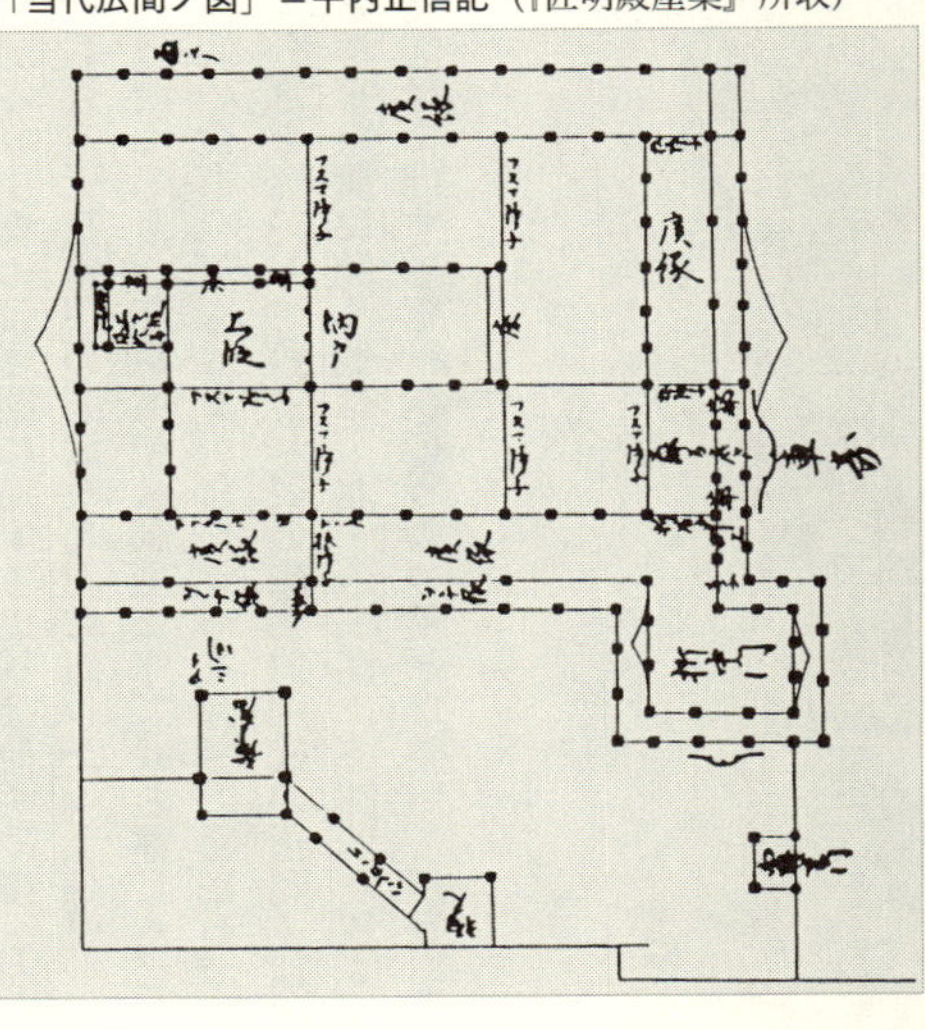

次に中奥（なかおく）は、表向に属しながらも、主人の日常の場としての機能をもつ。対面所や御成御殿の焼火ノ間（小姓の控室）・料理ノ間（配膳室）を介した書院・御寝殿（御座ノ間ともいう）が中核であるのはいうまでもない。これには風呂屋・蔵なども付属するが、東北端には、表の式台との延長で大台所に至り、表向諸殿舎の食事がまかなわれていた。

最後に奥であるが、婦人・側室の居所である。中奥の御寝間に通ずる以外は他所に接しないのが原則で、そこに御上がある。宮中における天皇常住の清涼殿北面にあった「上御局」にならう名称と思われるが、単に御殿という時もあり、江戸城では御主（守）殿と称した。この北には局の部屋が連なるが、同時に奥向の食事を専らにまかなう（小）台所に通じた。

以上の諸殿舎は、外周に長屋を廻（めぐ）らして外部と隔絶している。表の広間前御成の正門・遠侍玄関前の副門（棟門または長屋門とする）を東側に開く他は、北・西・南に不開門（あかずのもん）を置くのが原則である。かくして東南隅より西北端に指向する雁行状の殿舎の種類は整い、武家屋敷の建築様式は完成する。

6　櫓

櫓はやぐらと読み「矢蔵」「矢倉」「庫」「兵庫」「楼」とも書く。もともと「矢（や）・くら」で、くらは蔵・倉の意でなく場所を示す「座（くら）」であり、古代蘇我入鹿（そがのいるか）の邸第の矢を射る構造物=兵庫（やぐら）（『日本書紀』）や、中世の絵巻物にみる臨時の楼（やぐら）がその初源の形式で、近世初期の歌舞伎小屋入口上部の構えや火の見やぐらも同種である。

城郭では建築形式や位置により多様な名称がある。大別して門の上に構える「櫓門」と、石塁・土塁上に築く「隅（すみ）櫓」「多聞（たもん）櫓」がある。臨時に設けるのを「出櫓（走櫓）」と称し、お祭りの山車（だし）と同様、移動が可能なものもあるが、普通は固定した形式で、階数により「一層（単層）櫓」・「二層（重）櫓」「三層（重）櫓」の別があり、四層以上（ただし外観）はごくまれである。天守の項で述べたように三層櫓は小天守または天守に相当する場合が多いが、大城郭

太鼓櫓（高遠城）

菱櫓（和歌山城）

では単なる隅櫓として用いられた（江戸城・名古屋城・寛永度大坂城・弘前城・高松城・彦根城・明石城など）。二層櫓は隅櫓では最もありふれた形式で、遺例も枚挙にいとまがない。一層（単層）櫓が独立したものは「隅櫓」であるが、桁行が長大なものを「多聞櫓（渡櫓）」と呼ぶ。これは松永弾正の多聞山城に由来すると伝えられている。渡櫓は櫓と櫓を接続する機能を本来もつから、一般には当然単層であるが、岡山城・姫路城・松本城・高知城では重層の渡櫓となっている。

櫓は他に位置・形状・由緒・機能からも分類できる。位置では曲輪や方位から、「本丸巽櫓」などの名が残る。形状からは、隅が直角でない石垣上の櫓を「菱櫓」「邪櫓」とし、二つの隅櫓の間に櫓門を開く形式が計量器に類似しているので「天秤櫓」（彦根城）という場合があり、聚楽城の大手門にも造られていたらしい。由緒による名称は、旧地より移建したりした櫓に多く、「伏見櫓」が著名である。世に伏見櫓は福山城・江戸城・寛永度大坂城に知られているが、後二者は徳川氏の新営で直接伏見城と関連はない。移建例は他に「清洲櫓＝名古屋城」「宇土櫓＝熊本

天秤櫓（彦根城）

城」などがある。奥方の輿入れに因んで設けた「化粧櫓＝姫路城」も珍しい。

機能（用途）からの名称には「井戸櫓＝姫路城・犬山城」「台所櫓＝姫路城・岡山城・福山城・熊本城・江戸城・大洲城・広島城」「水の手櫓＝福山城」「人質櫓＝福山城」「太鼓櫓＝高遠城・彦根城・高知城・津山城・松山城・犬山城・広島城・小浜城」「時鐘櫓＝臼杵城」「天神櫓＝松山城」「到着櫓＝仙台城・江戸城・金沢城」「着見櫓＝高松城・福岡城」など多種多様な例がある。

もちろん、この他、戦争を想定して武器や食料など収蔵する櫓も多く存するが、数詞・五十音や方位の名称を付する場合が一般的である。

面白いのは戦争の対極で風雅な名称をあえてつける例で、「富士見櫓＝江戸城・川越城」がある。他に「月見櫓＝肥前名護屋城・松本城・岡山城・福山城・小浜城・徳島城・熊本城・岡城」があり、このうち、福山城は湯殿書院が、岡城には風呂屋が接続し、風流の極致を具現しているといえよう。また松本城・岡山城などは、高欄を朱塗りにするなど武骨な城にあでやかな色彩をそえる。大洲城の高欄櫓もこの類であろうし、さらに、海の風景を愛でる「潮見櫓＝高松城・宇和島城・福岡城」があることも見逃せない。

月見櫓（松本城）

7 門

門は、城郭において虎口（出入口）に設ける施設である。戦闘時は敵の侵入を阻止し、日常は出入りするところで、兵学では「入り難く、出易き」が原則という。中世では本丸に遠いところから順に「一の木戸（三丸）」「二の木戸（二丸）」「三の木戸（本丸）」と呼ぶように、柵で出入りを固める程度で門も木戸門のようなごく簡素なものであったが、近世城郭の発達は、城門の構造をも複雑化させた。

その城門には、位置・建築様式・使用材料・使用目的などにより多様な

大手門（仙台城——旧肥前名護屋城大手門）

高麗門（丸亀城大手枡形裏側）

名称がある。

まず位置による名称には、表門に該当するものを「大手門」というが、「追手門」とも書き、本来敵を追い詰めるという意があるという。一方、城の裏門は「搦手（からめて）門」と称し、たとえば江戸城では「北桔橋（はねばし）門——田安御門」が、金沢城では「石川門」がこれに相当しよう。曲輪を分断する位置にあるのを「中仕切門」といい、二条城にその遺例をみる。

次に城門を建築様式からみると、「平（ひら）門（単層門）」と「重層門」に区分でき、前者はさらに、二本の主柱の上部に冠木（かぶき）と呼ぶ横木を渡した「冠木門」や、本柱二本の間に切妻屋根を架け、控柱と扉を雨露から守るために主柱——控柱間に小屋根を付けた「高麗（こうらい）門」があり、さらに「棟門」や「薬医門」も含まれる。後者の重層門には、下部が門で上部が矢倉となっ

三ノ丸櫓門（佐賀県立名護屋城博物館蔵『肥前名護屋城図屏風』部分）

薬医門（高台寺表門——旧伏見城門）

た「櫓門（矢倉門）」が典型で、すでに信長の二条城にはこの櫓門の存在が知られ、『聚楽第図屏風』でも堂々たる追手門が描かれている。

なお城門の屋根形式は、櫓門でも初期は切妻がみられる（『聚楽第図屏風』『肥前名護屋城図屏風』。遺例として和歌山城岡口門、片方屋根のみ切妻の例として熊本城不明門）ものの、次第に入母屋に変じ（仙台城大手門など）江戸期には入母屋で定着した。

簡単な門や風流な門（肥前名護屋城山里くぬぎ門など）はともかく、一般には戦闘に備え扉や柱に金属板を張り付け防備することが多い。

次いで材料からみた城門名称には、石のみで構築された門があ

鉄門（二条城）

御成門（二条城）

る。「石門」といい、通称「埋門」で知られるように（姫路城）、土居や石塁中の隧道（ずいどう）形式のもので、沖縄での城門では日本にめずらしいアーチ式になっている（中城（なかぐすく）城）。金属を使用したために、その金属で呼称されるものとして、鉄では「黒金門（安土城・金沢城）」や「西鉄門（名古屋城）」があり、また銅では江戸城二丸に「銅門」というのがある。

外容仕上げも初期は柱露出で、柱間は板張りや土壁で仕上げたもの（例：聚楽第城門・仙台城大手門・宇和島城追手門・広島城二丸門など）から、次第に柱型出塗籠に移り（例：福山城筋鉄御門・姫路城菱の門など）、さらには柱をすべて土塗りした総塗籠（例：江戸城・名古屋城・二条城・寛永度大坂城など）へと変化した。

特殊な使用目的による門には、将軍や宮方がお成りの際の専用門である「御成（おなり）門（二条城二丸）」や、ふだんは使わず隠してある「埋（うずみ）門（二条城二丸）」や「不明門（不開門）（名古屋城本丸・熊本城本丸）」がある。さらに出入口が鍵形に食い違っているのを「喰違（くいちがい）門（江戸城）」、死人を城外へ送り出す個所のを「不浄（ふじょう）門（江戸城平川〔河〕門）」などという特異な例も見逃せない。

アーチの門（中城城）

埋門（姫路城）

8　塀

塀は「屏」より作られた国字で、もともと「おおい（蔽）をする」とか、「退ける」とかの意がある。中国の城郭では城壁の上の低い土塀・石塀・煉瓦塀を「堞（ちょう）」と称し「ひめがき・ものみべい」と和訓される。中世城郭では屏を二重に塗り、外の屏を切り落とすようにしつらえた楠公（楠木正成）の「釣塀」が有名である。

塀の種類は材料・工法などにより多様な名称がある。材料からは「板塀」と「土塀」が主で、前者はどちらかといえば臨時のものであり、後者は半永久的要素が強い。塀の施設位置および形態から「折塀（屏風塀（びょうぶ））」「出塀（出張塀）」「仕切塀」などがある。「折塀」は、土居や石垣は直線でも折れ曲がり屏風のような形式で、横矢（側面攻撃）のため狭間を必ず設ける。「出塀」は土居・石塁面より外へ張り出して設けられるもので、敵の接近を防ぐため上から石落しとして利用する性格をもっている。「仕切塀」は城内

漆喰塀（姫路城はノ門南土塀）

で一郭を区切るための塀で、門を付した場合は「中仕切門」と称する。

さて、「板塀」は火矢攻撃や長期使用に弱点があるから臨時・仮設の域を出ないことを前記したが、これら欠点を補って城郭に普通使われるようになったのは、「土塀」である。初期の土塀は『長篠合戦図屛風』でみるように、荒壁で、屋根も瓦でなく萱葺の単なる塀覆であったろうが、古来より邸第に用いられた「築地塀」が徐々に普及する。柱を立て板を添え、その中に土を搗き固め屋根を瓦で葺く。この塀工法が基本となってのち、表面を漆喰で化粧した「漆喰塀」の白色が石塁の暗色に映えて、城郭に延々と美しく連なるまでに一般化する。この漆喰塀は防備上所々に「狭間」および「石落し」を設けるのを常とし、使用武器によって「鉄砲狭間」「矢狭間」「鑓（槍）狭間」の名がある。塀の構造上、城内側には控柱（控杭ともいう）が建つが、その控柱も同じく土塗りにしてしまうのをとくに「控塀」と呼ぶ。さらに、漆喰塀の腰部に平瓦を張り、その継目を漆喰で凸状に盛り上げた塀を「海鼠塀」という。遺構（金沢城・新発田城）からみると、概して寒冷地に多い。

剣塀（名古屋城天守橋台）

下見板張塀（熊本城長塀）

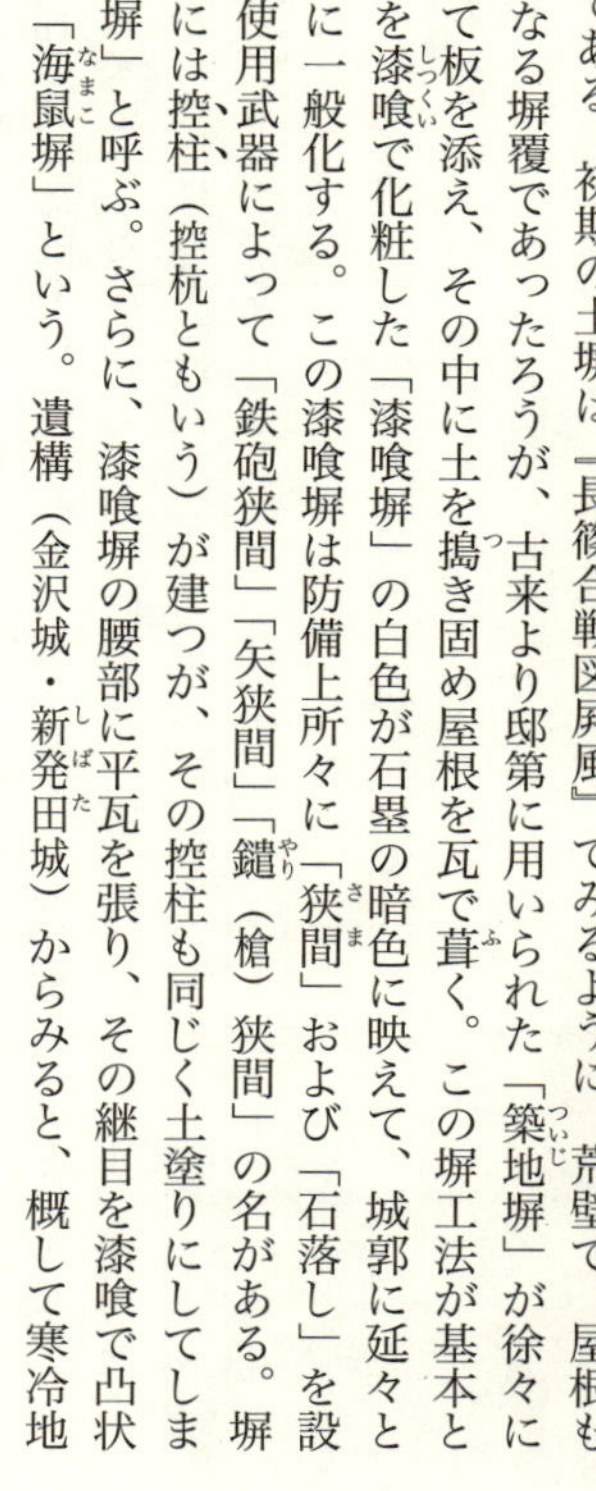

この他、土塀の類には土を練るとき、油を混ぜて作るとの俗説がある「油塀」があり、また、粘土を練って瓦と交互に固めた「練塀」もある。「油塀」の仕様は、砂と粘土を半分ずつ混ぜ、これをもち米をたいた汁でねって押し固める（『愚子見記』）。実は油を使用していないので注意を要し、実例には姫路城乾小天守下の「ほの門」脇がある。練塀ともども、塗塀と比べ耐久性があるので、江戸城などでも使われた。

なお、特殊な塀としては塀の軒や鐙瓦下に刀槍の刃を付けて忍び返しとする「剣塀」がある。遺構としては高知城天守にあり、復元されたものでは名古屋城天守橋台、熊本城天守に存在する。また、鉄砲弾丸の貫通に対処するため板壁を厚さ二尺（約六〇センチ）ほどとし、その間を石・瓦・泥などで充塡して構築するものを「太鼓塀」とも「二重塀」ともいう。

最後に中世における特殊な塀をあげると、「踏鞴塀」がある。大手の外方半町（約六〇メートル）の位置に築く長さ四、五間（約八〜一〇メートル）ほどの塀をいう。この塀の内側で篝火を焚き、接近する敵の動静を知るためのもので、城内側から鍛冶よろしく火を吹く様に由来するといい、「出張りの塀」と称することもある。

海鼠塀（金沢城太鼓塀）

9　橋

橋とは、城郭において郭と郭を結んで交通路とする構築物をいう。おおむね濠（ほり）に架けられることは、改めて言うまでもなかろう。

大別すると「土橋」と「掛橋」がある。「土橋」は城郭の虎口（こぐち）（出入口）部分を残してその左右を濠とするもので、土塁または石塁で築く半永久的な施設であり、守城する場合、敵に破壊されやすい掛橋と異なって封じ込まれることを防ぐによく、また濠の左右高低差を調節する機能をもっている。完全に土橋で築く場合と、途中まで土橋で残余を掛橋とする場合もある。

「掛橋」は「架橋」「懸橋」とも書き、臨戦時は撤去して敵の侵攻を妨げる。ふだんは固定され通行に供し、橋梁は木製である。実例としては彦根城がある。掛橋の中には、可動のものとして「引橋」「車橋」「算（そろ）盤（ばん）橋」のように水平に引き込む形式と、「刎橋（はねばし）（拮

掛橋（彦根城天秤櫓前）

橋）」のように上方に引き揚げるものとがある。「引橋」は、橋を郭の内側へ引き込むことができるような構造形式で、橋それ自体に車を付けた場合と、土台側に車を付けて橋を滑らせる場合が考えられるが、遺構はなく、ただ記録の上では播磨神吉（かんき）城にあったらしい（『別所長治記』）。

「車橋」は、文字どおり橋の四隅に車を取り付けて城内側に引き込む形式のもので、これも遺構はなく、記録によれば武蔵岩槻（いわつき）城にあったという（『関八州古戦録』）。これをさらに精巧にしたのが「算盤橋」で、小さい車を多くして、非常の際、短時間での作動を可能にしている。

「刎橋」は、橋の城内側端部に城門に用いる開閉金具——肘鉄（ほわらがね）（壺金（つぼがね））——を付けてヒンジとなし、城外側他端を城内に設けた滑車によって必要時に引き揚げ、通行遮断を目的と

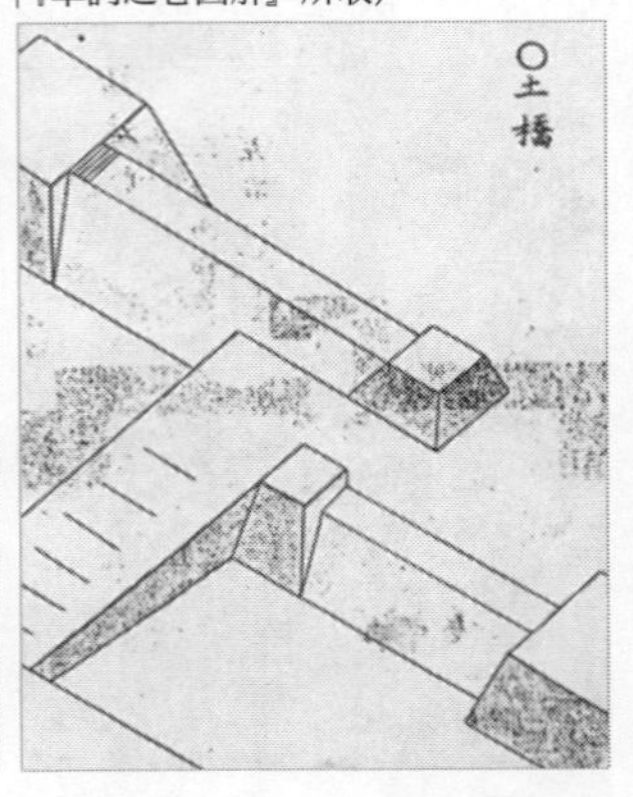

土橋（金沢大学附属図書館蔵『軍詞之巻図解』所収）

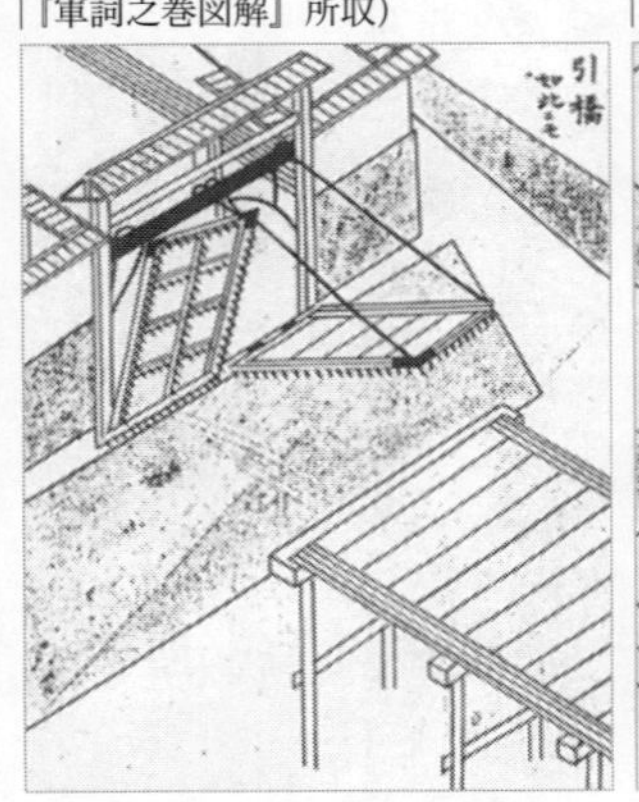

引橋（金沢大学附属図書館蔵『軍詞之巻図解』所収）

した橋をいう。これは、西洋の城砦ではよく見られる構造であるが、わが国では江戸城に見られた（本丸北・西拮橋）。

　橋を故意に長くしたものに「長橋」がある。文字どおり長い橋で、戦時攻撃側がこの橋を渡る場合、守城側は的をしぼって射撃しやすい利点がある。同様な技法に「折長橋」がある。これは土橋・掛橋いずれにも用い、やはり側面攻撃を可能にしている。濠を斜めに横断して架けたものを「斜橋（ひずみ）」「筋違橋（すじかい）」という。交通の便を考えての例も多いが、折長橋同様、守る側の攻撃を意識しての架橋法である。

　城内が見通されて不都合な場に設けられる一種のスクリーンを「蔀（しとみ）」というが、橋がその役目をになう場合「蔀橋」と称する。「廊下橋」も同類で、兵学書に「山城廊下橋」というように、もともと山城の場合、通路が城外から見透され攻撃を受けやすいので、通路両側に塀や、屋根を付けた方が戦法に

廊下橋（二条城本丸二丸間。寛永時には2階建）

適（かな）うという。彦根城・盛岡城・桑名城にもあったが二条城に遺構の一部が残る。なお下に城門を用いた廊下橋は、「二重橋」の形式になり、高知城にその実例がみられる。二重橋の名称にはこの他、視覚上手前の橋と奥の橋が二重になる場合をいうことがある。江戸城西丸への橋（現、皇居二重橋）が、その例である。

なお臨時、特に攻城時に用いた橋に、「結（ゆい）橋」や「梯子（はしご）橋」がある。前者は竹束で橋を組むもの、後者は梯子を利用したもので、とくに梯子の先端に熊手を取り付けて塀を乗り越える用具の発明は、二条城・伏見城・江戸城・駿府城・名古屋城の設計施工者＝中井大和守正清によるという。

二重橋（高知城）

10　堀

堀とは、城郭において土塁や石塁の凸状構築物に対し、凹状に掘り窪めた防御施設をいい、人工および自然のものがある。

古代『令義解』に「隍」とあるのは、この人工による始原的なもの。水のない状態で、水を用いるのは、天然の河川・湖沼を利用するのが古式の原則である。中世の山城は、麓はともかく普通「空堀」で、時に山陵の等高線と直角に構える「竪堀」や、曲輪を一巡しない「堀切」などがみられる。

近世の堀の種類は、水の有無により大きく「水堀（濠）」と「空（韓・乾）堀（隍）」に分けられる。水堀は、近世城郭が平山城・平城になるに従って増えるが、防御には泥湿地での「泥田堀」が優れているし（例：名古屋城深井堀）、天然の地形を利用した「溜池

水堀（名古屋城）

堀」（例：江戸城）もある。一方、空堀は底が土や石のため、水堀と違って落ち込めば死傷の度合いは大きく、さらに舟などの使用もできなく、かえって防御に適するとされていた。

次に堀を断面形状により区分すると、次のようになる。すなわち凵字形の「箱堀」、V字形の「薬研堀」、U字形の「毛抜堀」が代表である。「箱堀」は両断面が垂直に近く、水堀・空堀いずれにも使われる。「薬研堀」の名称は薬師の調薬器に由来し、とくに両断面とも傾斜のものを「諸薬研堀」、一方だけのものを「片薬研堀」と区別する。この片薬研堀は空堀の常套手法であり、当然傾斜が急なほうが城内側になる。「毛抜堀」の名称も毛抜きの持手部分の形状によるというが、堀の中ではどちらかというと特異で、空堀に用いられる。

土塁空堀（高天神城）

堀の存在する位置によれば、「内堀」「外堀」に大別でき、大城郭ではさらに「総（惣）堀」を最も外側におく（その場合、外曲輪の堀が内曲輪の堀へ続く所を土居や土橋で仕切り、ここを「水戸違」といって城外から無用物の流入を防ぐ）。

また、城外の広い空地に敵の行動を妨げる目的で掘った連続性のないのを「捨堀」といい、馬出の一種で虎口の前に半月形に掘ったのを「三日月堀」、空堀などを二重に設けたのを「二重堀」と呼ぶ。

堀の広さ（幅）は使用武器の変化（弓矢→鉄砲）により広大化の傾向が指摘できるが、兵学では最小幅一〇間（約二〇メートル）から三〇間（約五九メートル）までとしている。しかし、広大な堀は、水堀では渡舟されたり、守城側の横矢（側面攻撃）ができないなどの不利あってか、大略一五間（約三〇メートル）が基準のようである。

平城で四周を水堀で囲繞した初例は信長築城の二条城であるが、この城の堀では種々小鳥が飼育された記録がある。これは愛玩用と同時に夜間敵の来襲をこの鳥の動揺で察知せんとする目的があったものらしく、後世『甲陽軍鑑』の中の「城取りの事」の箇条に〝水堀に水とりの事〟として重視している。今日有名な江戸城の白鳥堀もそうした遺制とみることができる。ただ、寛永七年（一六三〇）二丸庭園の大改築にあたり、白鳥堀を苑池にみたて、その池中に舞台を造作する。平和な時代の反映とみることができよう。

各種堀断面

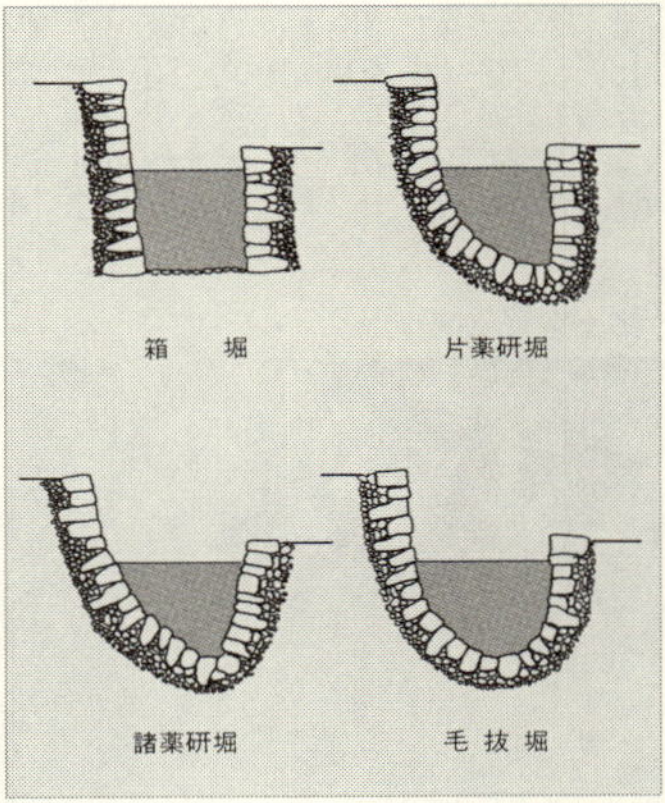

11　塁

「塁」は土と、土を重ねるの意の音符畾から成り、土を盛り重ねた砦の意が源意である。しかし他方では岩石がごろごろした有様を「塁々」と書くように、土だけでなく石も入る。

分類すれば「土塁」と「石塁」があり、その両方を併用した形式もあるので、その各々についてみていこう。

「土塁」は「土居」とも称し、古代・中世の城では最も一般的に設けられる防御施設である。もちろん中世のみならず、近世に至っても石材を得にくい地域ではよく利用された。大局的にみて、関東・東北地方に土塁形式が多い。たとえば家康が八朔（八月一日）に入城した道灌築くところの江戸城でさえ掻き上げの土手ばかりだったことは有名であり、現存弘前城にも土居が多い。しかし何といっても土塁で有名なのは、京都の「御土居（おどい）」であろう。秀吉により天正十九年（一五九一）に建設を始め、総延長は二二・五キロある。いわゆる「京七口」で京都への出入りをチェックした。聚楽第の建設とあわせて考えれば、京都城下町化の一施策であったことがわかる。この御土居は現

御土居（京都）

在部分的にしか残存していないが、土塁の中には地蔵・墓石などの転用がみられる。土だけでは構築できなかったのであろう。

この京都の御土居のように土塁が「総構」として用いられた先例には、信長の岐阜城下があった。一般城郭では、外構に土塁形式が多く、名古屋城はその好例といえる。

土塁（土居）の構造は、城外側に堀を設けその揚土（あげつち）を利用して築くのが普通である。したがって土居の断面積と堀の断面積はほぼ一致する。その土居の断面は梯形で、上辺は「褶（ひらみ）（馬踏）」、底辺を「敷（しき）」といい、褶と敷の距離を「高さ」と称する。また土居の斜面を「法（のり）」といい、城内側を「内法」、城外側を「外法」と区別する。一般に内法のほうが外法より長い。すなわち土居の勾配は当然敵方に対してきつくする。普通土居の勾配は、永い経験から三〇度程度が最も安定することが知られており、兵学書などでは「扇の矩（かね）」と称する。しかし、板でたたき固めた「敲（たた）き土居」や、表面に芝を施す「芝土居」で勾配をきつくした

土塁断面

犬走り　塀　武者走り　法　外法　法　高さ　堀　褶（ひらみ）　内法（うちのり）　敷（しき）

土塁（江戸城）

り、崩壊を防いだりする。土居の高さは城内挙動を知られないために、三間（約六メートル）が標準とされた。

次に「石塁」（石垣）であるが、これは自然の岩盤をそのまま利用することもある（苗木城・岐阜県）が、一般には採石して石塁を築く。石塁構築に先立ち、その基礎の「根石」が最重要で、先述の岩盤が確固たる場合は別として、時に砂州上（江戸城・広島城）や沼地上（名古屋城）では「捨て石」や「丸太敷」で床固めを施し、根石を据えるのが一般である。時に草木を踏み固めたというが確かでない。なお丸太材は、冬期に伐採した松が最良で（松本城・名古屋城）、水中なら数百年は充分に保つといい他に栗や樫も使われた。

土塁と石塁を併用した形式は大きく二種類あり、土塁を基部にし、上部を石塁とするのを「鉢巻石塁」といい、逆の場合を「腰巻石塁」という。これは主に関東および東北の諸城郭に多く見られるが、西国でもけっして少なくない（彦根城）。江戸城では腰巻石塁と鉢巻石塁を重ねて使った箇所も多く、特に深緑の松が映える西丸の景観は美しい。

石塁断面

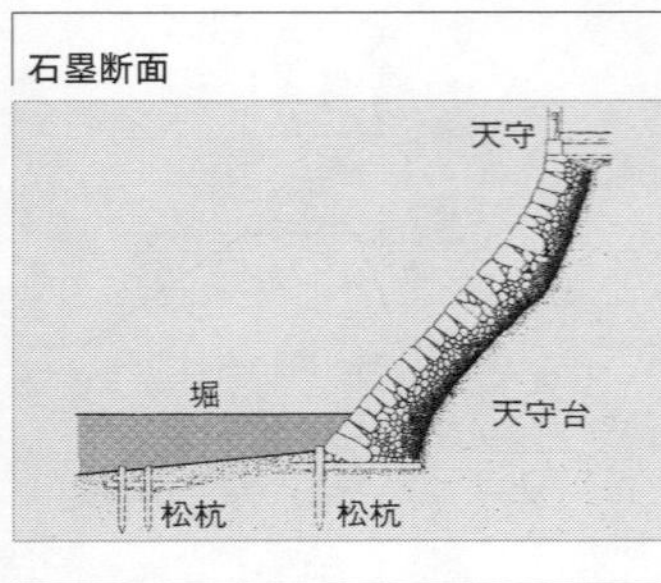

腰巻・鉢巻石塁（弘前城）

12　石塁

石塁を構築するには、砕石場から石出し（搬出）して石寄せ（工事現場への運送）をしなければならない。石材は一般に火山岩系の安山岩・石英斑岩、深成岩系の花崗岩、変成岩系の片麻岩が用いられるが、大理石（八代城）や緑泥片岩（和歌山城）など地元産地に直結した珍しい石を使ったところもある。築城地付近に良い石がないときか、手伝普請の場合は、遠方や国許より石を運ぶ。そのときは、石に刻符して普請場での無用の混乱を避ける（江戸城・名古屋城・大坂城など）のが一般的である。

石の積み方には、使用する石の加工度――自然石の野面石から最も手の込んだ切石まで――により区別がある。すなわち自然石をそのままに積むのが「野面（頬）積み」で、一見粗野であるが排水性に優れ意外に頑丈で、年暦を経ると雅趣がある（伊勢神戸城・浜松城・丸岡城・犬山城など）。一部加工材を使用して小石で合端を揃える「打込みハギ」は、安土築城以後急

準亀甲積み（小松城天守台石塁）

亀甲積み（松前福山城天守台石塁）

速に普及する。次いで切石のみで積み揃える「切込みハギ」の技法は、特に江戸時代に発達をみて、なかには巨大な切石を使用した例もある（大坂城）。

野面積みや打込みハギはいわゆる「乱積み」で、いわゆる「三ツ目」にし、十文字になる「四ツ目」をさけることを原則とするが、切込みハギになると目地（めじ）を揃える「整層積み」と

野面積み（小里城）

打込みハギ（安土城天守台）

切込みハギ（江戸城天守台）

なって、横に目地が整う「布積み」（江戸城）のほか、六角の「亀甲積み」（松前福山城）も考案される。なお隅角部のみは、早くから切石や切石に近い角石を用いて「算木積み」（井楼積み・井桁積みともいう）」の工法がとられる。また、中国・韓国の石垣にも、隅部等の重要な石垣においては、日本の「切込みハギ」と同様の緻密な石積みが行われる。加えて城門には、鉄砲の破壊力の対策として、とりわけ重点的に防御すべき部分については、石塁とは別に「塼築」が施されることもある。

石塁の勾配を「法」という。『鈴録』（荻生徂徠著、一七二七年自序）によれば、一般例として野面積みの勾配は八割が基準で、最上階の切石のみ鉛直にするという。八割とは、円の八つ割りで四五度勾配（ただし石塁の水平面に対する引き通し勾配は六七・五度）を意味する。打込みハギは一〇割で、三六度勾配（同じく水平面に対して七二度）、そして上五分の

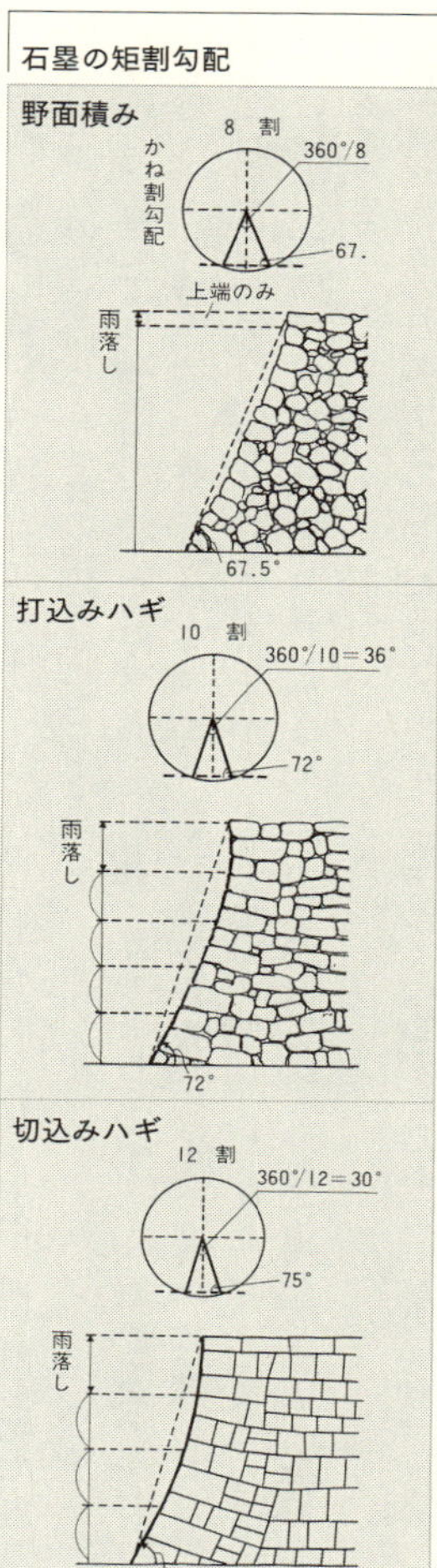

一を垂直の雨落しにとる。切込みハギは一二割で、三〇度勾配（同じく水平面に対して七五度）、上四分の一を同じく垂直の雨落しにとるという。

その他、勾配には『海国兵談』（林子平著、一七九一年刊）によると、「下縄」（縄を下げた様をいい、下端の二、三割が傾斜を持つ）、「緩」（縄を斜めに張ったときの曲線状態）、「棹出」（上端の石が外へ張り出したもの）があるとしている。

この棹出の実例には人吉城（熊本県）のほか、欧州築城法にならった台場や五稜郭・竜岡城がある。

我が国の石塁の勾配は上に高くなるにしたがってきつくなるが、これを「反りを戻す」という。この「反りを戻す」とき、法面の最上部の法肩を垂直にする場合と、やや反りを打たせて迫出しにする場合があり、前者を俗に「寺勾配（雨落）」、後者を俗に「宮勾配（蝙蝠）」とか、「扇の勾

寺勾配（熊本城大天守台）

宮勾配（熊本城小天守台）

配」と称している。そして「天端石」の列線は水平でなく、中央部が舟底状にわずかにたわみ、しかも端部が反り上がっているのが普通で、これを「縄だるみ」という。これは隅部の荷重を軽減させるとともに雨水の集まるのを避ける目的から生じている。したがって四隅に縄だるみが起こる天守台などは、糸巻形の平面と相伴っていわば曲面をもつ台形を構成し、天守建造の労苦が偲ばれる（伊勢神戸城・和歌山城・大和郡山城・小倉城）。また、自然の岩盤をそのままに利用する場合もある（苗木城）。

なお、沖縄の城の石塁は大陸の影響が強く、上述の日本的設計法によらない。勾配がきつく、直線的で、しかも隅部がまるく（中城城）、天端隅を反り上げ（首里城）著しく異国風である。

沖縄の石塁（首里城大手）

沖縄の石塁（中城城）

13 石塁の設計

城郭石塁構築の技術者を一般に「穴太」（穴生とも書く）というが、彼等による石塁構築に関する技術書が江戸時代を通じて多数記されており、石塁断面における勾配および曲線形状の設計手法を具体的に知ることができる。その設計手法は数種類認められるが、いずれも「反りを戻す」手法に工夫が払われており、石塁の下端勾配（後述の後藤家文書では「矩方」という）を定めた後、ある高さごとにある程度「反りを戻す」（後藤家文書では「規合」という）、という理論は共通している。その際、単位高さごとに「規合」を加えていくことで、石塁断面が曲線形状を呈するわけであるが、その方法は大別して三類型がある。

まず、①「反りを戻す」手法の初期形式を示す技術書があり、その発達した「規合」のつけ方の手法としては、②下から上まで一定の「規合」にするものと、③上にいくにつれて「規合」を大きくしていくものの二通りの手法がある。

① 石塁構築技術書として先駆的内容をもつ『石垣築様目録』（承応四年＝一六五五、岡本家蔵）があるが、当史料には、高さ一間ごとに「仰（法）」（＝石塁の勾配）を定めるとするものの、具体的な規定の記述は欠けており、設計理論としては安土城以降の近世石塁構築技術の初期段階を示す史料である。なお『石垣築様目録』は、秀吉の伏見城をはじめ、姫路城や江戸城・駿府城・大坂城など江戸幕府直轄の城普請における穴太頭として著名な堀金

〔堀金流（定規合型）〕

右；『石垣築様目録』
承応4年（1655）
岡本家蔵による
左；大坂城六番櫓石塁

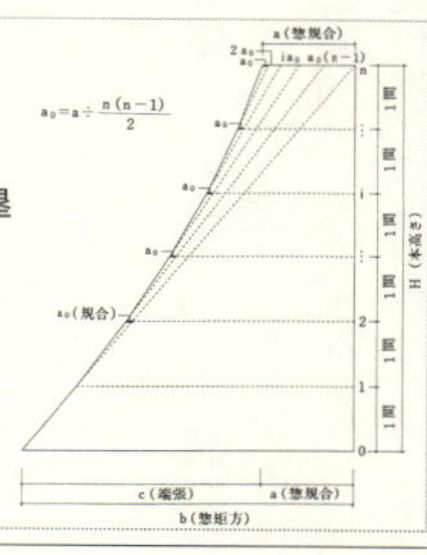

〔後藤流（上部定規合型）〕

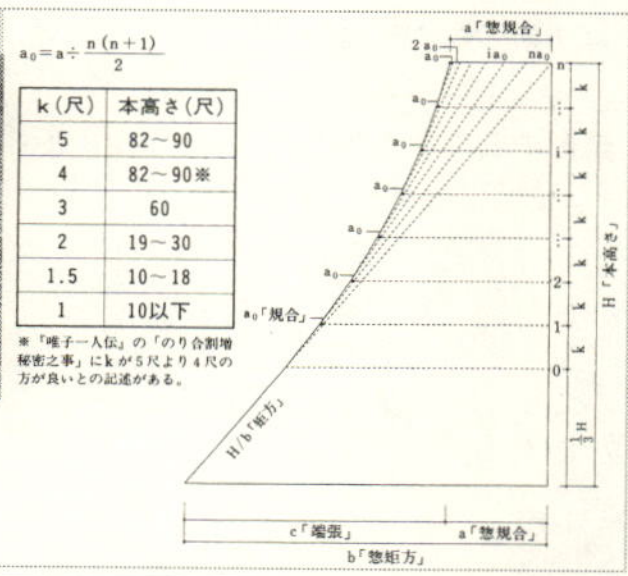

$a_0 = a \div \frac{n(n+1)}{2}$

k（尺）	本高さ（尺）
5	82～90
4	82～90※
3	60
2	19～30
1.5	10～18
1	10以下

※『唯子一人伝』の「のり合割増秘密之事」にkが5尺より4尺の方が良いとの記述がある。

右；『（後藤家文書）』（1800年頃）
金沢市立図書館蔵による
左；萩城天守台石塁

〔清正流（増規合型）〕

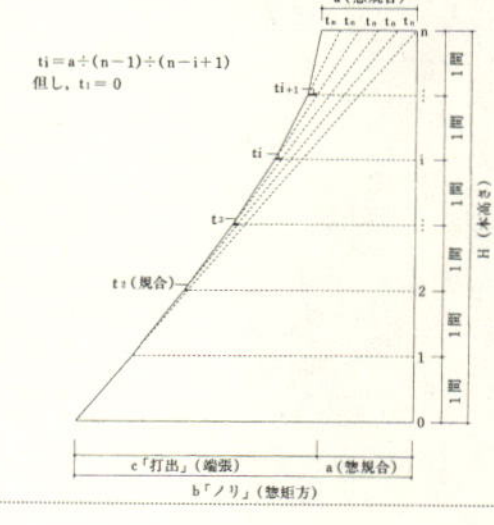

右；『石垣秘伝之書』寛保3年（1743）
熊本県立図書館蔵による
左；名古屋城大天守台石塁

出雲(いずも)が関わった史料であり、一間ごとの「規合」を一定にした場合、姫路城や二条城の石塁断面曲線とよく適合している〔堀金流（定規合型(じょうのりあい)）〕。

② この系統の技術書としては、加賀前田家の穴太として金沢城等の石塁普請を務めた後藤家に伝わる一連の史料（以下、後藤家文書という。金沢市立図書館蔵）が代表される。その手法は、まず「本高さ」に応じた「惣矩方」と「惣規合」を定め、「本高さ」の三分の一までは「矩方」の直線として、その上方は、高さに応じて一～五尺ごとに分割し、各分割の「規合」が一定となるように変化させる方法である〔後藤流（上部定規合型）〕。この設計手法によって構築された城郭石塁としては、金沢城が史料で明確であるが、その他萩城にも類似の曲線が認められる。また、一定の「規合」を、高さ一間ごとに一尺とか四寸とかの実寸法で説明する史料として、『石垣組立秘伝』（寛政四年＝一七九二、岩手県立図書館蔵）や兵法書『軍詞之巻』（宝永四年＝一七〇七）などがあるが、実寸法で一律に規定するがために、後藤家文書ほどの汎用性はない。

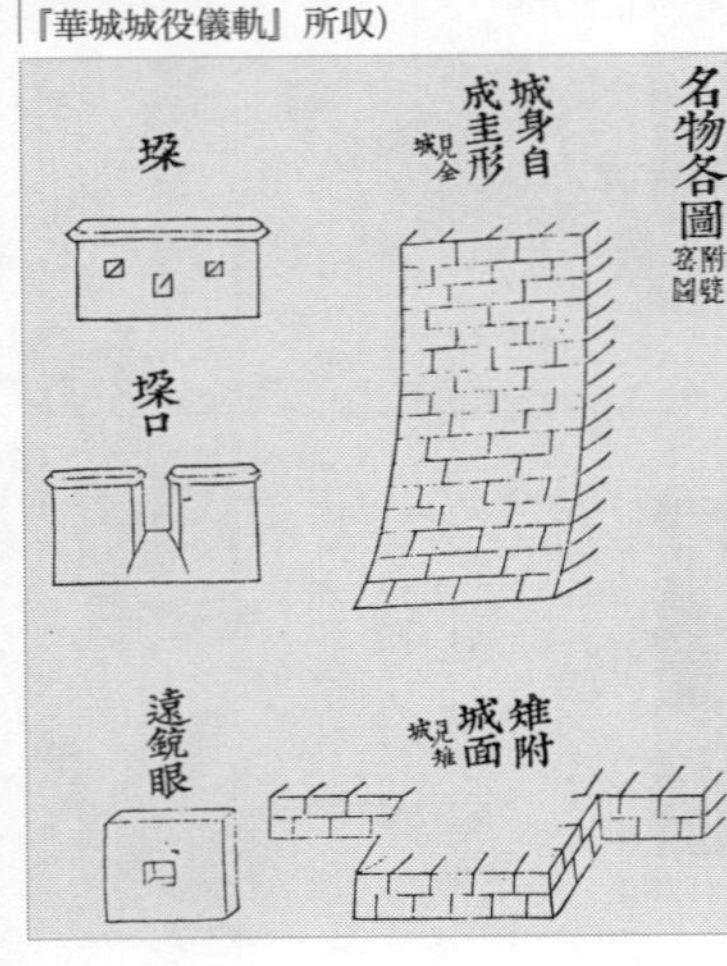

圭形の石塁構築図（ソウル大学中央図書館蔵『華城城役儀軌』所収）

③　この系統の技術書の代表としては、加藤清正に関連する『石垣秘伝之書』（寛保三年＝一七四三、熊本県立図書館蔵）がある。その手法は、「本高さ」に応じて「ノリ」（後藤家文書にいう「惣矩方」）と「惣規合」を定め、高さ一間（＝六尺五寸＝二メートル）ごとに「規合」を大きくしていくのであるが、その「規合」の増しは、変化する各勾配の延長線が「惣規合」部分を等分割するように増やす、という手法である（清正流（増規合型））。

伊勢神戸城天守台平面図

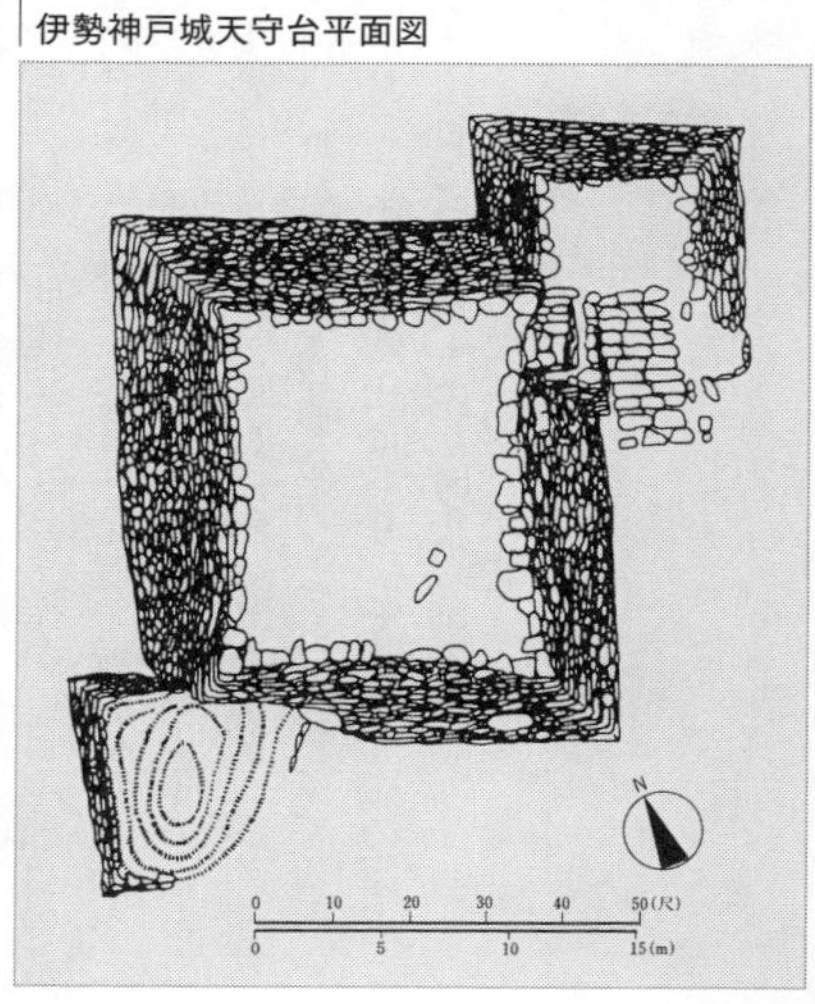

この手法による断面曲線が近似する城郭石塁として、熊本城や名古屋城があり、上方にいくほど「反りの戻り」が急激に大きくなっていく、まさしく加藤清正の関与した石塁の設計手法を裏付けているわけで、俗に清正流といわれている。

一方、石塁を曲線形状にする手法は、断面だけではなく平面にも用いられており、『石垣築様目録』には、石塁平面の各辺を内側にどれだけ曲げるかを規定する「平ノスキ」の設計法が示されている。各辺を曲線にすると、石垣の角は当然直角にはならず、さらに初期石塁においては石塁全体の形状も不整形となる。

これら石塁断面・平面を曲線形状にする手法の初期の具体例として、浜松城（元亀元年＝一五七〇）・二俣城（文亀年間？＝一五〇一～〇三）・安土城（天正四年＝一五七六）・伊勢神戸城（天正八年）などがある。したがって、石塁形状を曲線状にする手法は、文禄・慶長の役（一五九二～九八）の折、石翁加藤清正が朝鮮より伝授されて以来とするのは俗説で、その頃築かれた韓国南海岸に残る倭城と呼ばれる城郭石塁には、韓国一般の石塁にはない「平ノスキ」などの手法が認められる。しかし、石塁を曲線状にする手法が、日本独自の考案かというとそうとはいえず、韓国の朝鮮時代（一三九二～一九一〇）の城郭構築技術を記した『華城城役儀軌』（一七九六～一八〇一）の「御制城華籌略」には、石塁の下方から三分の二を内側に傾斜させた直線にし、その上の部分は若干外側に傾斜させた直線に築く手法が示されている。これを「圭」（直線が途中で折れ曲がる様態を表す）の形状にするという。すなわち、石塁断面を折線に築く手法がおよそ中国宋時代にあり、それが発想の原点となって、我が国における曲線形状の石塁が発達していったものと考えられる。

14　石塁の普請

「普請」とは、『下学集』（文安元年＝一四四四）に「諸人に普請して事を作る」とあり、そもそも寄付を仰いで堂塔を建設することを意味していたが、室町幕府職制において土木工事を直接示す用語となり、建築工事を示す「作事」と区別されていた。石塁の普請は、機械力をほとんど期待できない時代のことなので、いわば人海作戦が基本となる。石塁構築に直接必要な資材は、まず石塁の基部に用いる「土台木」、それに石積みの主体となる「大石」、「積み石」の裏側に詰め込まれる「裏込石」である。

「土台木」は、地盤堅固の場合は無用であるが、軟弱なときに必要とされる。据え方には種々あるが、一般には径一尺（約三〇センチ）ほどの松材を井桁に組み、腐食しないように常水面下の土中に深く埋める。江戸城や名古屋城（深井丸）の例がそれで、松本城では栂材が使われた。

「大石」は、通常二〇〇貫（約〇・七五トン）から三〇〇貫（約一トン）くらいのもので、その大きさは石の材質にもよるが、一・五尺（約四五センチ）×一・五尺×

土台木（岩手県立図書館蔵『石垣組立秘伝』所収）

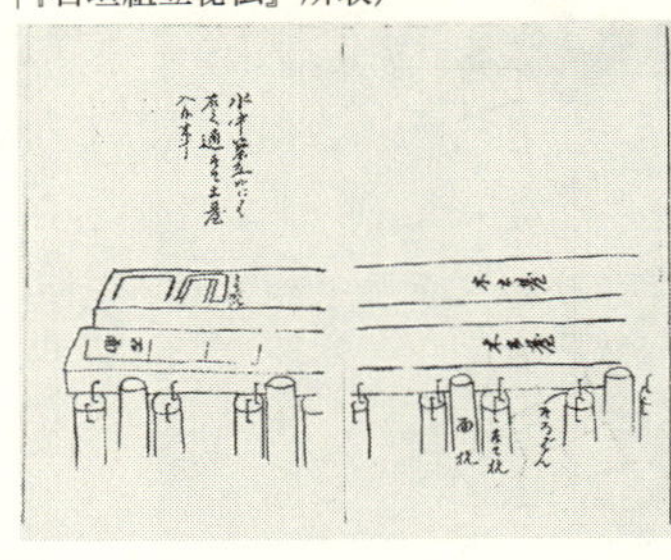

四尺（約一二〇センチ）ほどになる。当然一人では運搬できず、その重さの程度に従い、「修羅」、「車」、「石持棒」を用いる。「修羅」とは、天文元年（一五三二）に編纂された『塵添壒嚢抄』によると、大石すなわち帝釈を動かすには修羅でなければならないからだといい、仏教の剛力で知られる阿修羅王になぞらえたものである。江戸時代末に著された『梅園日記』によると、図版にあるような寸法・形状の一種の橇で、構造は簡単であるが特に巨石を運ぶのに適した。地上に丸太を並べ、その上に巨石をのせた修羅（栗・樫などで作られた）を置き大人数で引き、「修羅車」ともいう。後からは手子木をかって助力し、時に海藻の荒布を道路上にまき、そのヌメリを潤滑剤とする。運搬に際して、数人が巨石の上で鉦や太鼓で音頭をとることもあった。なおこの起源は、古代エジプトのピラミッド建設時と推定され、日本でも古墳時代の発掘例がある（藤井寺三つ塚古墳）。

「車」には、大八車・大車・ベカ車などがあっ

石持棒（名古屋市博物館蔵『築城図屏風』部分）

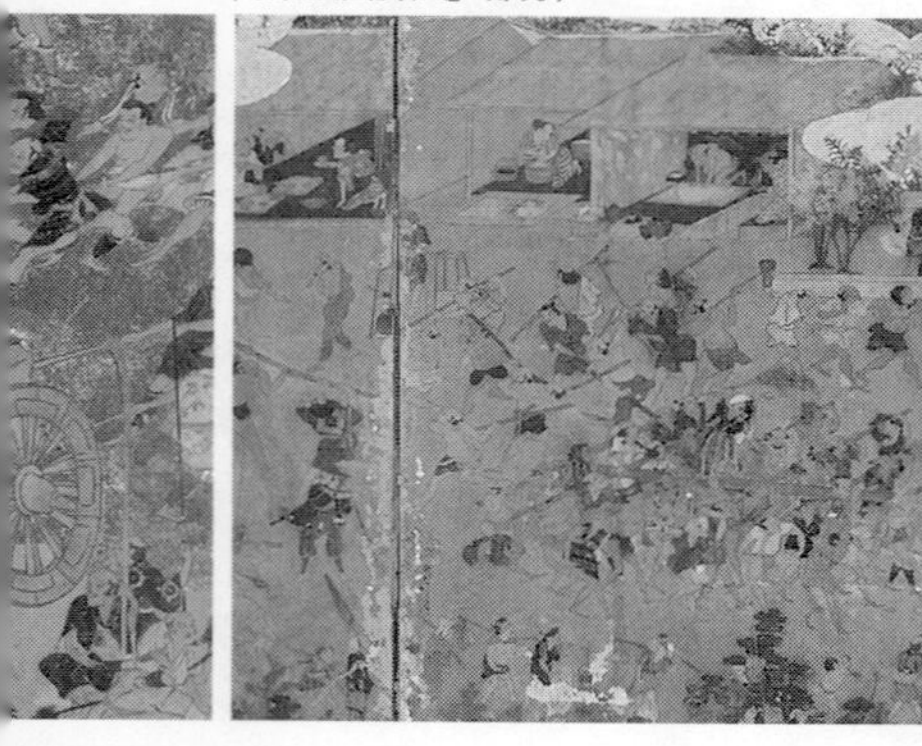

た。大八車は、古代からあった牛車(ぎっしゃ)を土木工事用に簡略化したものと考えられ、数人の力で比較的重量物を運搬できるところに特色があった。大車は、おそらく牛車の類で、やはり荷物を運ぶ大きな車であり、たとえば『石山寺縁起絵巻』にも認められるように、古くからごく一般的な重量物運搬に使われていた。ベカ車は『草茅危言(そうぼうきげん)』に、「上国に平地任載の小車あり。京師にて地車と称す。是は泛称(はんしょう)にて的切(てきせつ)ならず。大坂にてベカ車と呼ぶ。何の儀たるを知らず。江都にてきはなきよしに聞けり。果たして然りや。其形状小くして板にて造りたる両輪を用ふ。輪のわたり三尺に近かるべきか。輿(こし)は平らかにして前後に長く、前の端は自ら両轅(ながえ)をなせども轅もやはり輿の内なり。木石を運ぶを用とし、夫より他物をも積て広く用ひ、一推一輓二人にてすむ。転任は一人にて弁ず。甚だ簡易便利の器と云ふべし」とあり、前後二人で使用する、小回りのきく簡便な運搬用の車である。

牛車（名古屋市博物館蔵『築城図屏風』部分）

修羅の石引図（『梅園日記』所収）

石負子（名古屋市博物館蔵『築城図屏風』部分）

金手木・石たたき（名古屋市博物館蔵『築城図屏風』部分）

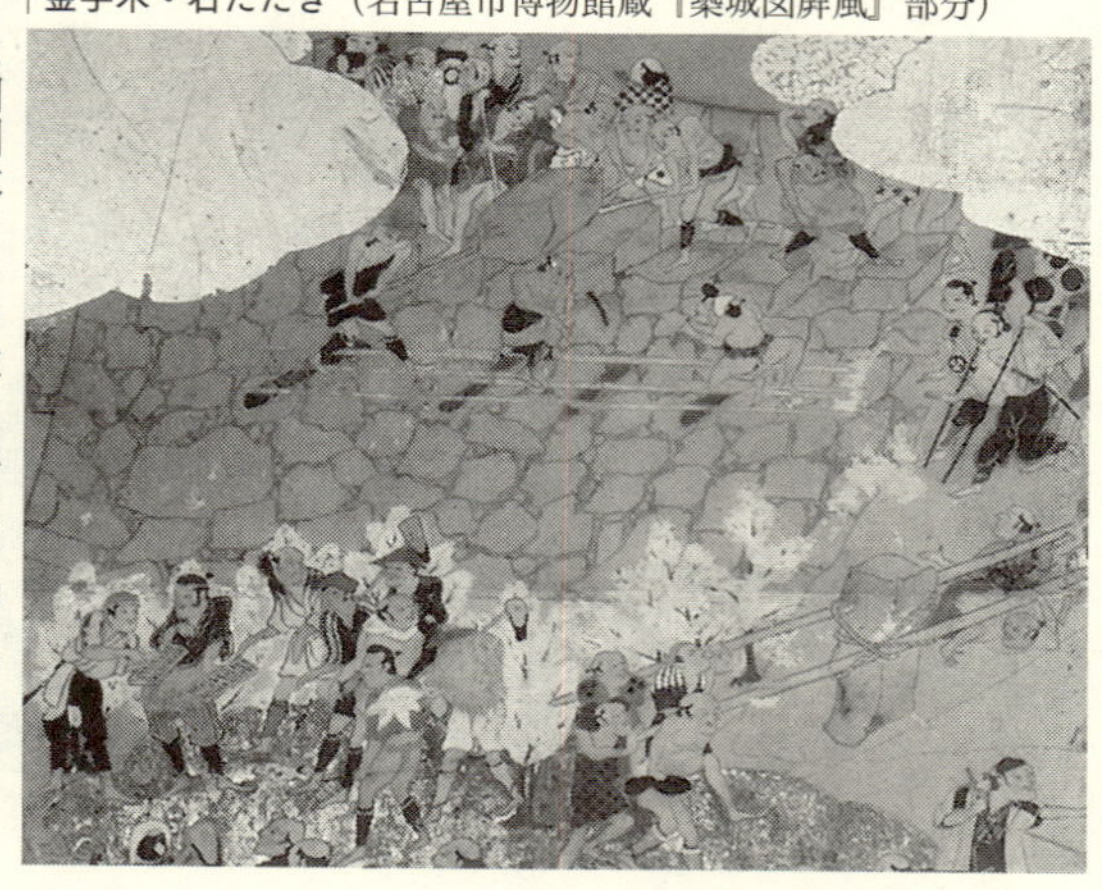

以上のほかに大石を運ぶ方法としては、二間ないしは四間木を＋十状に組んだ「石持棒」をつくり、その中央に大石を結びつけて多人数でかつぐ、真棒持といわれる方法がある。ま

た、少々の運搬には、二本に大石を挟みしばりつける場合もあり、これを石夾持といった。

そうして集めた大石は鉄製の手子棒をもつ「金手木」によって据えられるが、その裏側に詰める裏込石は、径五寸（約一五センチ）ほどの小石である。一般にいう栗石で、時にゴロタ石とも称される。軽いだけに一人でも運ぶことが可能で、背負って運ぶための逆円錐状のざる（＝「丹波いかき」とも称される）などの道具が使用される。また栗石運搬には、持子棒につり下げて二人でかつぐ「もっこ」も用いられた。

このほか、現場で巨石を牽引ないしは上げるための道具として、滑車を利用した轆轤も使用される。「神楽桟」「車知」「おかぐら」などともいい、興福寺東金堂に応永期のものがある。当時南蛮船の影響もあり、滑車を利用する技術も発達し、特に「南蛮轆轤」という。方広寺大仏殿の慶長度再建の際、慶長十六年（一六一一）八月、長さ一四間の大虹梁をあげ、洛中の話題をさらい、さらに家康にも中井正清が報告しているが、その際使用していたものと思われる。

轆轤（『知恩院本願寺所々図』所収）

15　狭間と石落し

狭間（さま）は城郭の塀や建物壁面に設ける攻撃・防御のための小窓をいい、「矢間」「矢窓」とも書く。使用武器の区別により、「矢狭間」「槍（鑓）狭間」「鉄砲狭間」「大砲狭間」の名称がある。これら武器の射撃姿勢は、設置場所・形状などとも関連し多様な種類がある。

姿勢からは「居（い）狭間」と「立（たち）狭間」があり、前者は鉄砲、後者は弓に適する。そして、狭間が上下二段に配されたものを「二重狭間」という。位置からみると、「足下（あしげ）狭間」は塀や櫓（やぐら）の下部に設け、足で開閉操作して槍や矢・砲弾を下方へ出すもの。「石狭間」は、石塁最上端の石に間隔を設けて狭間を作る場合と、石自体に狭間を刻んだものがある。

特に後者は手間がかかるので幕府関係の城郭にみられ（江戸城・二条城・寛永度大坂城）、一説には藤堂高虎の工夫ともいう。「急角狭間」は塀の直角に曲げたところに作る狭間で「落狭間」は門櫓の上部で下部

狭間（姫路城）

鉄砲狭間（岡山城）

の門扉を守るために下に向かう狭間。また「土狭間」は築地塀や土塁に設けたものをいう。形状からみると円形（丸狭間）、三角形（三角狭間・鎬狭間）、四角形（箱狭間・菱形狭間）、五角形（将棋駒形狭間）、六角形（亀甲形狭間）などがある。いずれも大きさはほぼ一尺（約三〇センチ）を一辺または径の基準とする。なお、狭間は外容から常時見えるもののほかに、壁内に竹筒などを塗籠にして外部からは見えないように、ふだんは塞いでおいて、必要時に内部から破って臨時に用いる「隠し狭間」がある（名古屋城）。

石落しは、戦時に敵が塁を登って来た場合に備えて、塀・門・櫓・天守などに設ける設備をいう。初期の天守にはあまり設けなかったようで、たとえば、安土城天守や岡山城天守には、全くない。設ける際は、一般に壁面の一部を塁上端より張り出して下が見えるようにするが、石落しは幅八寸（約二四センチ）が適当とされ、それより広い場合は忍び込みに利用され、逆に狭小の場合は効果的な石（人頭大、約二〇センチ）を落とすのに不便であったようだ。特に建造物では床面に蝶番で動くようにし、把手を付けて必要時以外は閉じておく形式が一般的である。外観で特異なのは、和歌山城天守で袋状にはみ出て、俗に「袋狭間」という。

隠し狭間＝石落し（松江城天守）

石落し（松本城小天守角）

石落し（和歌山城天守——袋狭間）

石落し（高知城）

塀に設ける場合は、土台や石積み最上部と同高で作るのが普通である。櫓では床面と同高で張り出させて作るが、特に石塁隅部の稜線勾配が緩いため櫓の隅部に舗設せられることが多い（松本城天守・姫路城天守・和歌山城天守・大洲城高欄櫓など）が、窓面を張り出して作る場合もある（弘前城天守・江戸城伏見櫓・名古屋城西北隅櫓など）。

巧妙な石落しの手法としては城郭建築の最盛期の松江城天守や名古屋城天守に見るように、上層階出窓形式で設けた狭間や石落しを下の屋根で隠蔽するものがある。

さらに技巧的といえるのは、石塁より建造物全体を張り出して周囲すべてを狭間ないしは石落しにすることができる構造になっているもので、熊本城天守・萩城天守・高松城天守などで実施された。

16　井戸

「井」の字はもともと井戸の型枠の形態から出たもので、「居処」いどころを示す意もあるという。換言すれば、一定の場所に止まり、用水を得るために地面を深く掘って地下水を汲み取るようにしたものを意味する。当然のことであるが、水は生活に欠くことの出来ないものであり、特に戦時には飲用水の有無が戦局の帰趨（きすう）を決めるともいわれる。流水や湧水などの天然取水の場合に比べ、一般に井戸は人工的に地下水位面まで掘り下げるので、特に山城では難工事となることが多い。四〇メートル以上掘る場合もある（掛川城）。井戸を擁する郭を別に「水手曲輪（みずのて）」といって区別するのが一般である（一二一ページ参照）。

井戸は籠城を想定し、最後の拠点として城内最高所に位置する天守内部や、天守間近に設けられたものが少なくない。前者の例としては松江城（慶長十六年＝一六一一竣工）および名古屋城（慶長十七年竣工）が大天守内に、小天守内では熊本城（慶長十二年頃竣工）がある。後者の例として寛永度江戸城天守および元和度大

天守内井戸（名古屋城・戦災焼失）

坂城天守がともに小天守台に井戸（水座）が設けられた。なお平山城・山城では、天守より少し下った位置で掘ったり、穿（うが）ったりして水源を確保する。姫路城の井戸郭（いどくるわ）櫓内井戸が好例であろう。

天守閣内での名古屋城の井戸は、俗に黄金水と呼ぶように、井戸の底に黄金を敷き詰めて水が腐るのを防いだといわれている。近年の再建時の調査で、次のように判明した。すなわち井戸の深さは、天守地階床から二〇・三七メートル下がり、水位から一・〇八メートル下にあった。またその最下底に木製楕円形の側高一・一五メートルの井戸を入れ、中に深さ一メートル程割栗石（わりぐり）を入れ、その上に石垣を組み上げていた。井戸の大きさは、下底で長径三・一八メートル、短径二・五八メートルの楕円形で出土したが、当初は円形であり、後に土圧による変形が起こったものと推測されている。なお井戸形式は、車井戸で、八升（約一四リットル）釣瓶（つるべ）を滑車で懸け、地階および一階の両方で汲み上げることができた。

山陰松江城天守地階も、四周が石壁となったいわゆる穴蔵で、このほぼ中央に直径一・五

天守内井戸（松江城）

同上内部

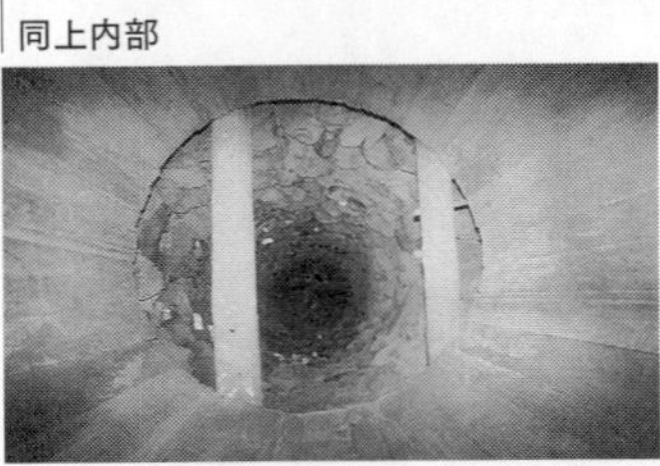

メートル、高さ〇・六四メートル木製枠の井戸が存在する。この地階地盤面より二三・三メートル下に湧水があり、古来俗に外部に通ずる抜穴井戸と称されたが、実際は飲用井戸であって、名古屋城・熊本城同様、慶長期の実戦向け天守の様相をよく示している。

井郭櫓内井戸（姫路城）

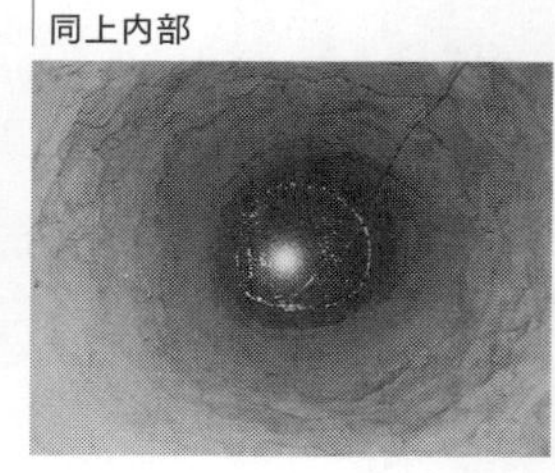
同上内部

城内飲用水を井戸で確保することは非常時以外でも重要であり、秀吉築城聚楽第の井戸は、切妻瓦葺の水屋が大台所近くにあり（三井文庫蔵『聚楽第図屛風』）、さらに肥前名護屋城の山里丸・三丸にも水屋が設けられていた（『肥前名護屋城図屛風』）。また天正度大坂城の有様を示すとみられる中井家蔵大坂城図には、天守下の奥向御殿に二ヵ所、ほかに表向御殿・東の門の内側・芦田曲輪の計五ヵ所であり、概して少ないといえるが、大坂城は元来、水に恵まれた地であることを示すのであろうか。逆に熊本城では、城内に一〇〇を超える井戸があったといわれ、いかに水を重視したかが知られ、難攻不落の天下の名城というにふさわしい。

17　台所と便所

城郭は戦闘以外に当然、人間の生命維持にかかわる食事や排便の施設も必要とする。飲用水の井戸については先に述べたが、〝調理〟のほうはどうなっていただろうか。

初期城郭に関しては定かでないが、天守の濫觴（らんしょう）といわれる安土城では、先年見出した『天守指図』の東の登閣御門の上部に「ろ（炉）」をもった東西二間×南北二間の「御台所」がある。特に隣接して「水たな（棚）」と「御もの（物）置」つまり飲用水や食器類を収蔵する棚があり、大々的な御膳拵中所とみてよい。さらに二階にも「くどいろり（囲炉裏）」がある。これらの使い分けは、当時の武家殿舎でいう中奥向（なかおくむき）の「台所」と表向の「料理ノ間（いろりの間）」に比定することが出来るほどに居住性が豊かである。

またルイス・フロイスの『日本史』の岐阜城の四重楼の記述や、『兼見卿記』の聚楽第天守に秀吉側室加賀殿が住んだことからすると、やはり安土城同様に台所施設

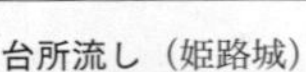
台所流し（姫路城）

が備えられていた可能性は強い。さらに明智光秀築城の丹波福知山城天守一階にも「水流」が設けられて厨房(ちゅうぼう)にあてていたことが判明している。台所の実例としては、姫路城の台所がある。この場合は大天守内ではなく、大天守西北隅に下屋(げや)を付して接し、小天守渡櫓(わたりやぐら)で囲繞(いにょう)された中央にある。一層二階で屋根は本瓦葺・入母屋造。壁は外部塗籠(ぬりごめ)で建築規模は東西三間×南北五間ほどで、なお井戸は隣接の渡櫓内にある。

　他に遺構としては、天和三年（一六八三）竣工の高梁(たかはし)城天守一階にいろりが切ってある。伊予大洲城にも台所櫓がある。安政六年（一八五九）に再建されたものであるが、もともと四層の天守に渡櫓で接続していたもので、二層二階、桁行(けたゆき)（東西）六間・梁(はり)行四間、屋根は入母屋造・本瓦葺で、総塗籠の建築様式を備える。一階内部が北・中・南の三間に区画でき、北は渡櫓で接続するいわば通路、中は拭板敷、南が三和土(たたき)の土間であり、ここが調理を

台所（熊本城天守穴蔵、熊本県立図書館蔵『御天守方御間内図』所収）

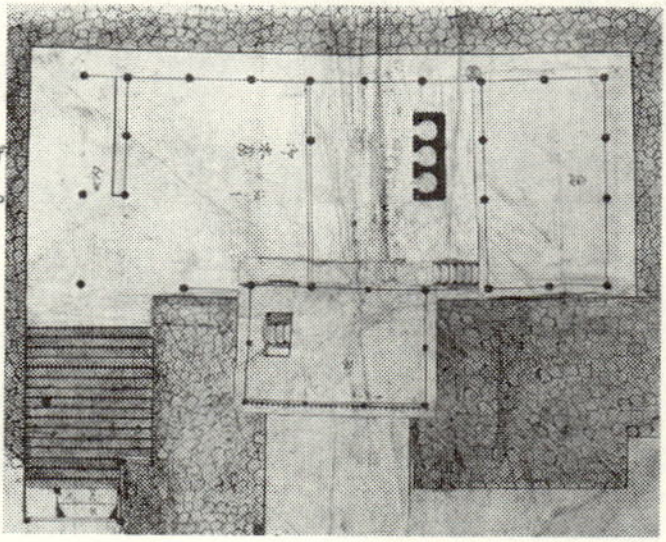

いろり（高梁城天守）

行う場であった。

次に便所であるが、これも居住性豊かな安土城天守には、登閣御門を入ったところに「せんちよ（洗所）」があり、さらには地階東北隅に「せんちよ（洗所）」「せうへんちよ（小便所）」があり、一応便所が区別されていたことも興味深い。丹波福知山城天守にも、地階入口土間の正面に一ヵ所便所があり、さらに一階東北部に規模「三尺×五尺五寸」の便所があった。安土城を真似た岡山城天守も古図から入口一階階段下に便所が認められることからすると、天守入口部と地階または一階の東北部すなわち鬼門に当たる艮（うしとら）に便所を設けるのが当時の常道であったようだ。しかしその便所の建築的構造はというと必ずし

野外便所（高梁城）

便所（姫路城大天守地階北隅）

も明確ではない。もともと不浄の名が残るように、臭気のため疎(うと)まれるもので、水洗式便所（かわや〔川屋〕）は想定し難い。一般的な据え置き形式（おまる）と考えられる。ただ熊本城の場合、天守台外に張り出して造作されていた。外部への「たれながし」である。

実存する城郭での便所は、姫路城大天守地階の北隅と西南隅（階段下）に三連ずつ便器を備えたものがある。先にみた天守入口（西南隅）と鬼門にあって便所の位置の典型をよく遺している。山陰松江城天守にも『竹内家覚書』所載図では、一階の南西隅と、四階西側破風(はふ)内に便所があった。天守建物外部の遺構としては高梁城本丸内の便所があり、野外の例だけに貴重である。

便所（松江城天守4階）

なお、天守内の湯殿としては、元和二年（一六一六）完成の津山城天守一階に設(しつら)えたものがあった。

18　鯱と瓦

鯱と瓦のいずれも屋根材料であるが、特に前者は想像の魚（鴟尾・鴟吻）が原型。胴体は魚形で頭部は竜あるいは獅子・鬼などの形に意匠される。伝説では、この魚は水を噴き浪激しく雨を降らせ、すでに漢では栢梁殿の火災後、越の巫女が火災除けの呪いとして申し立て、棟に付けるようになったという。北魏時代には石窟の彫刻に見られ、また南宋時代以後『五山十刹図』にも見られる。仏経の浄土変相図に描かれる理想の宮殿にみられる摩伽羅も同類である。

わが国の遺構としては大法寺観音堂厨子（南北朝時代）・大善寺本堂厨子（文明五年＝一四七三）・光明寺本堂厨子（明応七年＝一四九八）や大恩寺念仏堂厨子（天文二十二年＝一五五三）などの厨子大棟端部に飾られている。その他には、法道寺多宝塔（正平二年＝一三四七）の肘木、摠見寺三重塔（文安五年＝一四四八）蟇股、定光寺本堂（明応九年＝

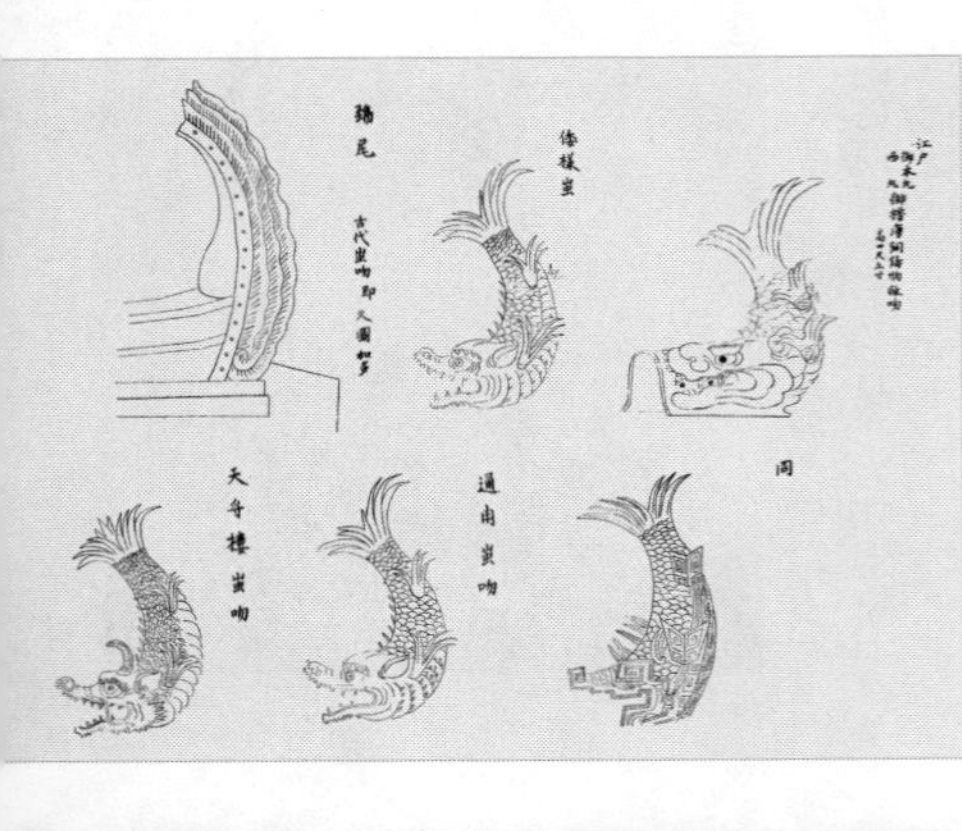

一五〇〇）須弥壇高欄など唐様建築に用いられるのが常であった。

城郭に用いられた始まりは、おそらく安土城天守からであろう。すなわち『天守指図』（静嘉堂文庫蔵）に「しゃちほこといふうをあり」はそれを推察せしめる。以後普及の一途をたどり、天正度大坂城天守を描いた『大坂夏陣図屏風』（旧黒田家蔵）には明瞭に鯱が認められる。特に天下人の天守には金箔置きの鯱があったようで、天正度大坂城・伏見城・江戸城天守は記録で知られるが、他に、名古屋

大恩寺念仏堂厨子の鯱

大善寺本堂厨子の鯱

石造鯱（丸岡城天守）

江戸幕府作事方大棟梁甲良家鯱雛形
（天保9年＝1838年『甲良若狭記』）

城の八・六五尺（約二・六メートル）の金鯱は天下に知られていた。金箔以外に青銅製や瓦製のもの、まれには石造もある（丸岡城）。大棟に雌雄一対置くが、棟の向きが南北の場合は北が雄、南が雌、東西棟の場合は東が雄、西が雌が原則といえる。なお新発田城天守は棟が三つあり、三匹の鯱がのった珍しい例である。

瓦は城郭建築で最も用いる屋根葺き材料の一つである。明確に瓦使用の記載のある安土城では「瓦は唐人一観に申付、唐様に仰付」とあり、明国人の一観を使って特に唐様の意匠および製法による燻黒瓦であった。『天守指図』に「かわらノはないつれも金なり」「瓦のこくち金銀を以」とあり、出土瓦よりして金箔押仕様の瓦があったことが明らかとなる。しかし、すべてが金箔瓦でなく、普通の燻黒瓦を多量に出土し、その他遺跡からは褐色・赤色瓦も出土し、南蛮人の諸記録には「青い瓦」ともあり、色彩多様な瓦の存在が、一応は推定されている。し

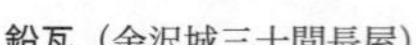
鉛瓦（金沢城三十間長屋）

かし褐色・赤色瓦は火災時による温度差から生じた現象（低温度では黄褐色から赤褐色、高温度では赤褐色から黒褐色となる）で、もともとは燻黒瓦と考えられ、「青い瓦」も南蛮人の色感の違いとみることもできる。また軒平瓦に鰭がつく、いわゆる「朝鮮瓦」は、聚楽城に初見し、以後岡山城・熊本城など文禄・慶長の役後一般化する。

他方、寒冷地では、土瓦の使用は凍てついて不可能である。諏訪高島城天守は板葺きであり、丸岡城天守は石瓦葺きである。寒冷地でなくとも上層では土瓦はいたみが早いので、金属瓦が求められた。記録では駿府城天守が最初で、一層のみ土瓦、二〜四層は白鑞（錫板）、五層は銅瓦で葺いた。名古屋城・寛永度大坂城・江戸城も銅瓦が使われている。他には戦時鉄砲弾に利用できるために鉛瓦葺きとしたという金沢城の例がある。なお瓦には、篦書・捺印・刻印などで製作者・製造地名・年月日を記録する場合があり、建造や修理の手懸りを与えてくれる。

朝鮮瓦（姫路城）

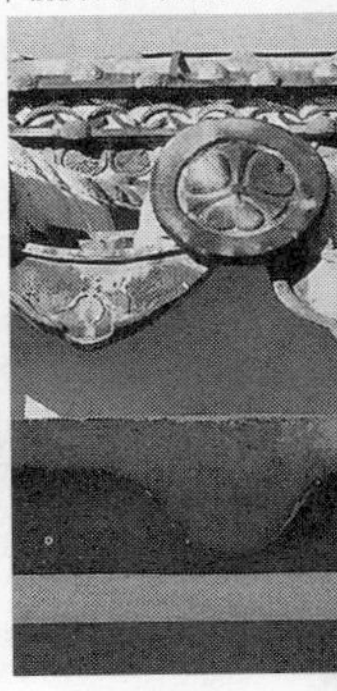

石瓦（丸岡城天守）

第四章　日本名城譜——その興亡の図像

日本の「近世」は、世界史的にみて、すでに「近代」である。
早くも十六世紀末から世界有数の都市化社会が成立し、
城、とりわけ天守は、地方の文化の象徴であった。
たとえば、アルプスの山脈に映える松本城の素朴な造形美は、
信州人の気風の反映であり、また噴煙けむる阿蘇を背景とする
熊本城のそれは、肥後人の剛毅を表徴している。
本章は、そうした地方文化の特性を、
主として日本史の動向に直接かかわった
いわゆる名城の興亡において
具体的に把える。

1　五稜郭〔形式　洋式平城〕

北海道函館に江戸幕府が直轄で建造した最後の城郭であり、別に「亀田役所」とも称す。もともとこの地は十五世紀中葉に聚落が開かれ、のち松前藩の統治下にあった。しかし享和二年（一八〇二）幕府は北方の要衝地として直轄下に置き、一時箱（函）館奉行に管理せしめたものの、再び松前藩に帰属した。

幕末の安政二年（一八五五）箱館奉行の竹内保徳・堀利熙らが太平洋・日本海を扼する蝦夷地箱館の警備に関して幕府に上申したのが、築城の端緒であった。

火器の発達の著しい諸外国勢に対しての城郭建造技法は、日本在来の築城法に代わって「稜堡型」の西洋式城砦が採用実施された。稜堡築城に関する知識は、既に三代将軍家光時に、軍学者北条安房守氏長が『由利安牟攻城伝』を編じていた如くであったが、一国一城令等の関係で実現の機会に恵まれなか

五稜郭石垣

った。

この五稜郭の設計および監督には、もと大洲藩士で測量・土木・造船に通暁し、箱館奉行配下諸術調所教授を経て、後に江戸開成所教授となった蘭学者武田斐三郎があたった。安政三年（一八五六）十月亀田御役所外構土塁普請掛として組支配頭河津三郎太郎、調役鈴木孫四郎らを任命、四年五月より測量を始め、十一月起工、堀割は松川弁之助、石工を井上喜三郎、大工中川源左衛門が担当した。

初期の計画では経費のかかる石塁ではなく、土塁に芝を張って崩れを防ぐ予定であったが、寒冷地のため凍土・融雪により支障が生じたので、急遽変更して石垣で築くことになった。この石垣材は近くの箱館山から安山岩を切り出して、初めは丁

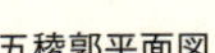
五稜郭平面図

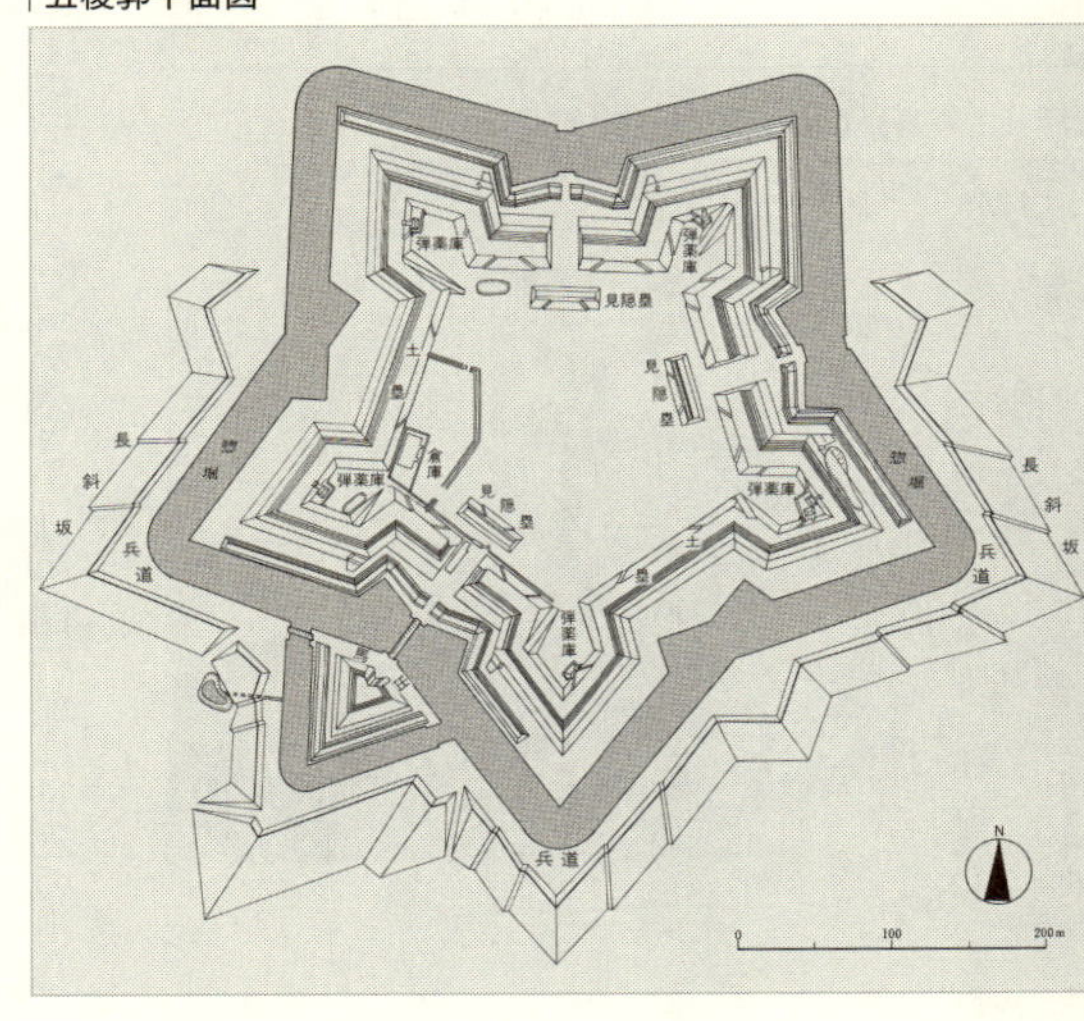

寧な仕上げであったが、足かけ七年に及ぶ工事で漸次資金が尽き、搦手側石垣は付近の川石に依っているほどである。

元治元年（一八六四）役所・役宅を含め竣工、六月十五日奉行所をここに移した。しかし完成後僅か三年にして大政奉還となり、翌明治元年四月に明治政府の箱館裁判所が設置されたが、十月旧幕府軍の榎本武揚・大鳥圭介らが最後の拠点として上陸占領、蝦夷島政府独立国を宣言して民政を布いたところであった。翌二年五月新政府軍の圧倒的な攻撃により降伏したもので、日本城郭史上実際の戦闘を経験した数少ない城の一つである。

城郭の縄張は五稜郭の名称が示す如く、五つの突角を持つ星形の平城である。ヨーロッパの『西洋諸州陣法術書』等外国城郭の研究で、特に十七世紀フランスのヴォーバンが考案し、モニタラーベルが発展させ

箱館奉行所〔古写真〕（函館市中央図書館蔵）

た多角式城郭理論に基づいたもので、側防のためM字形に曲折し、死角を無くして敵の攻撃に当たる意図がある（類似の築城には信州竜岡城・北海道四稜郭がある）。周囲約三・四キロ、直径約三四〇メートル、塁高約四・五メートル、総面積約一七・九ヘクタールで、南西側に大（追）手、北側に搦手、北東にも虎口を開く。虎口の内側正面に見隠石塁を築き、大手前方に半月堡（三角形の馬出）を設ける（この半月堡は各虎口に設ける予定であったが、経費の点で大手側のみに止まったという）。発達した火砲に対するために土塁は厚く、幅約三〇メートル、砲架を施設するところには胸壁を設けている（大手口・馬出）。

堀は付近の亀田川の水を引き、幅約三〇メートルの水濠とする。石垣積みの技法は在来の方法であるが、特に上端には外部に突出する桔出（腮石ともいう）形式で、品川台場・竜岡城なども同様の洋式築城手法を取り入れている。

なお城内の建造物は、一般の城郭と異なって望見できる天守・櫓の類は置かず、見透されない程の役所・役宅程度で、郭外に長屋を舗設した。箱館戦争当時、僅かに上げた奉行所庁舎の望楼が敵の攻撃目標となったことは、この城郭の城砦たるゆえんを示しているといえよう。平成二十二年に奉行所庁舎が復元された。

西洋の帝国主義国家が大砲等の軍事力を大量に行使した結果をふまえての築城である。

2　弘前城〔形式　連郭＋梯郭式平山城〕

弘前の地は、かつて鷹岡または高岡ともいわれていた。弘前と改称したのは、寛永五年（一六二八）のことである（『信枚一代之自記』）。その立地は、西に岩木川・駒越川、東に土淵川が流れ、その間の丘陵性台地（標高四五メートル前後）にあり、創建以来代々津軽氏一五万石の居城であった。

天正年間（一五八〇頃）、津軽一円を支配した津軽為信は、文禄三年（一五九四）岩木山麓の大浦城から、堀越の旧城へ移り、四万七〇〇〇石の大名として慶長八年（一六〇三）にこの高岡移転を計画した（『永禄日記』）。地形の吉凶を天文易学の沼田祐光が占ったという伝説もある。為信は、慶長十一年に高岡への移住を奨励（『永禄日記』『津軽記』など）したが、惜しくも翌十二年死没してしまう。跡を継いだ信枚は、幕府の許しを得て、翌十五年いよいよ築城の縄張を本格的に開始したのである。

この高岡築城の工は、南部氏や佐竹氏に備えて、幕府も積極的に協力したらしい。その縄張に強弓の名人で兵法の達人といわれる東海吉兵衛があずかるところ

あったという（『一木萩』）。工事開始は、二月十五日の吉日を選び、三月五日斧立の式を行い、惣奉行は宮館文左衛門、竿取（さおとり）（計画実施者）には谷口仁兵衛が当たっている（『永禄日記』）。また、江戸より検使兼松源左衛門・正木藤右衛門を始め、畳石築方惣奉行伊藤六右衛門ら数十人のほか、相当数の大工が派遣された。そして岩木山や大光寺城・汗石城・黒石城から石を引き出すなどして、奥羽ではめずらしく大規模な築城工事になったのである（『永禄日記』）。

堀越城下の町や寺社も移され、翌十六年には工事もほぼ終了したようで、五月には、信枚が新城に入り、次いで六月には、家康の養女満天（まて）姫を正室に迎えている（『寛政重修諸家譜』）。さらに、大坂の陣を控えた慶長十八年（一六一三）には、防御上の弱点である城下南方を固めるべく、普請奉行千葉喜左衛門に命じ、南溜池をうがつ時に人夫一万人ばかりを投入したと伝える（『封内事実秘苑』）。加えて同十九年には、城を見通すという理由

弘前城天守西面

で、城の地形より高い茂森山を削平して、長勝寺と茂森山の間に濠を掘り、ようやく縄張を完成したのである。

弘前城は、本丸を除いて他はすべて土塁で築かれている。城の西方は、崖と岩木川から成る要害であるため、二丸・三丸を東方へ順次規模を拡大して張り出す。そして、三丸北方には、三丸の濠と岩木川とを結んだ一郭を配し、一応は梯郭式の縄張となっている。しかし、中核となる本丸には小丸・西丸・馬出郭（うまだし）など小規模な曲輪が南北に連結しており、連郭式が加味されている点も見逃せない。その内郭面積はおよそ六ヘク

『津軽弘前城之絵図』部分（内閣文庫蔵）

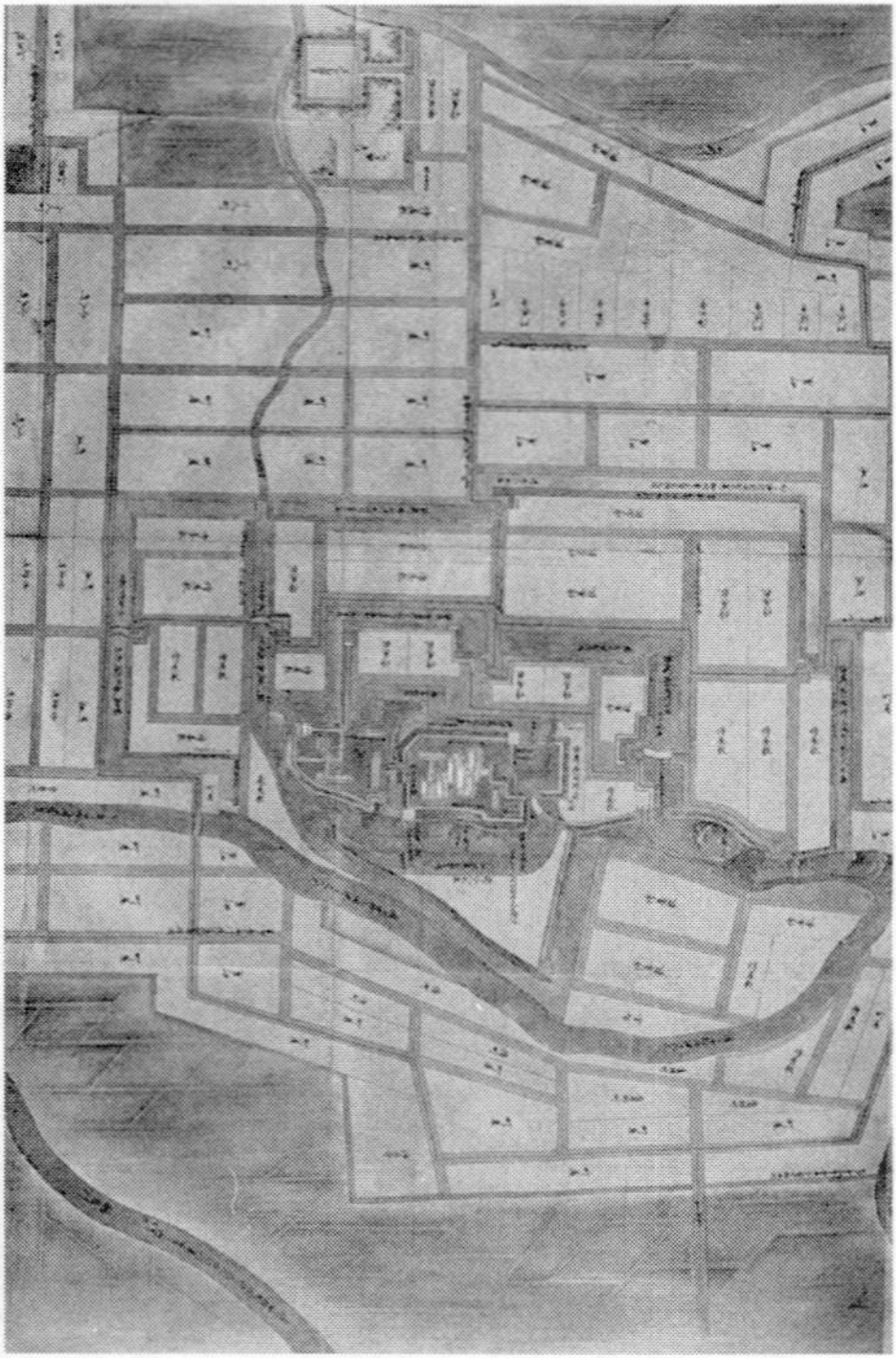

タールである。

二丸・三丸の堀割の形状は、北条流兵法の『兵法雄雌鑑』でいう陽の城（大将の居城）と陰の城（侍大将の国城）を併合した、いわゆる「陰陽の縄の図」に当たり、また本丸入口の馬出郭も北条流の「真の角馬出」の図によく相応する。おそらく兵法が体系化された当初の実験的な試みが反映された数少ない城といえるだろう。なお五層の天守は旧時、本丸南西隅にあった。寛永四年（一六二七）雷火で焼失、以来、再建されることがない。南東隅に建つ現存天守は、文化七年（一八一〇）建立の代替天守であるが、朱塗欄干橋の大手筋より眺める容姿は、小さいながらも、端正で美しい。

弘前城追手門

弘前城天守北東面

3 仙台城〔形式　梯郭式平山城〕

伊達(だて)政宗の居城仙台城は、一名青葉城ともいわれ、きわめて天然の要害に恵まれている。その政宗は、天正十八年（一五九〇）、小田原役での不手際によって、七二万石より五八万石に減封となる。ために同年出羽米沢から陸前岩出山へ移転したが、慶長五年（一六〇〇）には関ケ原役が起こり、六二万石に加増される。よって藩の領域がやや南方へ拡大し、再び城地の移転を考えるにいたり、その結果、要害に優れ、さらに広大な平野をもつ仙台を選んだのである。

そしていよいよ慶長六年、後藤孫兵衛(まごべえ)を総奉行として築城工事が始められたが、政宗は、早くも同八年工事続行中にもかかわらず、仙台城に入城している。その後、梅村日向(ひゅうが)・刑部(おさかべ)左衛門など城州や紀州から招聘(しょうへい)した名人級の大工棟梁等によって、慶長十五年頃まで、本丸御殿を始めとする仙台城および城下周辺の寺院等の建築が次々に建立され、町並の景観は、日々充実の度を増していったのである。

しかしながら、慶長末年（一六一五頃）から寛永年間（一六二四〜四四）にかけて、越後の高田や江戸城などで、幕府関係の築城や修築工事の助役を命ぜられ、かつまた大坂の陣などの出兵もあって、仙台城の構築は思うようには

進展しなかった。二丸が完成したのは寛永十六年（一六三九）であって、二代忠宗の時であった。以後、地震等の際の修築を繰り返しながら、子孫相継いで幕末に至ったが、藩の中枢機能は、徐々に二丸へ移行していったのである。明治維新時に、本丸・二丸御殿をはじめ、多くの城櫓が破却、ないしは焼失し、さらに昭和二十年、戦災によって大手門を失い、今日におよんでいる。

その城郭は、青葉山を開削した標高一三二メートルの台地に築かれている。西・南・北の三方が、崖地などによって囲繞され、したがって台地が傾斜して、城郭と結ばれる東方にのみ堀を切って、ここに大手をおいているのである。いわゆる梯郭式の縄張であって、本丸・蔵屋敷・二丸・西屋敷を併せると、およそ四四ヘクタールにもなり、内郭としてはかなり規模が大きい。

最も高い地形にある本丸は、要所に三層櫓・二層櫓・楼門などを配しており、約八ヘクタ

『芭蕉の辻之図』部分（宮城県蔵）

ールを有しており、西北隅には天守台がある。この天守台に、五層の天守が設計され、その雛形も作られたという。しかし、城郭が要害に優る高台にあったためか、複雑に動揺する時代の変革期にあってのことか、この仙台城には、ついに天守が造営されなかったのである。

慶長十五年完成の本丸殿舎は、玄関式台・遠侍と千畳敷といわれる大広間などからなり、将軍御成の可能な格式ある構えで、聚楽第に類すとまでいわれ、仙台城の政庁としての機能を果たしていた。現存する二条城などとは異なり、いまだ雁行形の殿舎構成に至っておらず、松島瑞巌寺と同様桃山風の特質をもった古式な形態であった。

この表向殿舎の東南に、中奥向殿舎として、虎間・祈禱所・書院・博多間・鷺間・焼火ノ間・御座間・数寄屋などが続き、さらに南側に奥向として、奥の御座所・休息所・寝所・長局・台所などが建っていた。

『奥州仙台城絵図』部分（〔財〕斎藤報恩会蔵）

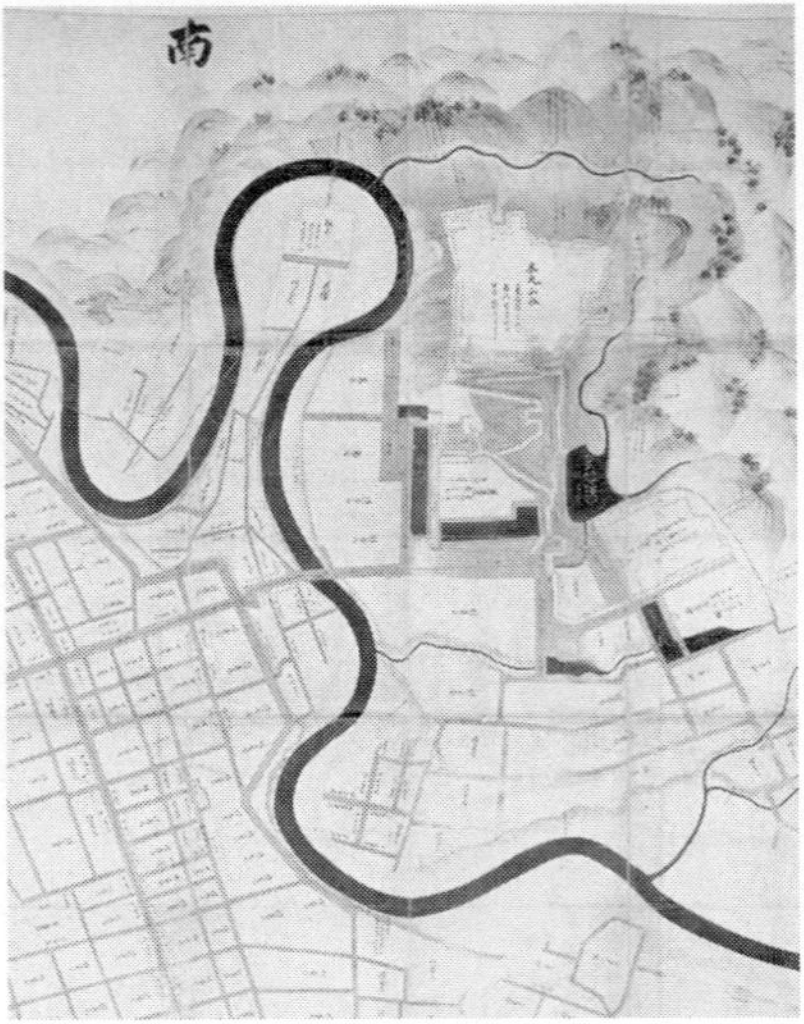

しかしながら、この本丸殿舎が実際に使用されたのは、政宗一代の約二十年間にすぎない。二代忠宗以後は、二丸が政庁の機能を果たしていた。約八・五ヘクタールの規模を有し、表向には玄関式台・広間・虎間・小広間・舞台などが建ち、中奥向には対面所・御座間・焼火ノ間・上台所などが続き、さらに奥向には御休所・御寝所・台所などが、雁行状に配置されていた。

また、二丸大手門は二層二階で、左右に隅櫓・多聞塀で繋がれる。肥前名護屋城大手門を政宗が譲り受け、移建したものと伝え、菊・桐紋を木彫で飾り、この伝にじゅうぶん応えるに足る豪華な様式をもっていた。

かくして仙台城は、桃山時代の最先端をゆく畿内の建設技術や文化を積極的に導入せんとしているところに大きな特色があるといえる。

仙台城大手櫓（復元）

しかし、こうした大建築は幾度かの火災で焼失し、特に大手門は昭和二十年（一九四五）の空襲で惜しくも焼けてしまい、現在、大手門につづく隅櫓が復元されている。

4 会津若松城〔形式 梯郭式平城〕

会津の地は、古くから磐梯山慧日寺の衆徒の支配するところであったという。寿永元年（一一八二）には、平泉の藤原氏の統治下となり、次いで文治五年（一一八九）には、鎌倉の支配が及ぶようになり、長い戦国期を通して芦名氏が台頭してくる。

芦名直盛は、至徳元年（一三八四）小高木（小田垣）に館を造り、黒川と改めて町造りをしたといわれている。天正十七年（一五八九）、摺上ケ原の戦いによって、芦名氏は伊達政宗に敗れ、政宗はこの黒川城に入ったが、翌十八年、会津乱入と小田原陣への遅延を理由に、秀吉により会津支配権をうばわれる。かわって同年、蒲生氏郷が九一万石をもって黒川城主となるが、それも束の間、文禄四年（一五九五）京都で没する。嫡子秀行が跡を継ぐものの、慶長三年（一五九八）には家中不和によって宇都宮へ減封となる。そこで上杉景勝が春日山より一

二〇万石で入城する。そして慶長五年には、若松城の北西、神指（こうざし）村に新城を築かんとしたのである。

しかし、これが原因で関ケ原役が起こり、役後の同六年、上杉氏は米沢へ左遷され、代わって徳川家康の三女振姫を妻にしていた蒲生秀行が、六〇万石で宇都宮から再び転封されてくる。寛永四年（一六二七）嫡子忠郷が早世、嗣なきをもって蒲生氏は封を除せられ、新たに加藤嘉明（よしあき）が四〇万石で伊予松山から入封した。この加藤氏も、寛永二十年二代目明成のとき改易となり、保科（ほしな）正之が二三万石で山形より増封となって移る。以来、若松城は、この保科氏（改め松平氏）によって幕末まで九代二二六年間経営されたのである。

若松城は、加藤氏の時、七層の天守を五層に改め、西・北の出丸を広げるなどの部分的修築はあったものの、基本的縄張は蒲生氏郷とその子秀行によって形成された典型的な平城である。氏郷は、文禄元年、黒川城の大々的な増築工事にとりかかり（『氏郷記』）、黒川を近

『若松城下絵図屏風』部分（福島県立博物館蔵

江蒲生郡若松森の名に因んで「若松」と改称したという（『会津四家合考』）。

縄張は甲州流で、家臣の曾根内匠などが当たったと伝えられる（『新編会津風土記』）。特に搦手筋の二丸・三丸を出丸形式で連結するところは技巧的といえよう。そして内郭の四方に土居を築き、特に城の東・西・北方向を固めるべく一六口からなる外郭を決め、町人と侍屋敷との居住区を分け、寺院を移転し、さらに近江日野からの商人のために日野町もわざわざ造成された。つづいて慶長十三年には、外郭の曲輪が完成し、二丸の堀も掘られ、のち石塁整備などがあって、ようやく若松城の結構は完成の域に達している。

城地は、東高西低の台地で、その南側を東から西にかけて湯川（黒川）が流れる。本丸は、城下町より一〇メートルほど高く、標高は二三〇メートルで、内郭面積はおよそ二一ヘクタールにおよぶ。

本丸・三丸の関係は概して梯郭式の縄張といえるが、各曲輪の堀はかなり変形しており

会津若松城天守（復元）

複雑な形状を呈している。たとえば大手筋は、三丸東側にあって白河道へ結ばれており、搦手筋の本丸西北には、本丸より一段低い帯曲輪を備えている。これら内郭部には、茶壺櫓（やぐら）や廊下橋が技巧的に設けられており、いわば山里の構成をもっているといえよう。本丸殿舎は、武家屋敷の規範に従って表向・中奥向・奥向の御殿群が雁行（がんこう）状に配されていたと考えられ、二階の石蔵をもつ梯立式五層大天守の存在とともに、仙台城をしのぐ奥州最大の城郭といえる。

なお、天守は明治元年（一八六八）の戊辰（ぼしん）役で破壊され、その後取りこわしとなる。昭和四十年に外観復元された。

また、近年の発掘調査によって、本丸御殿の一部の礎石が確認され、その結果に基づいて、移築されていた付属の茶室を旧位置にもどすなど、本丸内の整備が行われている。

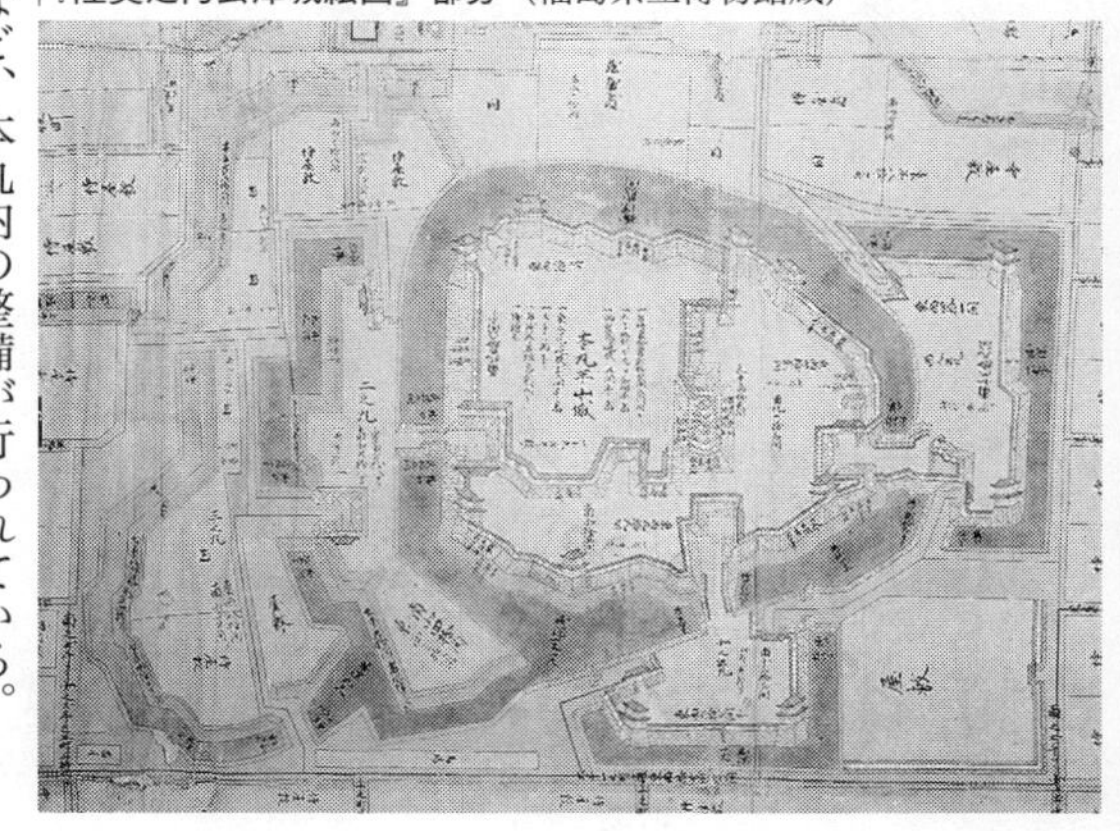

『陸奥之内会津城絵図』部分（福島県立博物館蔵）

5　江戸城（形式　渦郭式平山城）

「江戸城高くして攀ずべからず。わが公（太田道灌）の豪気東関に甲たり」（『補庵景三詩文』）といわれてきたように、江戸城の結構は、中世以来史上に名高い。長禄元年（一四五七）頃一応完成したらしく、『寄題江戸城静勝軒詩序』や『静勝軒銘詩並序』によると、中・子・外の三郭よりなる。中城は、のち徳川家康が築いた江戸城の本丸、子・外城は、二丸のあたりと推察されている。その周辺には、直参や家臣団の根小屋が配されていたと考えられ、物見を含めた二〇の櫓と五つの石門によって固められていたと伝えられる。

しかしながら、天正十八年（一五九〇）家康が入国した当時の江戸城は、荒廃をきわめていたらしい。芝土居がめぐる城内の建築としては、「日光そぎ」「甲州そぎ」といった山地農家同然の館しかなく、しかも玄関の登り板は、船板を転用していた（『慶長見聞集』『霊岩夜話』）。関八州二四〇万石の大々名の居城にしては、あまりに貧弱であったので改めて、大拡充計画が練られたのである。

さて、その徳川家による江戸築城の工は、家康以来三代将軍家光の代まで延々半世紀、都合四次に及ぶ。桃山時代に行われたのはそのうち第Ⅰ・Ⅱ期の分で、江戸時代の第Ⅲ・Ⅳ期工事と、その規模構成を、かなり異にしているから注意を要する。

第Ⅰ期は、入国の天正十八年より慶長七年（一六〇二）までの、家康によるいわゆる関東

第Ⅱ期江戸城図（松江市・松江城蔵『極秘諸国城図』所収）

首府建設期をいう。

道灌時代からの中・子・外の三郭を基本にしながらも、二〜三の空堀を埋めて内郭を拡張するとともに、新たに外堀を穿（うが）って外郭を加え、着実に近世城郭への発展を図っている。そして、文禄元年（一五九二）には、西丸を普請するまでになっていたが、同三年秀吉に伏見築城を命ぜられて、以後、江戸築城の工事は中止のやむなきにいたった。

したがって、慶長五年、関ケ原役の際には、三国無双といわれた難攻不落の大坂城と比べ、まさに雲泥の差があったわけである。関ケ原で東軍敗戦の場合を想定すると、家康はまさに薄氷を踏む思いであったに違いない。

第Ⅱ期築城の工は、家康が征夷大将軍になった慶長八年から、死没した元和二年（一六一六）までである。

全国統合の覇府として、江戸の役割が大きくなるにつれ、その城郭構成も飛躍的な充実が図られた。まず木材・石材など工事に必要な築城資材を城下に搬入するために、道三堀（どうさん）に通ずる平川河口を整備している。そして、翌慶長九年には、天下普請の大計画が発表され、加藤清正・池田輝政など主として西国筋の外様大

江戸城大手門

名が課役され、伊豆より採取した石材を用いて、当時関東ではめずらしい石塁構築が本格化した。この時伊豆には、各大名の石船が集結し、その数は三〇〇〇艘を数えたという。

やがて慶長十二年には本丸殿舎や天守があいついで完工し、ひきつづいて同十九年の大坂陣直前まで、幕府は主として西丸の充実に努めている。

ここにおいてはじめて豊臣家の大坂城に対抗できるいわゆる連郭＋梯郭式の城塞ができたわけである。

慶長度天守は、中井正清の設計になり、後世「権現様御好」と称される特殊なものであったようである。

天守台上一階平面規模は、一間を七尺（約二・一メートル）として、東西一六間（約三三・九メートル）×南北一八間（約三八・二メートル）、最上階（六階か）平面は東西五間五尺（約一二・一メートル）×南北七間五尺（約一六・四メートル）、天守台上端から大棟上端までの高さ一四六・二五尺（約四四・三メートル）であった（『愚子見記』）。

外観は五層（『慶長見聞集』）、内部は七階、すなわち天守台石垣上六階、穴蔵（地階）一階と推定される（『毛利家四代実録考証論断』）。

江戸城番所

そしてこの大天守を核に環立式の天守丸がある点、のちの第Ⅲ・Ⅳ期の構成と比較して、特に注目される。藤堂高虎・中井正清らによる縄張の技巧にたけた極めて実戦的構えとなっているのである。

江戸城は家康の没後、秀忠・家光によって、第Ⅲ期（元和三年～寛永九年）、第Ⅳ期（寛永十年～明暦三年）の建設が行われた。この後半期の建設によって、右回りのいわゆる渦郭式縄張が、主として都市外辺部の整備拡充計画として進展する。

すなわち、元和二年（一六一六）には、神田台を再び開削する工事が決行された。これによって平川の流路は変えられ、浅草川・隅田川と結ばれて、城下北東部の構えが固められた。加えて同五年には、内桜田から清水門までの大手側の石塁と、枡形の整備も行われている。

つづいて元和八年には、本丸北側の内

嘉永2年（1849）頃の江戸城内郭全図（『江戸城之図、吹上御庭全図、紅葉山全図』――以上甲良家史料、江戸総切絵図による）

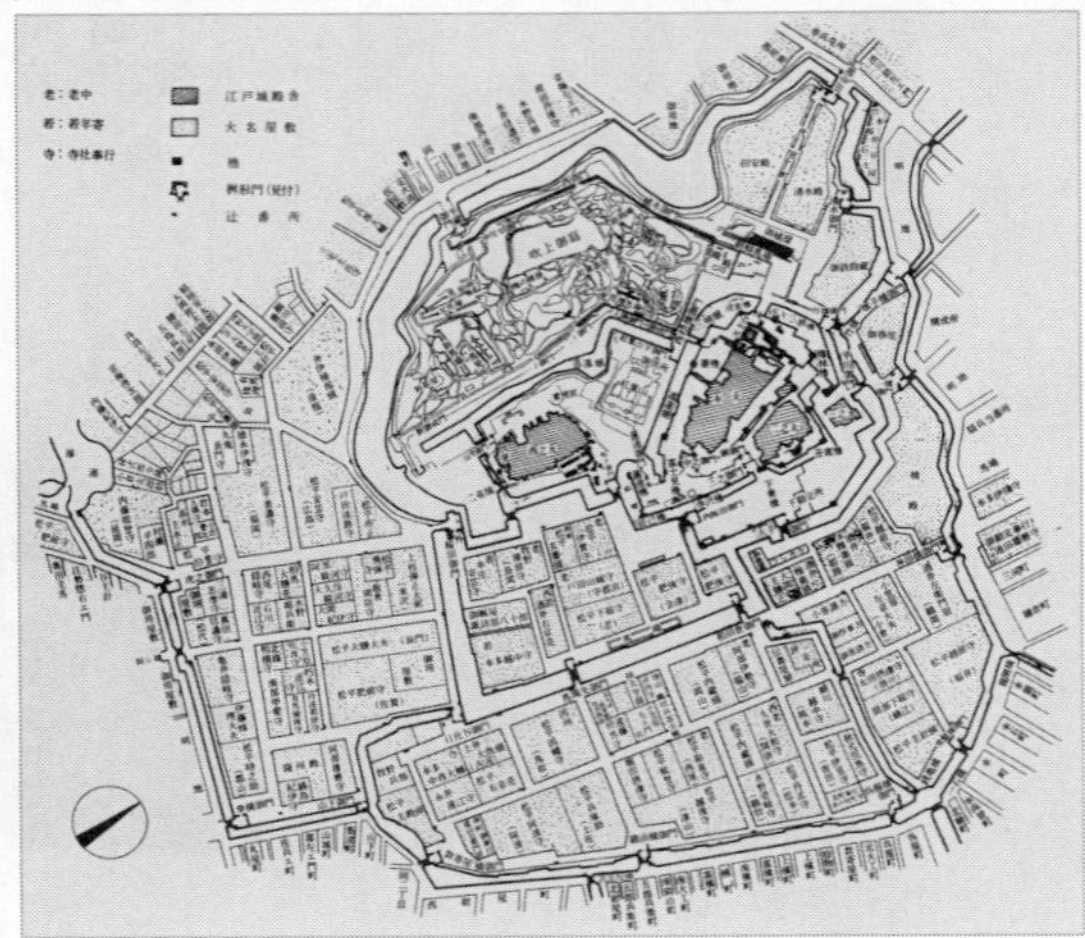

堀を埋めて、北出丸と本丸とを一体にする本丸拡張工事も始まる。同時に行われたこの本丸御殿の作事は、土井利勝・酒井忠世を奉行に、中井正侶・鈴木長次を大工棟梁として行われた。天守台構築は、阿部正之を奉行に九月から始まり、翌年三月成就した。この工事によって、天守が旧北出丸の位置（現在地）に移される。かくて本丸の結構は定まり、内郭面積は約二二八ヘクタールとなって以後変わることはない。この事実は意外に知られていないので注意を要しよう。

その天守は、近年発見された中井家の指図や『江戸図屛風』によれば、外観は黒漆仕上げ五層、内部石垣上五階であって、層階が一致する後期層塔型天守であった。天守台上一階平面規模は、七尺間で東西一六間×南北一八間と慶長度と変わらないが、最上階東西五間六尺五寸（約一二・六メートル）×南北七間六尺五寸（約一六・八メートル）、高さ一四八尺（約四四・八メートル）と、総じて慶長度よりわずかに大きくなっている。特に五層大屋根の軒出少なく、しかもこの軒高が四層以下

『江戸城天守之図』（某家蔵）

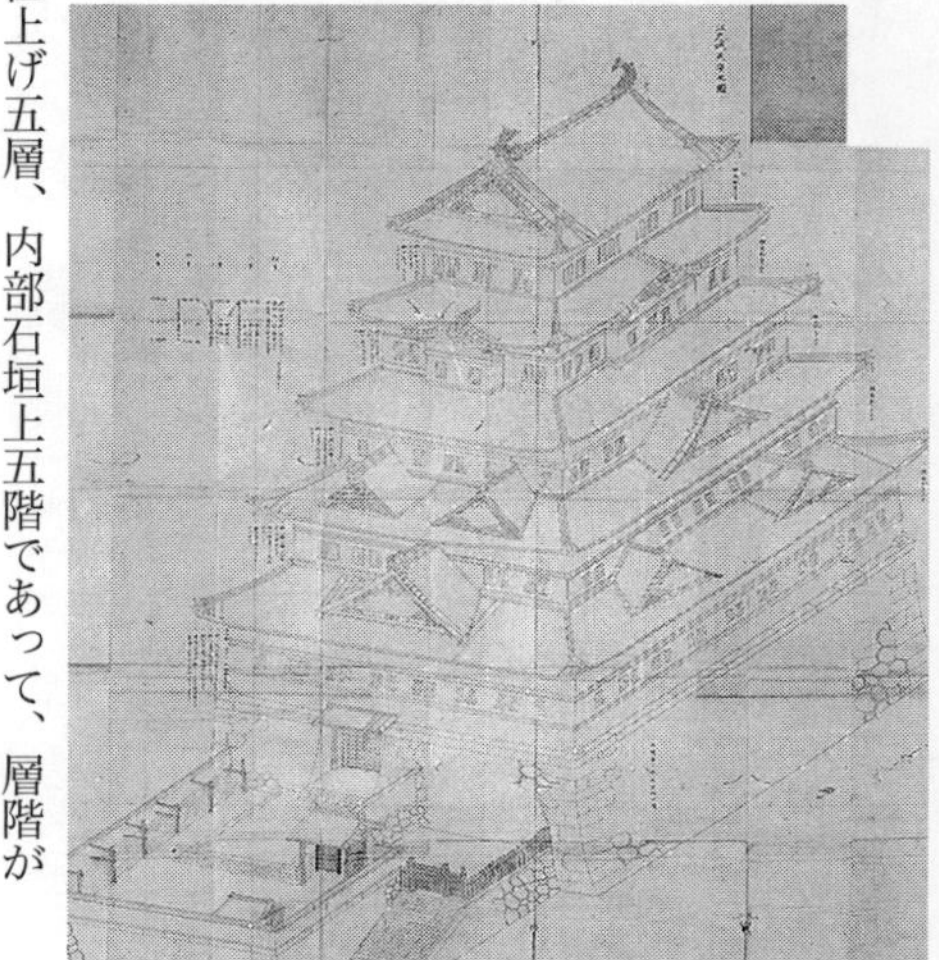

の逓減率からすると高く、概して安定感にとぼしいところに特質がある。

さらに、寛永元年（一六二四）には西丸殿舎の改築があり、同七年には二丸殿舎の新営も行われている。そして第Ⅳ期に入ると寛永十三年、溜池から市ケ谷を経て小石川に至る城の西北での濠の開削が決行され、これによって、江戸城の右渦巻状の全容が明確となる。また同年酒井忠勝を総奉行として、本丸御殿と小天守台を付設する天守台の修築もあった。

作事奉行牧野信成等の下に、江戸大工頭木原義久・鈴木兵九郎、京都御大工中井正純が共同して建設工事にあたり、翌寛永十四年八

寛永15年造営江戸城天守復元東立面図

月に元和度天守と同じ位置に、天守台が完成、九月には本丸殿舎が出来している。そして同十五年十一月頃には、外観五層、内部穴蔵一階、石垣上五階の後期層塔型天守の構築をみたのである。

寛永15年造営江戸城天守復元北立面図

天守台上一階平面規模は、京間（六・五尺＝約二・〇メートル）で東西一七間五尺（約三五・〇メートル）×南北一九間六尺（約三九・二メートル）、最上階六間三尺（約一二・七メートル）×南北八間四尺（約一七・〇メートル）で、それぞれ元和度よりわずかに大きくなっているが、高さは同一（一四八尺）である。そして元和度と異なり、「八方正面」を意識して四層の妻・平とも軒唐破風で飾り、

各階の平面・軒出・軒高・屋根勾配などが、一定の逓減をもった文字通りの層塔であった。

しかし明暦三年（一六五七）正月の振袖火事で、この天守・本丸殿舎を始めとする城郭と都市のほとんどを焼失したのである。この火災を契機として、城郭の縄張そのものは大様において変わりないものの、江戸を災害の面から根本的に考え直す都市改造が始まる。そのためまず基本となる江戸の実測図が作成され、この図をもとに、御三家・大名屋敷等の郭外転出など市街の整備が次々に実施されていった。吹上庭園が造成されたのも、このときからである。

江戸城の構成（右渦郭式）

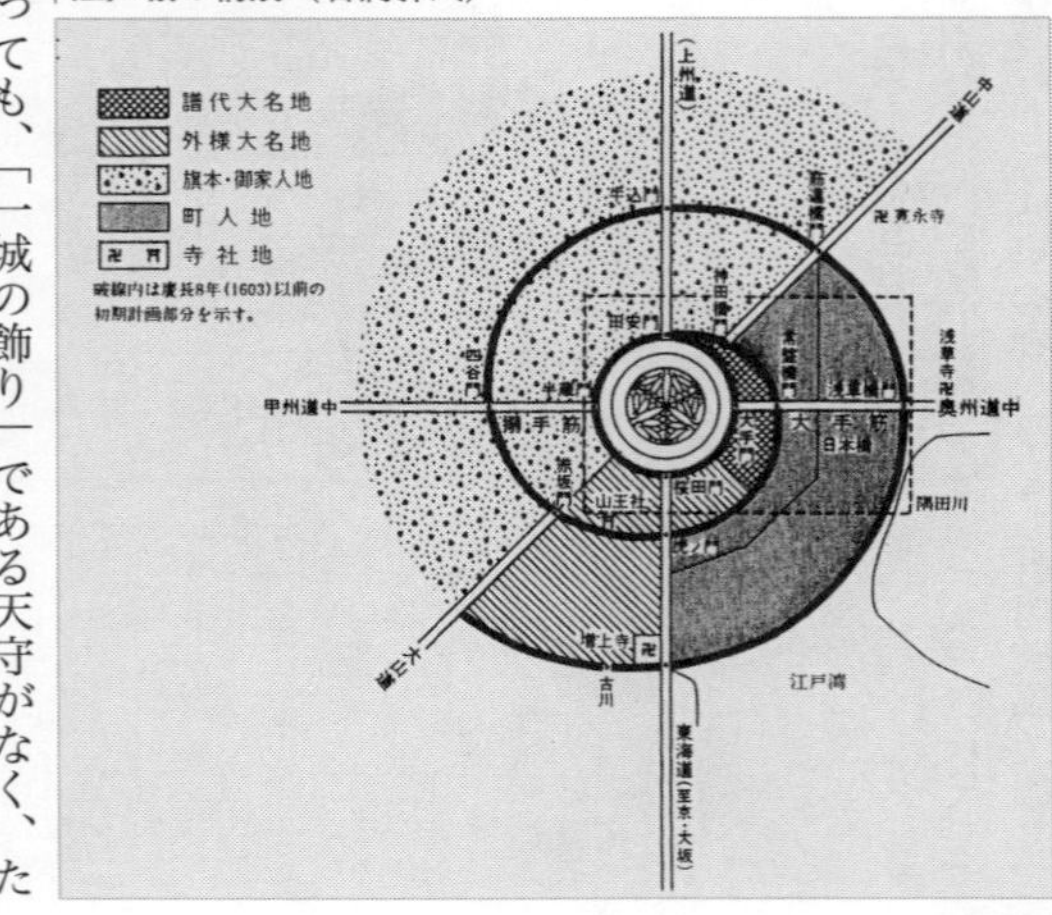

以来江戸城は覇府の構えを完成したとはいっても、「一城の飾り」である天守がなく、ただ城下の右渦巻の都市計画で、巨大都市江戸をとりこむ形式の理念的中核となる。

6　松本城〔形式　梯郭＋環郭式平城〕

筑摩・安曇両平野のほぼ中央に位置する松本の地は、古来「深志」と呼ばれていた。かつて国府がおかれたところでもあって、「信府」の号もあり、「中信」一帯の政治・経済を掌握できる位置にある。

この地に最初に要塞を構えたのは小笠原氏で、本拠である林城の平城砦が置かれたことに始まる。永正元年（一五〇四）には、一族の島立右近が移り住んだといわれ、天文年間の末（一五五〇頃）にいたって武田信玄が領有している。

天正十年（一五八二）本能寺変後は、小笠原氏が復して三丸を開き、城下を整備するなどして「深志城」を「松本城」に改めたと伝える。そして小田原役後は石川数正が八万石で入り、城郭を大改築して天守を完成させたのである。のち旧城主の小笠原氏などの譜代大名が相継いで入城したが、寛永年間（一六三三頃）に松平直政によって月見櫓、辰巳櫓が増築された他は、さしたる城郭の工事はなかった。

したがって、今日に伝える松本城は、石川氏のとき成っ

松本城大天守・乾小天守・辰巳付櫓・月見櫓

たものであるが、その創建に関しては、根本史料を欠いているため、種々の異説があって確かでない。いずれにしても、石川数正とその子康長のとき完成されたもので、文禄末年〜慶長二年（一五九六〜九七）頃にかけて竣工したものと考えられる。

さて女鳥羽川が城郭の東南を、また奈良井川が西方を走り、したがってこれらの河川によって形成された扇状地に城は築かれている。北より南に曲輪を配したいわゆる梯郭式の縄張であって、平城が普及する過程と関連が深いといわれる枡形・馬出が目立つ。特に、武田流の流れをくむと伝える馬出は、縄張の大きな特徴として注目したい。

本丸は、南北約一六〇メートル×東西約一九〇メートルとほぼ矩形で、内郭面積は約八ヘクタールである。本丸西南隅に雄大に聳える天守は、望楼型外観五層・内部六階で、東に辰巳櫓・月見櫓を付し、一応は「梯立式」であるが、北に小天守を「連立」しているので、「梯＋連立」式といえる。

この天守は、現存する大規模天守としては最古のものであり、先駆的な様相を多面的に汲みとることができる。すなわち平城においては、そのシンボルとして、山城や平山城とは比較にならないほどの高層化が重要課題となるわけであって、その構造的な問題を処理するために、土木の地

松本城大天守・辰巳付櫓・月見櫓

業（基礎工事）と建築工法に色々な工夫が窺えるのである。

松本城の場合、有機物の多い河川堆積層の上に構築されているため、天守台は、東北面において割栗地業を施し、また濠と接する西南面には、濠に筏地業というきわめて先駆的ともいえる技法を施している。さらに天守台石垣は、東西九間×南北八間で、内側に凹んだ綣形で、上端部平面は菱形に近い。この影響をうけて屋根は隅木を振れ隅にせざるを得ず、天守の各階平面の逓減率が一定していないこともあって、屋根の設計手法は総体として稚拙である。

このことは、松本城が前期望楼型天守にみられる下層の大入母屋を改め、やがて層塔型天守で特徴的となる寄棟形式の屋根を先駆的に採用している結果とも評価でき、望楼型の前期から後期へ移行する過程での設計者の苦心の程が察せられる。また同時に天守内部においても、安土城のごとき住宅的な色彩は少なくなり、矢倉と望楼の軍事的機能に徹しきっている点も見逃すことができない。

かくて松本城は、聚楽城や広島城とともに平城の典例であって、地方に大規模天守を造立していく過程での新しい時代への対応を多様に見出すことができる。

『信州松本絵図』部分（南波家蔵）

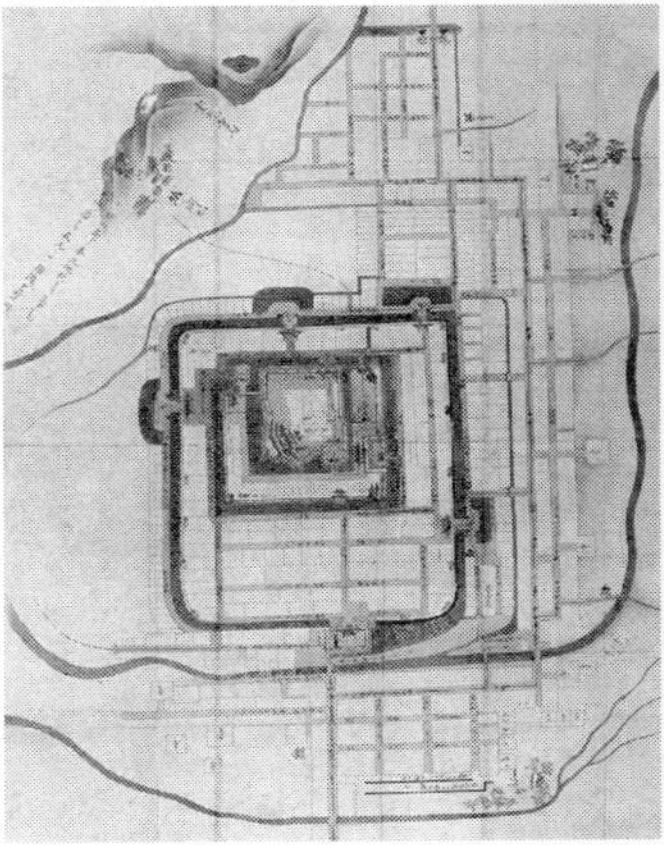

7 駿府城〔形式 環郭式平城〕

駿府城は、徳川家康終世の居城であり、江戸幕府の文化を正統的に定めたところであることは意外に知られていない。家康が江戸政権確立過程で、菟裘（ときゅう）の地として駿府（静岡県）を選んだ事由を、『嶽南史』第四巻所収「廓山和尚供奉記」は、以下のように伝えている。

予（家康）当国を択て住するに、凡そ五の故あり。一に曰く、我幼年の時、此処に住したれば、自ら故郷の感あり。忘るべからず。幼時見聞せし者の、今成長せしを見るは、なかなかに愉快なる事あるものなり。二に曰く、富士山高く北に秀いでて、山脈其の左右に列（つらな）れば、冬暖にして老を養ふに最も便なり。

さて陰陽学を前提にして、今日にいう静岡平野における駿府城の立地を改めて考察すると、南アルプス赤石岳（標高三一二〇メートル）山系の前山に連なる安倍川山地が玄武となる。

とりわけ安倍川の南下流を西側に配する賤機（しずはた）山丘陵は、その南端に古来以来の聖地大歳御祖（おおとしみおや）社の浅間（せんげん）神社があり、真富士山（標高一三四六メートル）を奥に、また南手前に竜爪山（りゅうそうざん）文珠岳（標高一〇四一メートル）の屹立をもってランドマークとするにふさわしい。すなわち、浅間神社を扇央とする東・南方に扇状地となる静岡平野は、東に駿河湾に面した有度山（標高三〇七メートル）を限りとして八幡山・谷津山の小丘陵で囲まれ、また西に安倍川をこえて高山（標高七一七メートル）、さらには藁科川を境としての志太郡の山稜が高草山（標高五〇一メートル）まで囲周されており、ここに四神相応の地を設定したわけであろう。陰陽書にいう「凡東下南下西北高大吉也」の地相である。

そこで問題になるのは、安倍川の流路である。静岡平野は、いわば安倍川乱流域であったから、少なくとも中世までの安倍川は、浅間神社の西側近辺までのまとまった流筋が分流していたのである。史料で知られるものでも、流路を大きく北に変えて臨済寺前を通り浅畑沼に入る北川、近世駿府城時に三丸外堀とされた横雄川、その他稲川、妹川等があって、近世の大城下町計画上、これ等の乱流路を整理して、四神相応の地に見立てる必要があったわけである。平安京造成時の鴨川、大坂築城時の淀川、江戸築城時の平川、神田川のつけかえに相当

『築城図屛風』部分（名古屋市博物館蔵）

する安倍川の治水を前提とした大土木工事である。『修訂駿府国新風土記』第十五に伝える「薩摩土手」の築造がそれである。

こうした静岡平野の自然地形における四神相応の見立ては、駿府城内郭の環郭式の、正統的縄張において際立つ。渦郭式の江戸城や姫路城の技巧的縄張と大きく異なるところで、家康隠居城としての特色といえる。

さて、徳川家康による天守は、築城前期を経て第Ⅰ期・第Ⅱ期・第Ⅲ期の都合三回の造営が認められる。

築城前期の天守は、『家忠日記』により「小伝(天)主」があったこと以外、詳細は不明であるが、天守自体の縄張類型からすれば、とりあえず連立式天守であることが推定されるにとどまる。それも天正期の建立年代からすれば、前期望楼型とみる以上の具体的様式推定は不可能である。しかし、江戸幕府成立後の第Ⅰ期駿府城天守については、史料があり、後期望楼型と確定できる。

第Ⅰ期の天守が、本丸西北隅に計画されたことは、慶長十二年(一六〇七)秋の天下普請による「駿府城二之丸石垣丁場図」(『清光公済美録』所収)に明らかである。同年五月二十三日「天守の根石置始」、続く六月二十三日付米津親勝、板倉勝重連署書状(『中井家文書』)によると、工事の設計施工の最高責任者(御大工頭)中井大和守正清に普請割の確認を受けており、本格化の模様が知られる。そして、慶長十二年秋から冬にかけての駿府城普請の情況を伝える『駿府築城図屏風』には、天守・小天守を連立した本丸建築群が描かれている。屏風絵としての限界はあるものの、一応の建築様式理解には役立つ。

すなわち、天守は、外観七層回縁望楼型で、かなり複雑な屋根構成を示す。まず第一層にたつ大破風(はふ)は、二層腰屋根下におさまってはいるものの、梁間規模からして現実には熊本城大天守（慶長五〜十年頃）と同じく二層腰屋根を突き破って比翼入母屋(ひよくいりもや)の三層屋根下に至る構造の変形描写であろう。

四層は、一層同様の大入母屋破風をたてているが、その平側に小破風を付す複雑な構成で、実例を知らない。おそらく風抜き程度の小破風を軒先に二連し、大破風と共に三連とした描写がなまったものと思われ、安土城天守東面に先例があり、駿府城と同時期のものでは、彦根城天守に遺構がある。

次の五層唐破風は、直下四層大入母屋破風を受けたデザインで、三角破風の頂点に半円の唐破風をかぶせて組み合わせる意匠は、姫路城（慶長十四年＝一五九九）、名古屋城（慶長十七年）等の実例があり、同時期の後期望楼型から前期層塔型天守にみられるデザインの定

慶長度駿府城本丸平面図

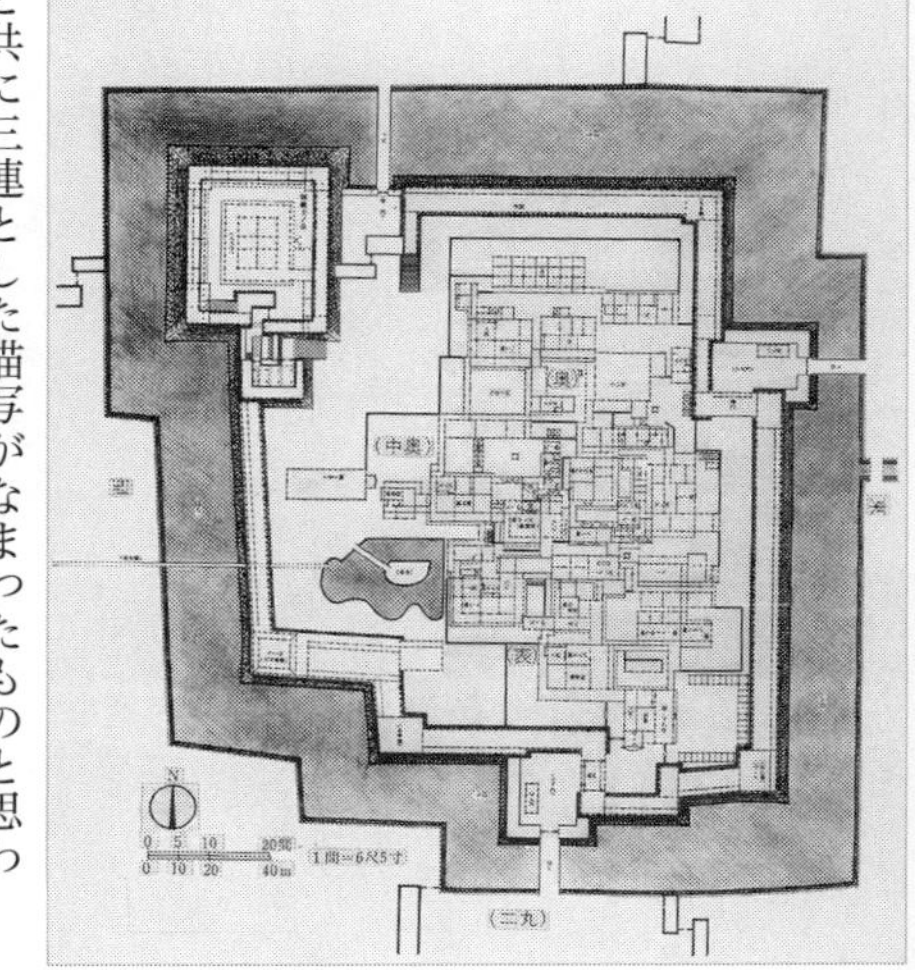

法である。

そして最上階の回縁は、望楼型天守の特徴とするところで、天守様式の編年からすれば、確認されるだけでも、安土城（天正七年＝一五七九）→大坂城（天正十三年）→聚楽城（第）（天正十五年）→肥前名護屋城（天正二十年＝一五九二）→伏見城（慶長七年頃）→二条城（慶長十一年）といわゆる天下人の作事になる大天守に通見される様式である。

特に壁には朱茶塗りの柱型をだす真壁仕様が認められ、当時伏見城、二条城等で家康が好んだ御殿風の華麗な建築様式である。複雑にして技巧的な屋根のデザインと併せ考えると、どちらかといえば実戦向きでない駿府城の性格を如実に示している。

駿府城第Ⅰ期天守の慶長十二年（一六〇七）十二月二十二日の失火焼亡による再建工事は、御大工頭中井大和守正清の新たな設計施工によって、幕府の威信にかけて急速に遂行される。そこでは天守の縄張自体に大きな改良が加えられ、意匠はもとより、耐火性を増す構法をとる。

大日本報徳社蔵『駿府府中御城図』は、慶長十三年

駿府城天守（日光東照宮宝物館蔵『東照社縁起絵巻』巻二）

造営の第Ⅱ期御殿を描き、その天守台内部には、四方に櫓を配し、中央に天守を置くといった異色の環郭式天守であったことが示されている。つまり天守は、天守台の石塁上にのっていたのではなく、その石塁の内部に建ち、四周を櫓と多聞で囲まれており、極めて特異な構造をとる。上記の平面の規模は、ちょうど天守台石塁の内部におさまることになり矛盾なく理解される。

駿府城第Ⅱ期天守様式に関する史料を紹介・分析すると、当代記類と慶長日記類の二様があり、その差異は左記のように二、三、四階の仕様に限定され、慶長日記類の記載が正しい。

	当代記類	慶長日記類
六階	屋根	屋根
五階	屋根、破風	腰屋根、破風
四階	腰屋根、唐破風	腰屋根、破風
三階	腰屋根、破風	腰屋根、唐破風
二階	腰屋根	四面欄干
一階	四方欄干	四方椽（縁）
地階	四方落椽（縁）	四方落椽（縁・階）

以上により家康の隠居城にふさわしく、実に華麗なデザインがなされ、材質も金・銀をふんだんに使った贅沢な意匠であったことが偲ばれる。そしてそのデザインは、駿府城の天守奉行小堀作助（のちの遠州）であり、御大工頭が中井正清であったことからも、名古屋城の様式に受け継がれたものと考えられる。特に屋根の金属瓦の使用は、駿府城をもって嚆矢（こうし）となし、その建築技術史上の意義は大きい。

そして、内部の意匠については、六階が組入天井であったこと以外は、ほとんど記載がない。唯一といえる記載として『武徳編年集成』に「各絵極彩色也」とある。これから推測すれば、天守内部の襖（ふすま）には、金箔張りの極彩色の華麗な障壁画が多数描かれていたと思われる。特に地階、一階、二階は、御殿風のデザインがされていたことから考えても、数多くの障壁画で飾っていたことは、想像に難くない。

また、本丸御殿については、『駿府記』慶長十六年十月六日条に、「召画工狩野、大内図幷日本大社図新造之、前殿可書之由被仰出、則画工舟橋式部可相談云々」とあり、内閣文庫蔵『駿府往来』にも「御殿御座敷は天竺震旦日域無其隠狩野一類幷長谷川法眼以金銀五色之絵具振筆尽也」とあることなどから考えて、天守の障壁画の狩野派を始めとする当代一流の画工たちによるものであろう。

以上を総括すれば、第Ⅱ期駿府城天守は、大天守を中央に置き、四周に多聞と隅櫓（小天守）をめぐらす環立式の回の字形であったことを確認できる。環立式は、例えば和歌山城天守、慶長期江戸城天守、姫路城天守等にみるごとく、天守・小天守を多聞で連結して環立せしめる形式が一般である。したがって第Ⅱ期駿府城天守は概して特異例といえ、やや似た実例としては寛永期淀城があるにすぎない。こうした特異形式をあえて選択した事由を求めるに、次の二つが考えられる。

第一は、第Ⅰ期天守の焼失後短期間に再建する必要上、第Ⅰ期の焼失天守台をそのままにして、その外辺に新たな天守台を付加せしめた。

第二は、天守にあくまで安土城以来の伝統をのこして居住施設を整え、武家政権の行政府としての機能をもつ必要上、古典的なデザインを天守様式に求めた。地、一、二階をめぐる多聞一階との空間は、安土城天守地階から三階吹き抜け空間と見事に照応している。

第二の事由は、家康は晩年に宮廷風ともいえる意匠を好んだことでも裏付けられる。本丸御殿の広間に「南殿」、対面所に「前殿」の別称を用い、しかも長局（ながつぼね）に禁裏と同じく「坪の内」を設定している点等からして、信長の安土城同様、天守様式に天下の政庁としての機能と意匠を究極に求めた歴史的特質を指摘しておきたい。

要するに、「天下の格」において、古代宮廷文化↓中世の武家文化を正統的に継承すべき文化意識に醸成されたものと思われる。足利義満の北山殿金閣や、織田信長の安土城天主の伝統に直結する造形であり、従来ほとんど知られなかった駿府城の特質である。本丸御殿を含めた城郭建築の総合像において、至高の文化性を近世にあらためて先鞭（せんべん）として整えたのである。この駿府城の存在あってこそ、江戸幕府は、江戸城、名古屋城、二条城を通じて、日本の近代（世）文化を三世紀の永きにわたってリードできたわけであろう。

8　名古屋城〔形式　梯郭式平城〕

慶長五年（一六〇〇）関ケ原役を前後とする尾張の戦略的価値の変化は、名古屋築城の先史として、もっとも注目せねばならない。室町幕府を支える一体制としての尾張守護＝斯波（しば）氏の分裂、その守護代＝織田氏一族の内部抗争、そうした戦国動乱期から身を興して尾張を統一、清洲（きよす）に城を構えてやがて入洛の夢を果たす信長の軌跡がそのまま示すように、伝統的に尾張は京の文化圏に吸収される地理にあった。

天正十年（一五八二）本能寺変後、尾張支配は、織田信雄（のぶかつ）↓豊臣秀次↓福島正則と三転しているが、それにしてもなお、京・大坂を本拠とする豊臣政権にとっての尾張は、東国への前衛とする古代以来の図式を変えるものではなかった。

しかしながら、関ケ原役で福

名古屋城本丸御殿復元模型——再営期（文政5年頃）

名古屋城西南隅櫓

島正則が東軍に参じ、尾張支配の拠点＝清洲城が、東軍の主要作戦基地となるに及んで、尾張の戦略的価値は大きく逆転する。すなわち、これまでとは逆に、江戸幕府の西国に対する前衛と考えられるようになったのである。家康は、四子の松平忠吉を清洲城主として、わざわざ武蔵国忍(おし)城から移封している。

当時清洲城は、「関東の巨鎮」（『東槎録』）といわれるまでに充実していたが、五条川流域に形成された平城ゆえに、籠城の際の水攻めには弱い立場にあり、用意周到な家康からすれば、「天下を分ける」非常時に、江戸の前衛として完璧なる

名古屋城天守遠景（復元）

城構えたり得るかが憂慮されていた。病没した忠吉の跡を弟の義直が継いでからは、義直の母（相応院）の縁戚にあたる山下氏勝の建議により、慶長十四年正月、清洲城の遷府先が検討された。那古野・古渡・小牧のうち、東海道・中山道を扼し、熱田の良港にめぐまれた那古野台地が選ばれ、清洲の城と城下町を移して、名古屋と改名し、かつての那古屋城の地を中心に、尾張徳川家六二万石の平城の縄張が施されることとなったのである。

翌慶長十五年（一六一〇）からは、いよいよ天下普請が本格化する。主として西国・四国・九州地方の福島正則・山内忠義・加藤清正・黒田長政など外様大名が助役して、普請奉行佐久間政実、作事奉行小堀遠州、御大工頭中井正清など、伏見築城以来、江戸幕府の

『中御座之間北御庭惣絵』（蓬左文庫蔵）

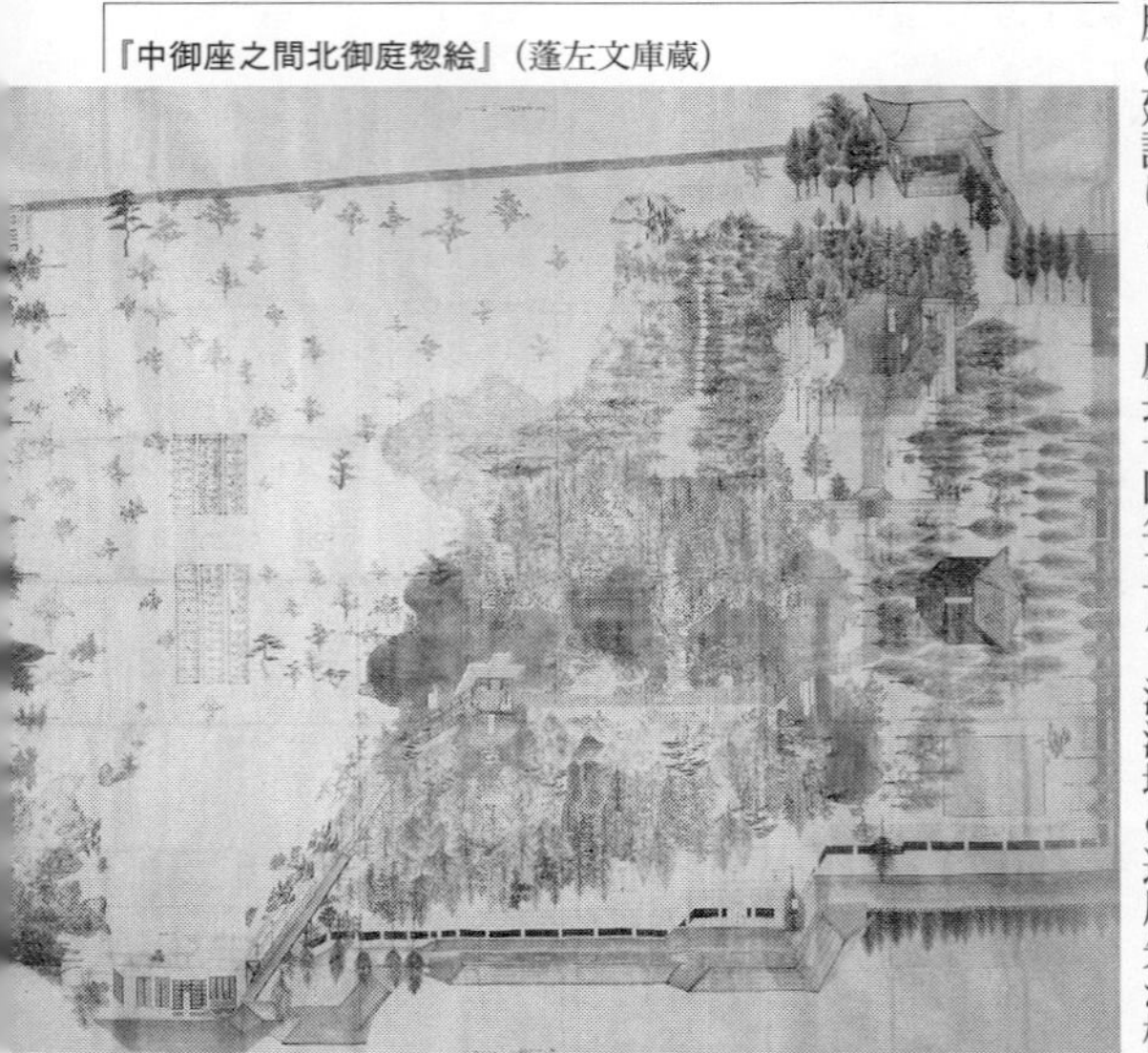

名古屋城本丸平面図（構築期；慶長16年〈1611〉頃
——『なこや御城御指図』〈中井正知氏蔵〉を実測図上に復元）

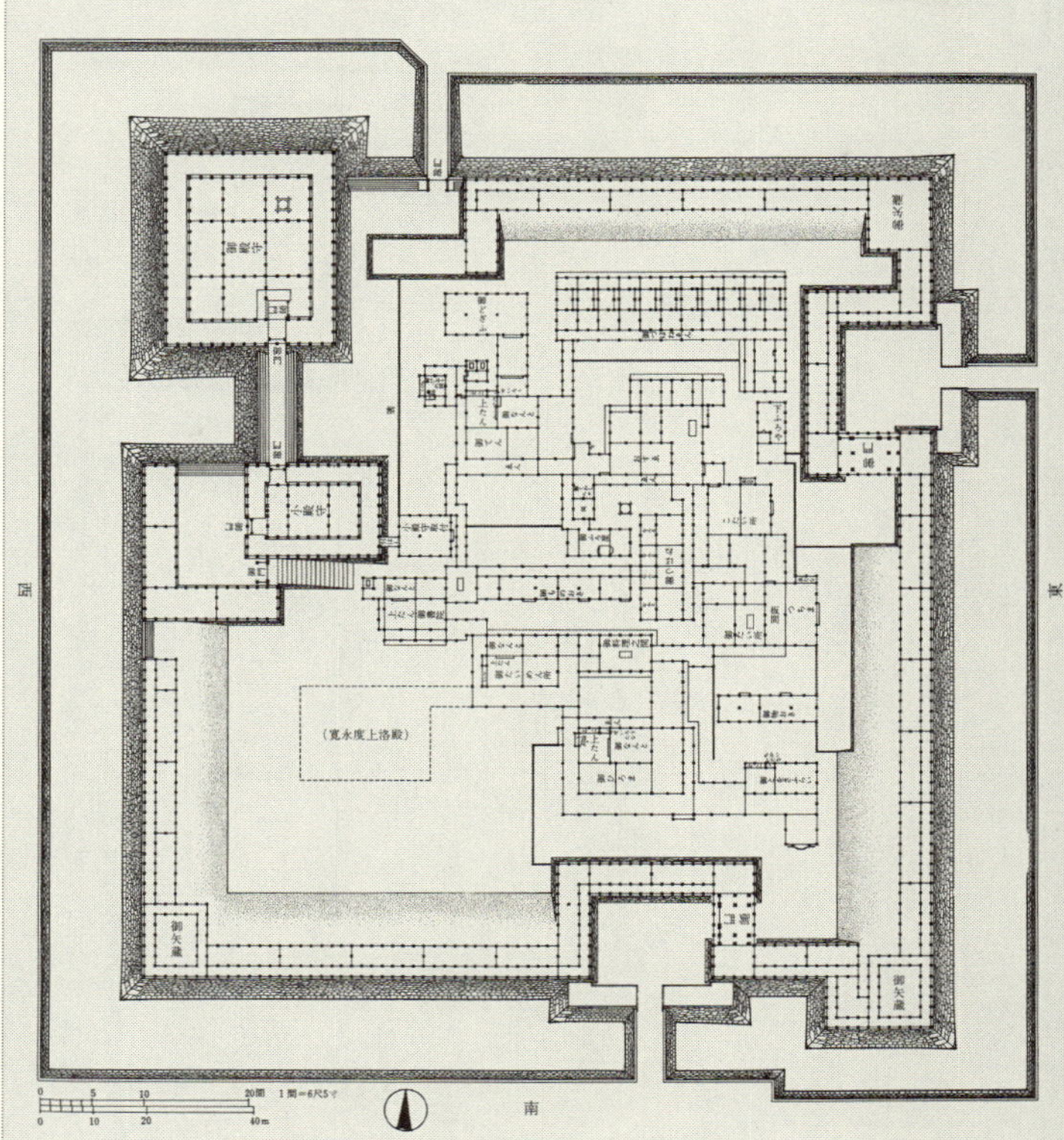

名古屋城二丸平面図（創建期；寛永初年〈1624〉頃——二丸址実測図上に『尾州二之丸御指図』『中御座之間北御庭惣絵』を復元）

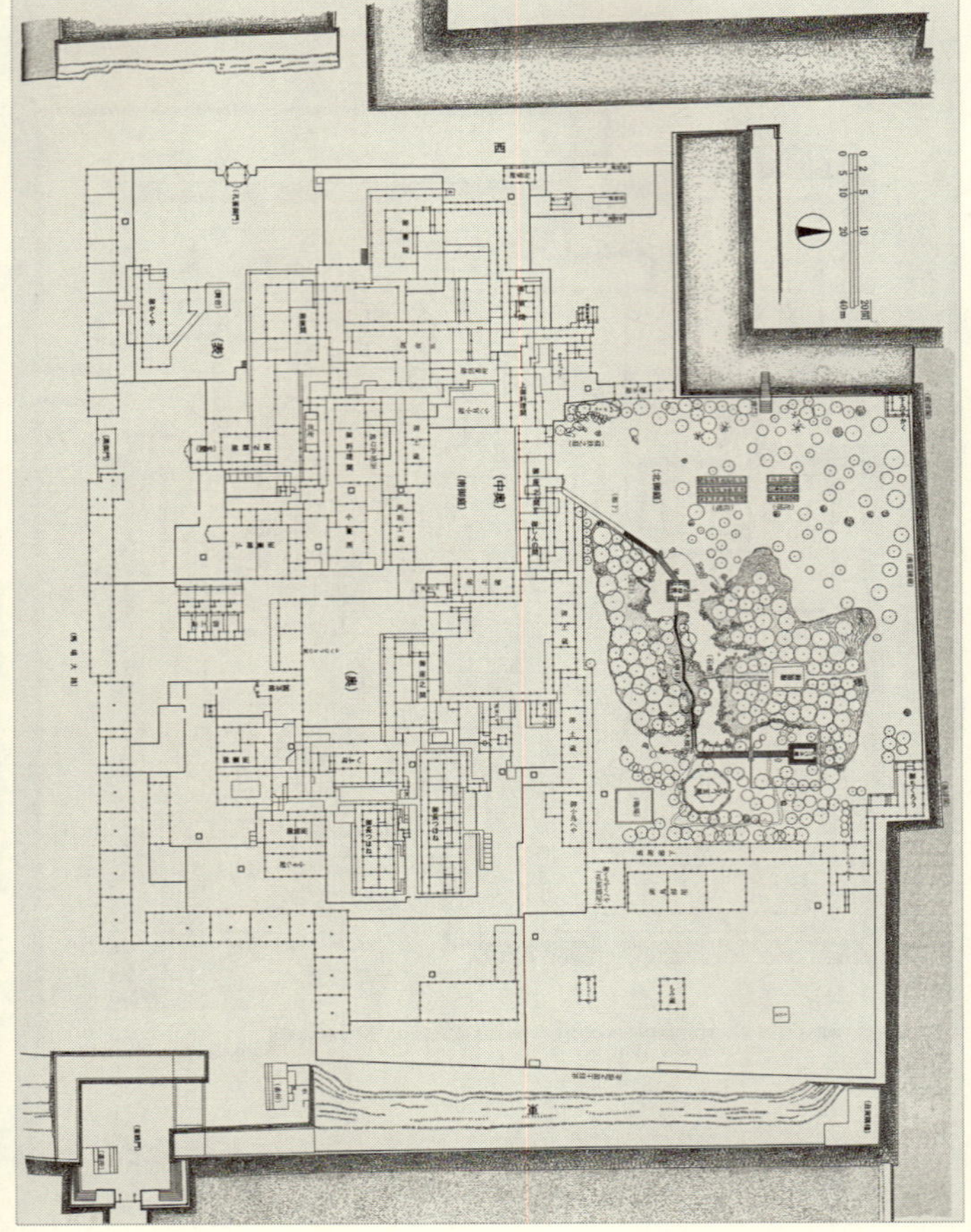

さまざまな工事で経験を積んだテクノクラートが指揮したのである。

加藤清正が天守台構築を終えたのが八月末で、清正流石塁（一八三ページ参照）の典型とされる。その他、本丸・西丸・深井丸の石塁も九月までには完成、つづいて熱田より内郭西側まで堀川が開削される。建築工事は慶長十六年より始まり、大坂方を意識してか、まず天守が最優先されて建造され、翌十七年末には小天守・櫓門をあわせて、一応城郭としての構成が出来上がったようである。そして本丸御殿と三丸外郭工事は、大坂夏の陣直前まで続行された。

こうして形成された名古屋城は、内郭面積約三五ヘクタール、梯郭式の代表的な縄張である。天守は本丸の北西端に建つが、南に小天守を連立し、最初は西にも小天守を配する複連立式天守さえ考えられていた。地盤の関係からか、おしくも実現はされなかった

名古屋城御殿上洛殿一之間内部北東面
（『国宝・史蹟名古屋城』所収）

が、それでも外観五層・内部石蔵一階・石垣上五階の前期層塔型の天守は、屋根瓦に銅をふんだんに使用（創建当初は五層目のみ銅瓦葺、宝暦大修理で二層目から四層目も銅瓦葺に変更

名古屋城大天守・小天守西立面図

名古屋城大天守・小天守南北断面図

するとともに、すべての妻壁を銅板包みとした）、外壁を総塗籠にして耐火性を高度に保有し、隠し狭間や石落しを十二分に備えた城郭史上最盛期の技巧を示す。しかし、昭和二十年、戦災で焼失し、同三十四年に、大天守・小天守は正確に外観復元されて、加藤清正が築いた美しい寺勾配の曲線を持つ石垣上に建っている。

なお、近年、徳川美術館内に、本丸御殿対面所上段の間（部分）、二丸猿面茶屋、同能舞台が原寸復元され、また本丸御殿障壁画の復元模写作業が継続的に行われている。またその障壁画を飾る本丸御殿が現在復元中である。

名古屋城大天守・小天守・御殿・東門南立面図

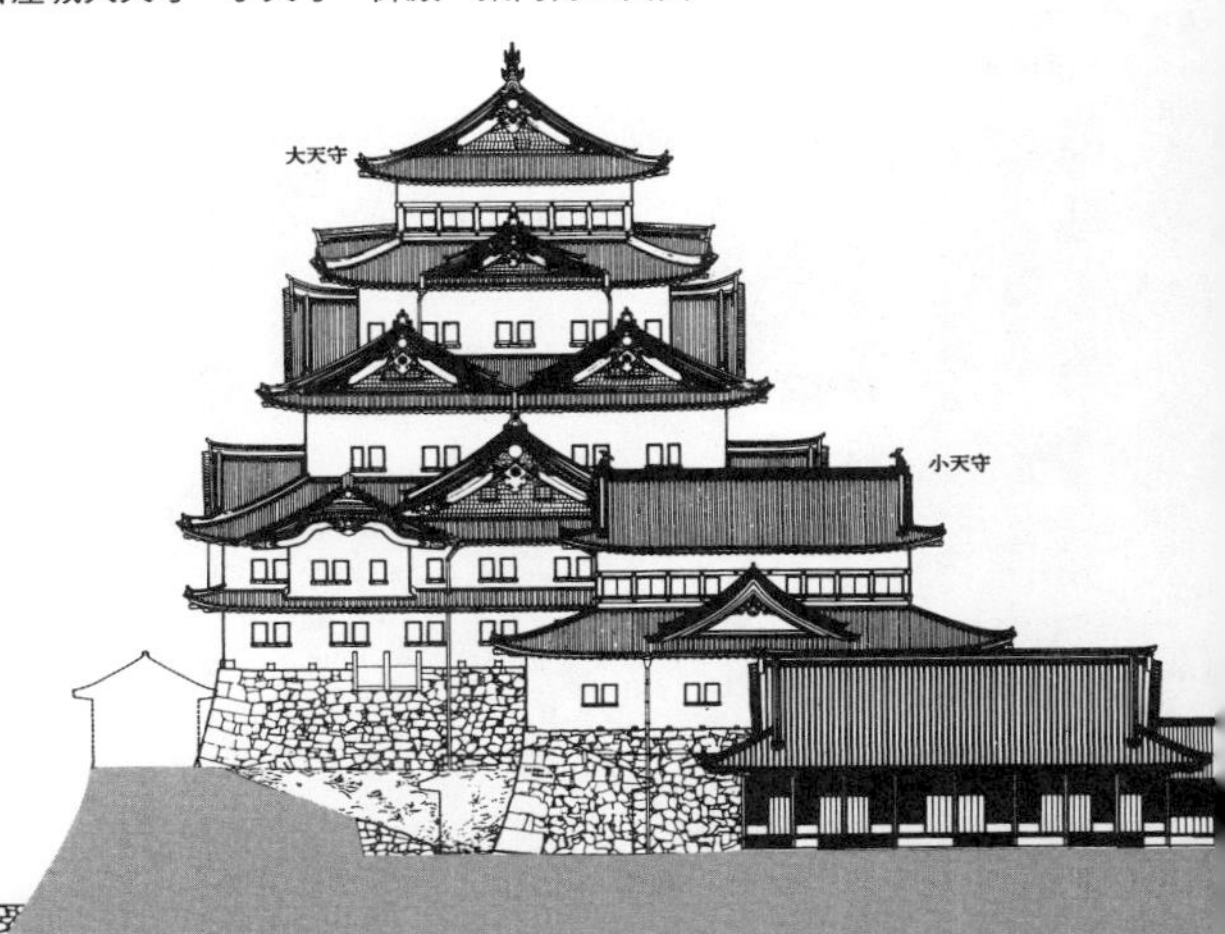

9　犬山城〔形式　梯郭式平山城〕

犬山城は木曾川南岸の丘陵上に建つ平山城で、俗に「白帝城」とも称される。

現在地の東南約一キロメートルの平地木下邑（きのしたむら）に、尾張の守護斯波（しば）氏の重臣織田広近が、文明年間（一四七〇頃）に築城した木下城をもって、その草創とする。その後、斯波氏の勢力が衰え、代わって織田家が支配するところとなり、織田信康の代にこの木下城を廃城とし、現在地に移城したのが現存犬山城と考えられる。

信康の後は、織田家興亡の歴史と目まぐるしい城主交代を経て、文禄四年（一五九五）に石川光吉の居城となった。その後、関ケ原合戦後の慶長六年（一六〇一）から尾張徳川忠吉の老臣小笠原吉次（よしつぐ）、慶長十二年から徳川義直の老臣平岩親吉（ちかよし）の居城となり、慶長十七年から同じく元和三年（一六

犬山城天守

一七）までは城主不在となる。この間、元和元年に「一国一城令」が布告されるが、御三家尾張徳川の出城的性格から存続を許され、元和四年からは尾張徳川家の重臣成(なる)瀬(せ)正成(まさなり)が城主となった。以後、成瀬家九代の居城が続き、明治維新を迎える。

創建当初の縄張については不詳であるが、成瀬家以後は絵図によって明らかである。まず正保年間（一六四五）頃は、天守の南に本丸が広がり、その南方に丘陵にしたがって低く二丸、三丸が続き、その南方平地部分は侍屋敷となる。これらを取り囲んで東・南・西の三方に堀をめぐらし、南面中央に大手枡形を設ける。典型的な梯郭式平山城で、内郭面積は約四ヘクタールである。

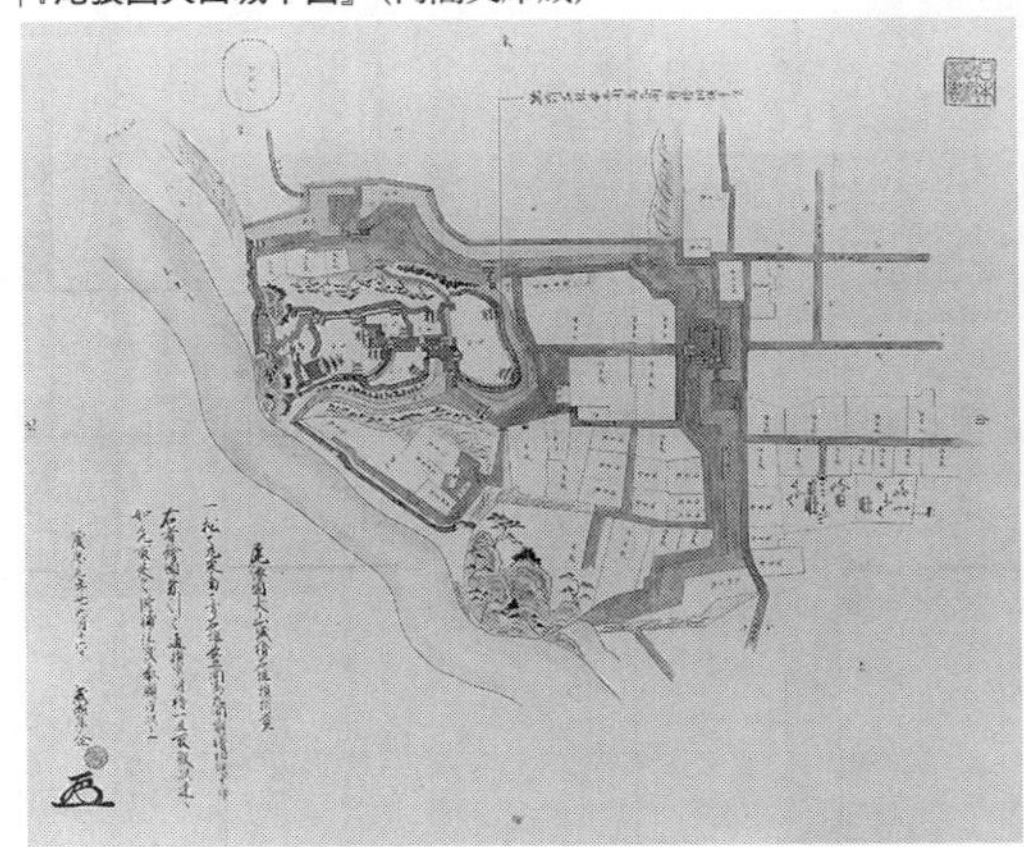
『尾張国犬山城下図』（内閣文庫蔵）

その後寛文年間頃には、旧二丸が杉の丸および桐の丸と呼ばれ、旧三丸が二丸、旧侍屋敷が三丸となる。そして、寛文九年（一六六九）には、本丸にあった御殿を二丸に移し、二丸にあった御殿を三丸に移して西御殿と称した。また幕末には、杉の丸・桐の丸の西方の小郭を新たに樅の郭と称している。三丸北西隅に中御門があり、大手道は、二丸の西方を通って丘陵を縦断し、桐の丸・杉の丸と樅の丸の間を通って本丸に達する。また、天守北側の崖下の水手御門からは、断崖を曲折して直接本丸に達する七曲道が延びている。

天守は野面積み石塁の上に建ち、外観三層内部四階の前期望楼型で、南東隅と北西隅に付櫓を備える梯立式である。

従来、慶長四年（一五九九）、石川光吉が、東美濃金山城天守を移建したと伝えられてきたが、昭和の解体修理の結果、移建の事実は確認されず、慶長五～六年に改造、三層部を増築したことが明らかとなった。すなわち、外観二層の大入母屋までが石川家以前のもので、その上にのる三層目望楼は、慶長期に付加されたもので平面は正方形ではなく矩形で、後期望楼型といえる。また、南北面の唐破風は、元和頃に付加され、同時に大屋根が改修され、三層周囲に高欄がめぐらされた。

なお、一、二階は小笠原吉次による慶長六年の

犬山城天守入口

着工、三、四階は成瀬正成による元和四〜六年頃の増築とみる新説もあるが、一層目平面が出櫓付不等辺四角形で、二層目までが塗籠土蔵造、三層目が素木造の御殿風である点は、いわゆる天正期以前の前期望楼型天守の古態を伝えており、やはり初期天守の様式を伝えて注目すべき建築である。

内部一階は、周囲柱間二間通りを武者走りとし、中央の東西五間、南北四間を四室に仕切っている。このうち南西隅の部屋は上段の間とよばれ、床が一段高く張られており、天井は猿頰天井にして、さらに床・棚・納戸構といった書院造の室内構成がなされている。これも従来、古式を伝える点として注目されていたが、昭和の解体修理の結果、江戸時代の改造と考えられるようになった。

犬山城天守内部

天守のほかには、かつて総数十三にもおよぶ櫓があった。中でも器機櫓・大砲櫓・小銃櫓・弓矢櫓などいかにも実戦的な名称のものがあって興味深い。

10 高山城〔形式　梯郭式山城〕

金森氏の飛騨入国は、天正十三年（一五八五）七月、豊臣秀吉による越中の佐々成政討伐の際に、飛騨の三木氏を支配下におくべく、越前大野城主であった金森長近がその前衛の役を命じられたことにはじまる。

翌天正十四年長近は、その功あって飛騨一国を賜り、当初大八賀郷の鍋山城を居城とすべく方策を練ったらしいが、最終的には、灘郷の天神山に城地を選んでいる。

天正十六年に始まる高山城築城は、慶長五年（一六〇〇）に完了している。以後、金森氏六代が在城し、元禄五年（一六九二）七月二十八日、出羽上ノ山へ転封を命ぜられるまで、金森領国の時代が一〇七年間続いた。その後、飛騨は天領として幕府の直轄地となり、金沢藩が高山城在藩を命ぜられることとなった。元禄八年、高山城は幕命により、破却されることとなり、同年四月二十二日から六月十六日までの二ヵ月で破却された。

城の構成は、外観二層の天守を本丸南部に配し、中央

高山城復元透視図

部に一部空地を設けているものの、東に正門を構え、城下町を眺める北側から南西側に「表」の御殿、南東側から東に「奥」の御殿を接続して、ほぼ本丸全面に建築を構える梯立式の大規模なもので、内郭面積は一二・六ヘクタールである。

その平面は、地形に相応して、概して東西に長く（約五七間）、南北に短い（約三〇間）凹凸のある不整形を成している。大手道は、城下町とは逆の南側から南出丸を経て、アプローチする形式をとる。搦手は二丸・三丸のある北側におき、その構成はまさに火姓梯郭式城郭のシンボルとなりうる。

このような天守・本丸御殿を一体化した梯立式天守の形式は、安土城に続く創立期天守に見られると考えられているが、それを、平面の詳細まで確認できる例はなく、史料的に貴重である。

さらに高山城は、例えば姫路城のような軍事的機能を最優先した城の造形とは本質的に異なる御殿（館）風の古式な時代相を備えており、とりわけ注目される。

高山城本丸図（『飛驒高山城図』金沢市立玉川図書館蔵）

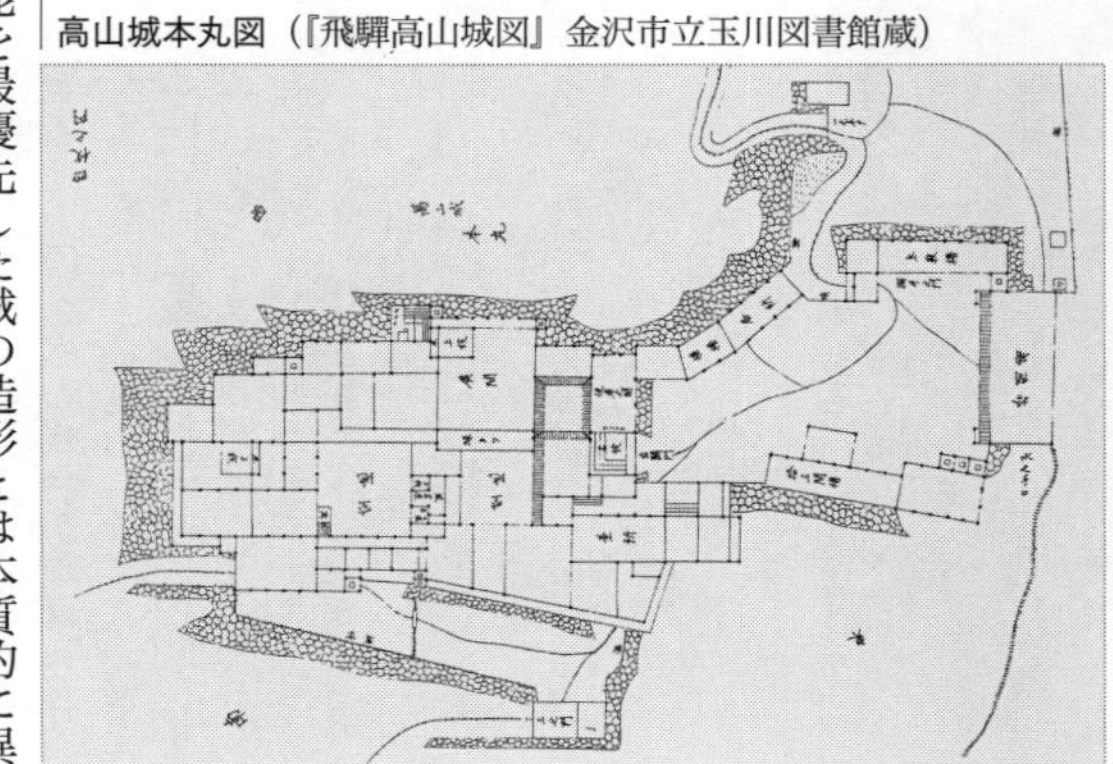

その様式は、前期望楼型天守で、外観二層、内部三階となっている。そして本丸全域におよぶ大規模な御殿を接続しており、その構成内容は、「表」と「奥」に大別される。「表」は東側中央に玄関門を構える。そこを潜り石段を登ると上段をもつ式台が設けられ、東北方に使者の間が付属する。その北西側に、本丸御殿の中核たる広間があり、二間の大床をもつ上段を北西方に構えている。その西方にはさらに八部屋の大座敷を配して、重臣の控室としたと考えられる。

特筆すべきは、その北方に囲（数寄屋）を設けている点で、兵部卿法印と称して古田（ふるた）織部（おりべ）と親交があった長近、さらにその養嗣子の可重（よししげ）がたしなんだ茶道の建築施設が具体的に判明する。可重は晩年、徳川二代将軍秀忠の茶道師範もつとめたほど

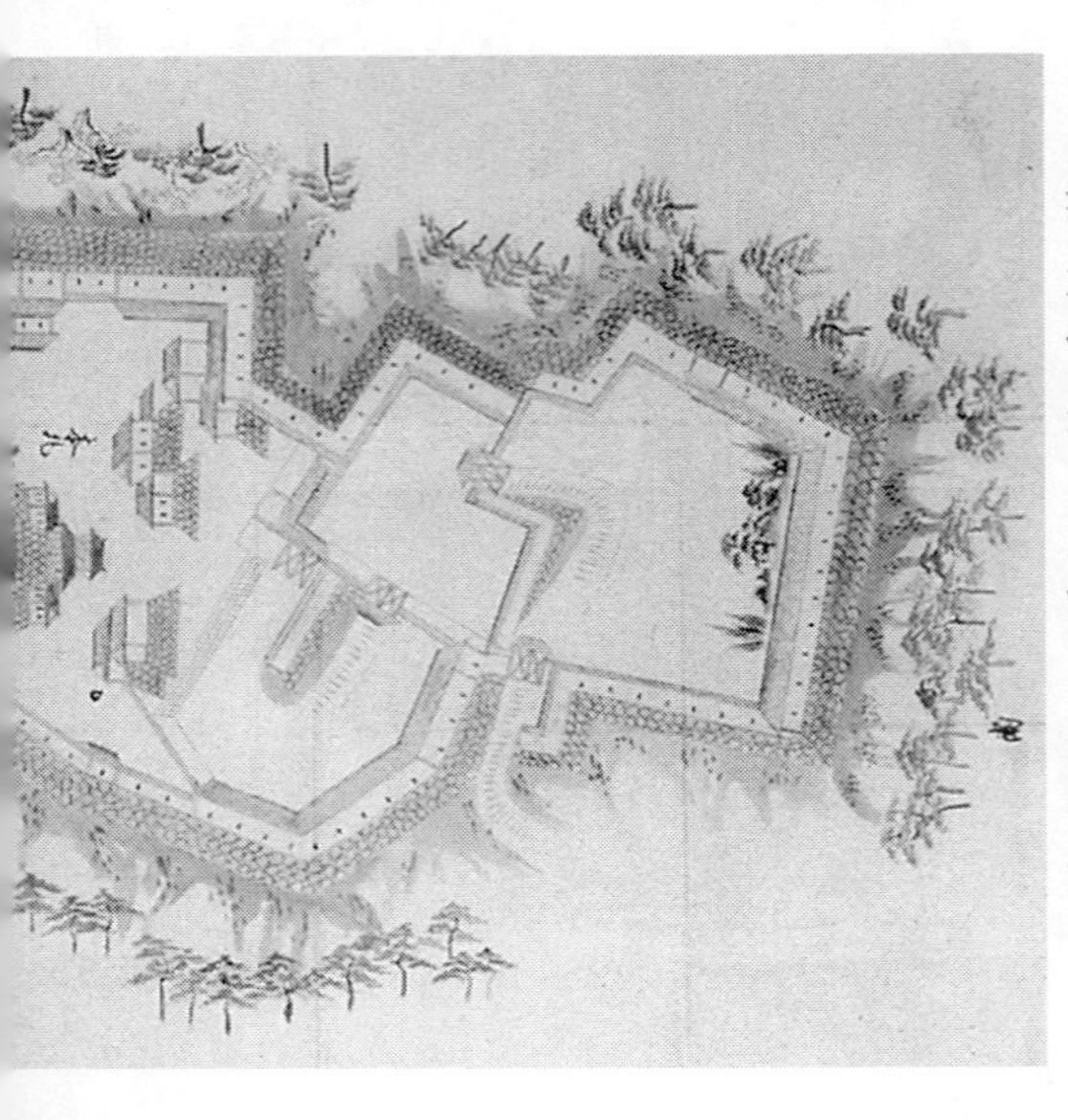

の茶人であるから、その本拠の高山城本丸囲の存在は、やがて金森流茶道が形成される草創期の状態を示しており、日本茶道史上極めて貴重である。

「表」はさらに南部の天守一階にも二間の大床を有する書院を構え、藩主常住の間と考定される。その裏（東）から天守二、三階へ登れば、本丸、二丸、三丸はもとより、城下を一望できたわけである。

「奥」は、南側に続き、局部屋や風呂屋が接続した。そして、その東方には台所が設けられ、大手門をかねた上部に架構したもので前記玄関門に接する。

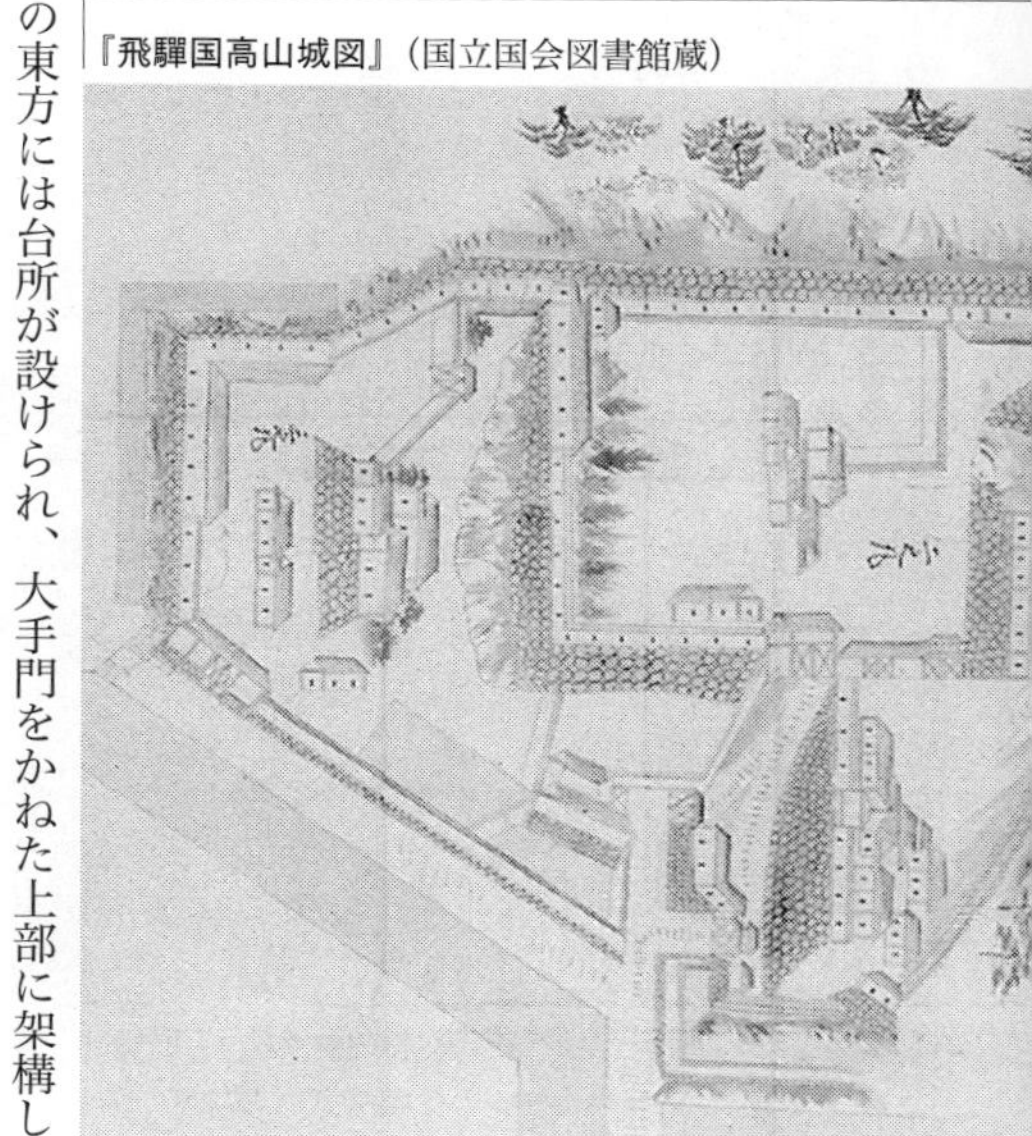
『飛騨国高山城図』（国立国会図書館蔵）

　このように、高山城は、天正期の武家書院造が大成する直前の古式を伝え、現存する二条城二丸御殿の先駆的様式であり、特に天守を兼備した梯郭式縄張の典型として、日本建築史上貴重である。

11　金沢城〔形式　渦郭式平山城〕

金沢城の歴史は、室町時代末期の文明年間（一四八〇頃）、一向一揆の策源地として、蓮如(れんにょ)により御坊が築かれたことに始まる。天正八年（一五八〇）には、この御坊を攻略した佐久間盛政(もりまさ)の所有するところとなるが、盛政は天正十一年、柴田勝家に与(くみ)して賤ケ岳(しずたけ)で敗れたため、代わって一一九万石前田利家が入城、以来、子孫相継いで明治に至っている。

城のある小立野台地（標高五〇メートル前後）に、本格的に城が築かれたのは、前田利家の時代からで、佐久間時代は、本願寺御坊の跡を搔上(かきあげ)といって、堀を掘った土で土手を造るごく簡単なものであったらしい。

しかしながら利家は、一向宗門徒の多

金沢城石川門

い北陸の地を考えてのことであろうか、築城術に深く通じ、かつて摂津高槻城主でもあった高山右近を迎え、天正十一年に城の縄張を開始したのである。この際、尾坂口を大手、石川門口を搦手として、本丸・二丸・三丸の結構が整い、天守、櫓、殿舎の類も一応は完成されたようである。

次いで文禄元年（一五九二）朝鮮役で出陣中の利家は、留守を預かる長男の利長に命じて土塁を石垣に改変させている。土木の工に長じた篠原一孝の指導によるといわれるが、大変な難工事であった。

その際、穴太頭として召し抱えられ、以後、加賀藩の石垣普請を主宰したのは後藤一族である。その子孫は、このときの工事について「……是以前は石垣堀等も尤無之、只山屋敷之地形に而……」（『金城深秘録』）と当時の状況を書き伝えている。

『加賀国金沢之絵図』部分（金沢市立玉川図書館蔵）

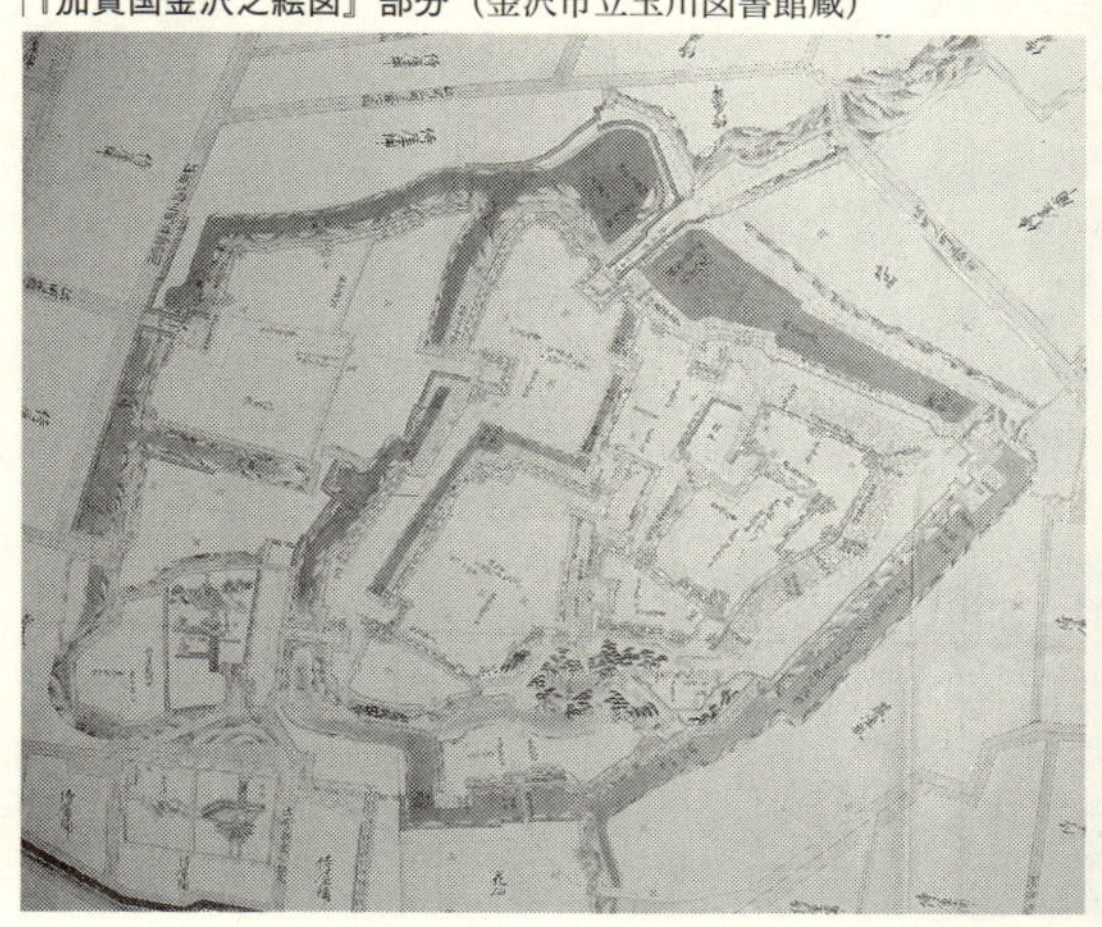

秀吉没後の慶長四年（一五九九）には、緊迫した政情下で、右近の計画によるという内総構堀三・三キロを完成させ、さらに、尾張名古屋城普請手伝い中の慶長十五年には、留守役の先述篠原一孝に命じて、約四・五キロの外総構堀を加えている。かくて、防御に弱い東・西方が固められ、城郭部に平行して走る犀川・浅野川とあわせ、金沢城は三重の内郭よりなる難攻不落の名城となる。

この完成した金沢城の構えを窺うものに、『慶長金沢御城古図』（石川県立図書館蔵ほか）がある。信憑性の高い『加賀国金沢之絵図』（寛文八年頃、金沢市立玉川図書館蔵）などと比べてみると、郭内の縄張は、慶長期以降ほとんど変化はみられないといえよう。

さて城郭部は、ゆるやかに東西から西北へ張り出した河岸段丘に築かれ、この段丘の張り出し部分に沿って犀川・浅野川が流れている。北に大手口を、南東に搦手口を設けた渦郭式の縄張で、本丸を

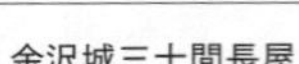
金沢城三十間長屋

核心にして、二丸、三丸と、規模が順次広がっていく。その中枢部には、のち玉泉院丸など三曲輪が加わり、大きく六曲輪からなる。その外側三丸以下の曲輪がめぐるのであるが、その虎口（こぐち）には重臣屋敷をそれぞれに配し、非常時には各曲輪が独立できる技巧的構成になっている。以上の内郭部面積は、およそ二三ヘクタールである。それが渦郭式の縄張で町を外延してとり込む形態は、多くの丘陵地を包括した江戸城下の場合に近似している。城下町計画技術のもっとも発達した時代の特色を示して、城郭史上注目すべきであろう。ただ慶長七年の大火によって天守および本丸御殿が焼失し、以後三層櫓が代替天守となって、天守は再建されなかった。

一方、本丸御殿は復興されたが、元和六年（一六二〇）と寛永八年（一六三一）の二度にわたって焼失し、以後、その機能を二丸に譲ることとなった。しかしながら、二丸も宝暦九年（一七五九）、文化五年（一八〇八）、明治十四年（一八八一）と、再三にわたって焼失し、現存するのは宝暦十二年着工、天明八年（一七八八）竣工の三丸石川門と、万延元年（一八六〇）造営の本丸付壇三十間長屋のみである。

なお平成十三年に菱櫓・五十間長屋・橋爪門続櫓が、また平成二十二年に河北門が復元された。

12 丸岡城〔形式　連郭＋環郭式平山城〕

天正三年（一五七五）越前の一向一揆を平定した織田信長は、その途上、一向衆の拠点であった豊原寺（現・坂井市丸岡町豊原）を焼き払い、重臣柴田勝家を守護職とし、その居城北の庄（現・福井市）の築城にあたらせた。勝家は、その養子（甥）柴田勝豊に豊原を北の庄の支城として治めさせ、翌四年勝豊は、城を丸岡の地に移し築城した。これが現在の丸岡城の基盤と伝えられる。

その後、天正十年勝豊が長浜の城主となったため、安井家清が在番を務めるが、翌十一年柴田氏が羽柴秀吉によって滅亡すると、丹羽長秀の臣青山宗勝、その子忠元の居城となる。さらに、慶長六年（一六〇一）関ケ原役後は今村盛次の居城となり、同十八年本多成重の居城後しばらくして本多氏丸岡藩の持城となるが、元禄八年（一六九五）本多家の御家騒動後は、糸魚川から移封された有馬家五万石

丸岡城天守

の居城となり、明治維新を迎える。

幕末に至るまでは、城内の結構は有馬氏時代の状態そのままで、天守・櫓（やぐら）・門・土蔵などが残存していたようである。しかし、明治五年（一八七二）頃、民間に払い下げられた際、天守を除いて城内の建物は取り壊しまたは移築された。堀もほとんど埋められ、創建時の城全体の様子を今日見ることはできないが、外堀の一部がところどころ旧状をとどめている。

丸岡城天守内部階段

現在の丸岡城の立地をみると、福井平野の東北部に位置し、丸岡の町並と坂井平野を見おろす標高約一七メートルの小丘陵に築かれた平山城である。絵図（佐久見家蔵『丸岡城絵図』など）により、当初の地割りをうかがうと、天守のある本丸を独立した小丘陵に置き、その北方の平地に二丸、東方に東丸を連ね、これら全体を幅五〇間にも及ぶ広い内堀で囲み、その周囲に三丸を配し、さらに二重の堀をめぐらせた「連郭式＋環郭式」の縄張である。内堀を含む内郭部分の面積はおよそ六ヘクタールで、全体はほぼ五角形をなしている。

現存天守は江戸時代に改造されているが、高さ約六メートルの野面（のづら）積みの天守台の上に建ち、外観二層、内部三階で、前期望楼型の矩形平面の単立式であるが、もとは初層平面が内

『越前丸岡城図』(松平文庫蔵〔福井県立図書館保管〕)

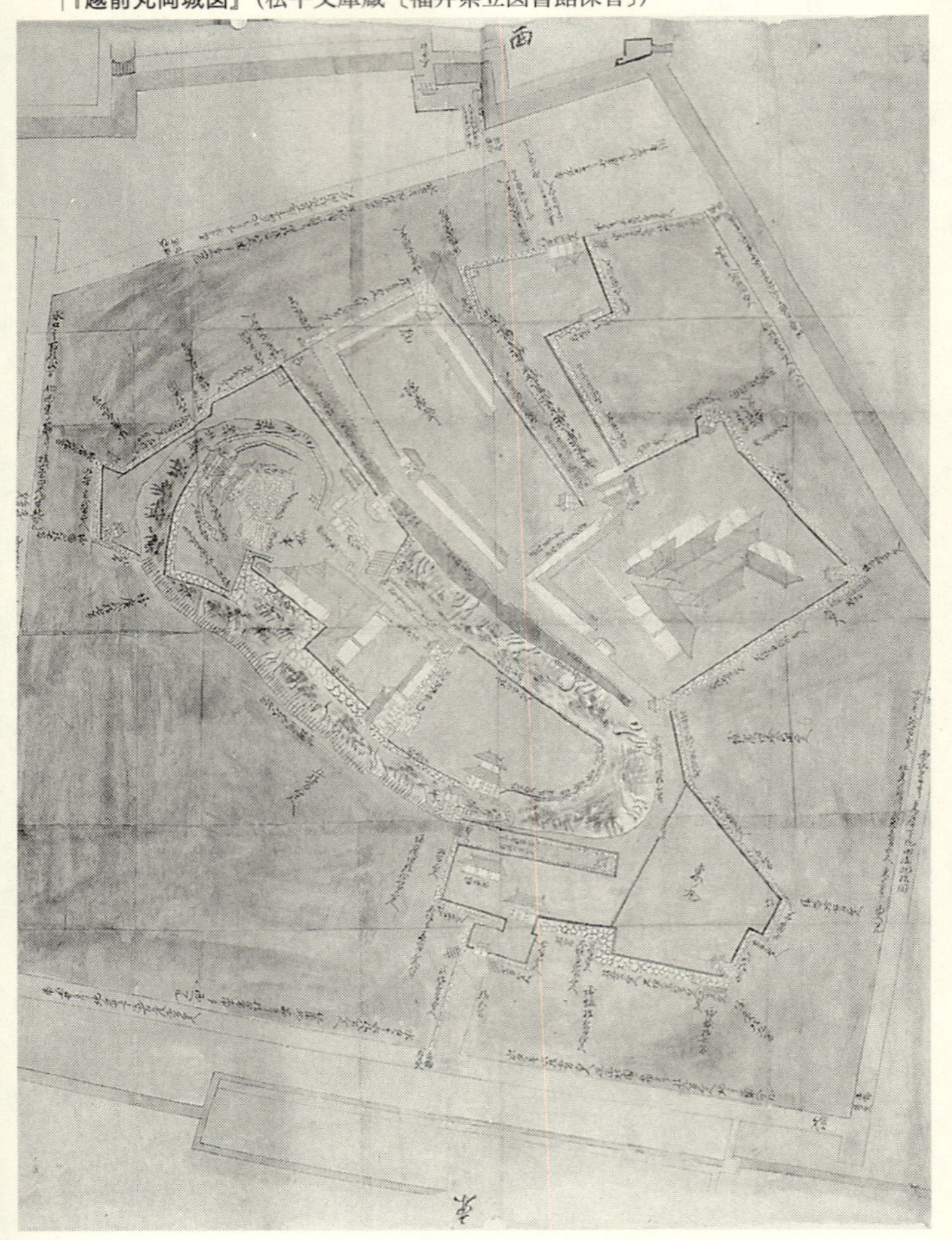

側に湾曲した石垣に沿う不等辺四角形で、その東側入口部分の一段低く相当張り出した石塁に玄関としての付櫓をもつ梯立式の古態を呈していたと察せられる。

外観一層目に大入母屋の屋根を架け、その上に回縁高欄付の望楼をのせ二層目としている。そしてその望楼の腰は、一層目大入母屋の平側において大きく露出するために、切妻破風を設けて内部二階からの出窓を付し、外観を整えている。一層の外壁は大壁で柱を塗り込んでいるが、軒裏は垂木が素地のままであり、また二層目は全面木部露出で、いまだ防火性に不十分な初期天守の形態を伝えている。瓦も寒地の建築ゆえに石製（近くで産出される笏谷石〔緑青色の凝灰岩〕を使用）であるところは興味深く、北の庄城も同じ石瓦葺きであったという。なお、石製の鯱は、昭和十五〜十七年の修理時に新造されたもので、現在は、当初の木心銅板張りに復されている。

天守の修理改造に関する文献史料はほとんど見当たらないが、昭和十五〜十七年の解体修理および同二十六〜三十年の福井地震災害復旧工事時に発見された墨書によって、貞享五年（一六八八）の土台および柱の一部取替から屋根葺替や鯱取替まで、江戸期に少なくとも大小六回におよぶ修理が確認され、さらに明治三十六年には入口石階段の改修を行っている。

しかしながら、総体に構造体が木太く、しかも中央に掘り立ての大黒柱があって、あるいは創建時には通し柱であったかも知れず、野面積みの石塁とともに古風な形式を残しているといえるだろう。天正四年の創建と伝えるだけあって、後世の改造はあるが、現存最古の天守遺構であり、小規模とはいえ天守の発達上見逃せない建築である。

13　彦根城〔形式　連郭＋環郭式平山城〕

彦根城は、琵琶湖東岸の彦根山一帯を城域とし、湖水を巧みに利用した内堀を備える典型的な平山城である。

関ケ原役の翌慶長六年（一六〇一）、徳川家康は、〝徳川四天王〟の一人井伊直政を上野高崎城から敗軍の将石田三成の居城であった近江佐和山城に転封した。

直政はこの城にいったん入城したのち、その西にある磯山に城を移そうとするが、関ケ原役でうけた傷がもとで、翌慶長七年に没する。嫡男直継は幼年でありかつ病弱であったが、家臣らがよくこれを助け、磯山を改めて、彦根山に築城を計画した。

家康もこれを許して、のちに江戸城や駿府城の普請奉行を務める山代宮内少輔忠久や、伏見城普請奉行の一人で

彦根城天守

ある佐久間河内守政実など三名を、普請の監督として差し向け、役夫は伊賀・伊勢・尾張・美濃・飛騨・若狭・越前の七ヵ国一二大名に賦課した。また、彦根藩でも藩士のなかから、縄張四名、普請奉行三名、作事奉行二名、大工棟梁一名を選び、慶長八年に工事に着手した。なかでも縄張には、甲州流軍学中興の祖小幡勘兵衛景憲の師である早川幸豊が関与している。

そして、慶長十一年には本丸および天守が完成した。元和元年（一六一五）、直継は病身のため、徳川家康の命令で、井伊家一八万石のうち、上野安中三万石を与えられて隠居し、直継の弟直孝が残り一五万石を領して彦根藩主となった。翌元和二年、直孝は藩士の中から総奉行二名、普請奉行三名、作事奉行三名を任命して築城工事を再開し、元和八年外郭まで完成させた。

彦根城天守内部

以後、彦根城は井伊家代々の居城となるが、延宝五年（一六七七）に城の北麓に楽々園・玄宮園を設け、明和八年（一七七一）に二丸佐和口多聞櫓を建てたほかは、寛政八年（一七九六）の屋根修理、天保十二年（一八四一）の補強工事などが行われた程度で、明治維新に至っている。

縄張は「連＋環郭」式で、山頂の不整形の本丸を中心に、南に一郭を挟んで鐘丸を設け、西方には西丸とその山裾の観音台と呼ばれる人質郭を配し、さらにその西方には湖水に突出して山崎郭・土佐郭を設けていた。これらの周囲山麓には、武器庫・材木庫・竹庫・米庫などが建てられ、また鐘丸の北方の平地には御殿があった。そしてこれらを囲んで、琵琶湖から直接水を引く内堀がめぐらされ、その外側の西・南・東側には二丸があり、以上内郭面積は約二一・六ヘクタールにおよぶ。二丸には藩士の屋敷を配置し、西に山崎口、南に舟町口と京橋口、東に佐和口の以上四ヵ所の虎口が開かれていた。また堀を隔てて設けられた三丸には、侍屋敷・町家・寺院などが配置された。

『御城内御絵図』（彦根城博物館蔵）

天守は本丸の西端にあり、三層三階で北東隅に玄関が付く梯立式である。また西北隅には平面不整形の付櫓（一層）が接し、さらにその東北隅には多聞櫓（一層）が連なる。外観は屋根の各所に千鳥破風・軒唐破風を設け、また屋根を段違いにするなど巧妙な手法を用いている。天守としては小規模であるが、桃山時代最盛期の後期望楼型天守であり、形態がよく整って意匠的にも優れている。

なお、この天守は徳川家康の命令によって、京極氏の大津城天守を、彦根藩の大工棟梁浜野喜兵衛が移築したものと伝えられていたが、昭和三十二年から行われた解体修理の結果、旧五層天守の材料を転用して現在の天守が造られたことが明らかとなり、さらに三層目隅木には「慶長十一年六月二日大工喜兵衛」の墨書も発見され、前記伝聞が裏付けられた。

彦根城佐和口多聞櫓（右手前多聞櫓復元）

14　安土城〔形式　連郭＋梯郭式平山城〕

近江は、東山道・東海道・北陸道、すなわち東日本一帯を京に結ぶ交通の要衝である。そこに尾張の織田信長が、天下統一の壮図を実現するにあたって、湖東の一角、安土山に築城を始めたのは、天正四年（一五七六）正月のことであった。丹羽長秀を総普請奉行とし、尾・濃・三・勢・越・若州など一一ヵ国に役夫を徴し、さらに近江坂本村穴太（あのう）の石工を動員しての「天も地もゆるがすばかり」の大工事であったと『信長公記』は伝えている。

天主の建築工事は、翌天正五年から始まっている。尾張熱田社の岡部又右衛門を御大工棟梁にして同年八月二十四日には立柱、十一月三日上葺、以後、内装工事に移って、狩野永徳・光信父子らの金碧障壁画や後藤平四

安土城址航空写真

郎・鉢阿弥らの飾金具、刑部による漆仕上げが行われ、いよいよ信長が正式に移徙(いし)したのは、天正七年五月十一日であった。

城下町の建設も、以上の城郭の普請と並行して行われている。中世の「根小屋」と異なって、定住を旨とした武家屋敷が計画され、加えて有名な「楽市・楽座」制による商業の繁栄策が実施されたのは、早くも天正五年六月である。つづいて新時代を象徴するキリスト教の大会堂も建設され、城下は日々に殷賑(いんしん)の度を増していたらしい。

そうして完成された城は、いわゆる平山城の縄張である。北方に琵琶湖伊庭内湖へ突出する安土山(標高一九九メートル、湖面よりの比高約一一〇メートル)を配し、兵学書にいう「後堅固」の構えをもち、南から西にかけての低地に町を開く。周辺には、当時「安土御(おん)

安土城図

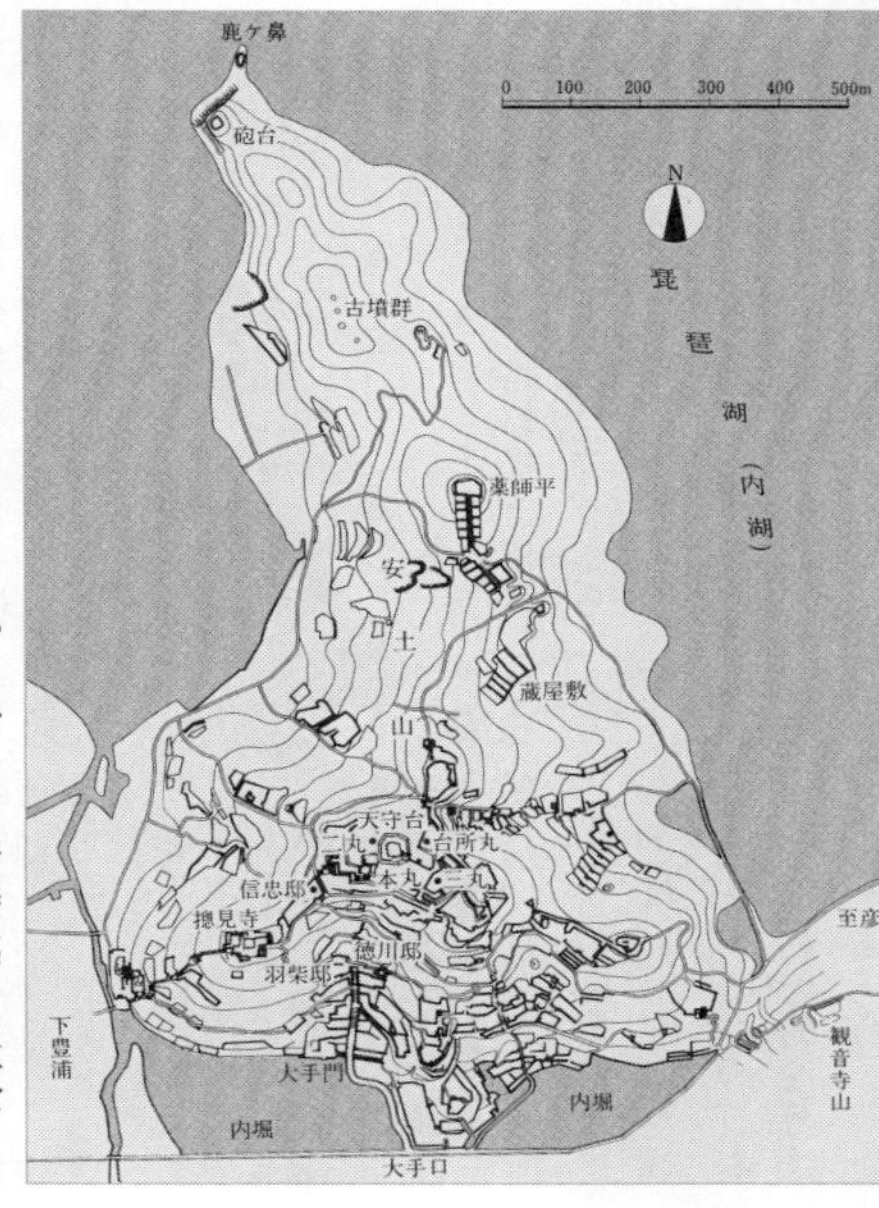

構（かまえ）」といわれた濠がめぐらされた。ヨーロッパの環濠城塞都市に近い様相を備えており、おそらく石山本願寺の寺内町や堺の都市像を城郭の構成のなかにとりこんだ、当時としてはもっとも先駆的な計画であったと評価される。

山頂に築かれた天主丸・本丸・二丸とつづく内郭部の構成は、大手筋を南において山麓を開く梯郭式を基本としているが、東南方の尾根に堀邸や馬場・御茶屋、西南方の尾根に信忠邸や摠見寺（そうけんじ）、さらに北方尾根に菅谷邸の八角平や薬師平の分郭を配して、連郭式や環郭式にも近い複雑な様相を呈す。これを単純にみれば、いまだ山城の構えを多分にのこしている結果と判断されるが、城下との関連よりすれば、大手筋に大きく内堀をうがっており、後世大坂城を通じて伏見城・江戸城に影響を与えた平山城に多い梯郭式の縄張が萌芽的に見られる意味において注目してよいであろう。

摠見寺三重塔

安土城天主復元北立面図

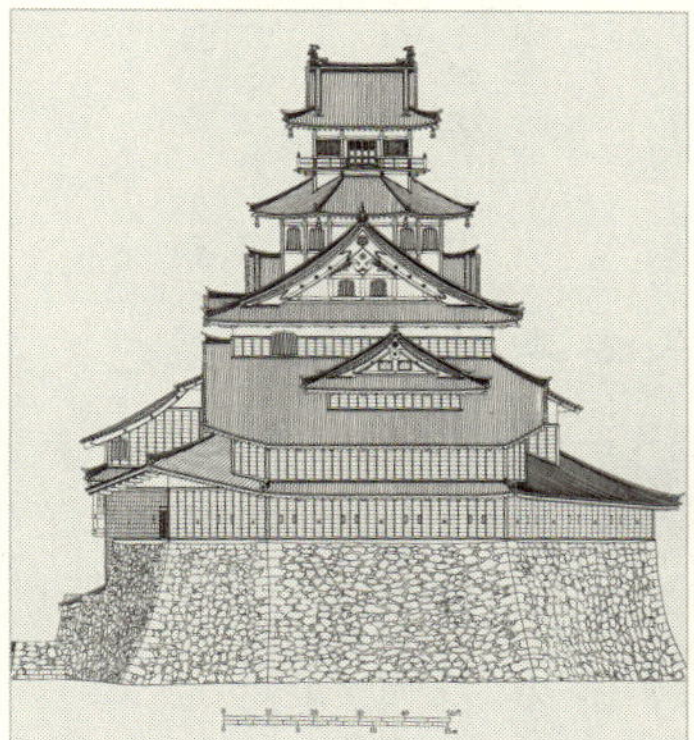

安土城天主復元西立面図

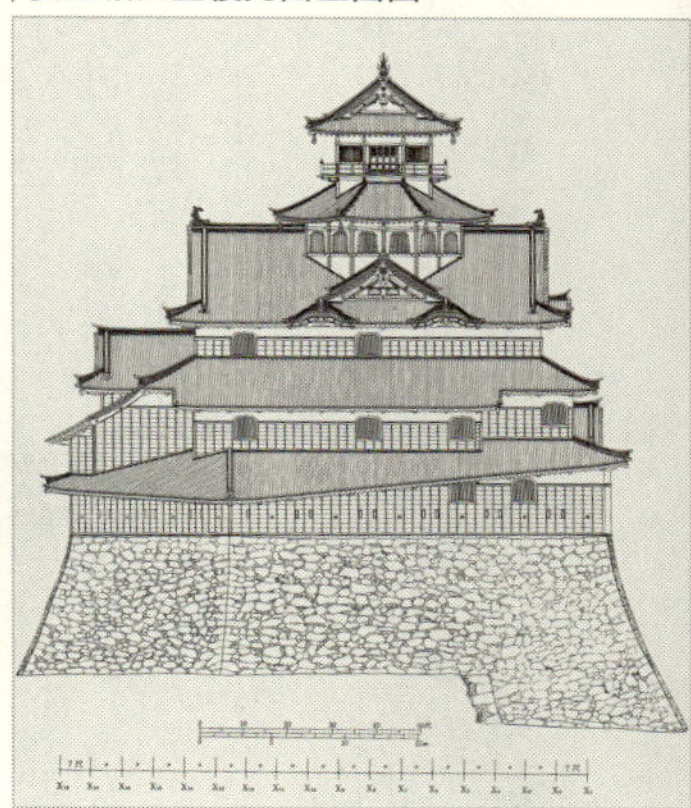

安土城天主復元南立面図

安土城天主復元東立面図

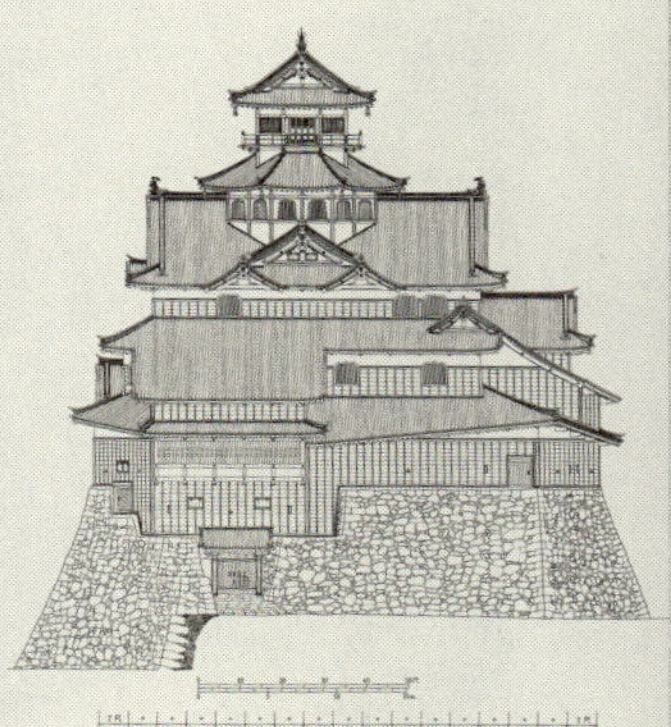

しかし、なんといっても新時代の開幕を告げる造形的特質は、破天荒な天主の建築に集約されていた。外観五層、内部地階（穴蔵）一階、石垣上六階の計七階の前期望楼型梯立式のダイナミックな構成は、わざわざ唐（明）人一観をしてその瓦を焼かしめたことでも明らかなように、絢爛豪華な南蛮風唐様をもって、世人の関心を集めたのである。昭和四十四年発見された『天守指図』によって復元してみると、地階に天下統一のシンボルとして宝塔をおき、それより四階分に吹き抜けの大空間を構える。この極めて異質で大胆な空間構成を、あえて東洋の歴史のなかに類似性を求めるならば、中国遼時代の統和二年（九八四）秦王耶律奴瓜によって建立された独楽寺観音閣があげられるが、西洋の教会堂の吹き抜けを日本風に理解した結果とも考えられる。二階に舞台を張り出し、それ等を信長常住の三階から眺め下ろすという設計意図に、宗教的ないしは政治的演出を認めざるをえない。そして五・六階には、天道思想の顕現が極彩色の世界となって造形されていた。『耶蘇会士日本通信』は、これを「基督教国にもあるべしと思わざる甚だ宏壮なるもの」と言葉を極めて絶賛した。しかし、天正十年六月二日の本能寺変後、山崎合戦で敗走した明智軍等の放火にあって焼失してしまう。

なお、天主五・六階内部のみセビリア万国博覧会（一九九二年）日本政府館にて原寸復元され、その後安土町（現・近江八幡市）「信長の館」に移建、外観を加えて展示されている。

なお、安土城の詳細については、『復元　安土城』（講談社学術文庫）を参照されたい。

15　聚楽城（第）〔形式　連郭＋梯郭式平城〕

豊臣秀吉は、天正十四年（一五八六）、旧平安京大内裏跡地に聚楽城建設を始める（『多聞院日記』）。翌年八月頃工事は完成したらしく、九月、秀吉の移徙があった。同時に、聚楽城周辺に諸大名の邸宅が造営され、天正十六年四月には、後陽成天皇の行幸が盛大にとり行われた。「聚楽城」が、特に「聚楽第」といわれる所以である。また天正十九年、御土居の建設が進められ、武家町・公家町・寺町の整理・統合もあって、同年末頃、環濠城塞都市としての城下町化された京都の構えは、一応完成したものと考えられる。

時に秀吉は、同年十二月、関白職を秀次に移譲し、聚楽第には新たに秀次が入り、翌文禄元年＝天正二十年（一五九二）には後陽成天皇の再幸があった。そしてこの秀次の代にかなりの増改築があったと推察されるが、文禄四年、秀次は嗣子にまつわる秀吉との軋轢があって自害して果てる。そして、伏見城の造営が本格化するに当たって、聚楽第は破壊されるに至り、殿舎の多くが伏見城等に移建された（『当代記』）。家康を始めとする諸大名の屋敷も次第に伏見に移って、慶長末年頃には、桃山の栄華を極めた聚楽第も、わずかにその遺跡を留めるばかりになっていたようである。

今日この聚楽第の結構は、概して不明な部分が多い。江戸時代末の天保十四年（一八四三）、名倉希言によって復元が試みられたが、最近では、実証的な研究が進み、新発見の

『京都図屏風』（現存最古の京都地図）および旧京都御大工中井役所伝来の『寛永後萬治前洛中絵図』を基本的史料とする復元研究がある。

それは、地形の高低や道路形態を踏まえ、『京都図屏風』『寛永後萬治前洛中絵図』記入の本丸丁・主計丁など城郭や、大名屋敷の丁名とその間数をよりどころとしており、特にその縄張の規模と様相が初めて明らかになっている。

この復元図によると、本丸は、およそ七ヘクタールから成り、大手を東に置いている。本丸・南二丸・北丸の関係は、連郭式の縄張で、本丸・西丸と西辺の堀との関係は梯郭式といえる。本丸には大坂城と同じく山里があり、西北隅には天守台があった。

そこに建つ天守は、『兼見卿記』などによると側室加賀殿が住んだというが、安土城や大坂城同様、居住施設を備えていたと思われる。当時の結構を比較的よく伝えていると考えられる『聚楽第図屏風』（三井文庫蔵）によってみると、天守は外観四層、文禄元年頃に完成した肥前名護屋城天守と、天守の上三層分の破風形状や、花頭（かとう）窓を備えた高欄付望楼型天守の様態がよく一致してい

『寛永十四年洛中絵図』（宮内庁蔵）における聚楽第址復元図

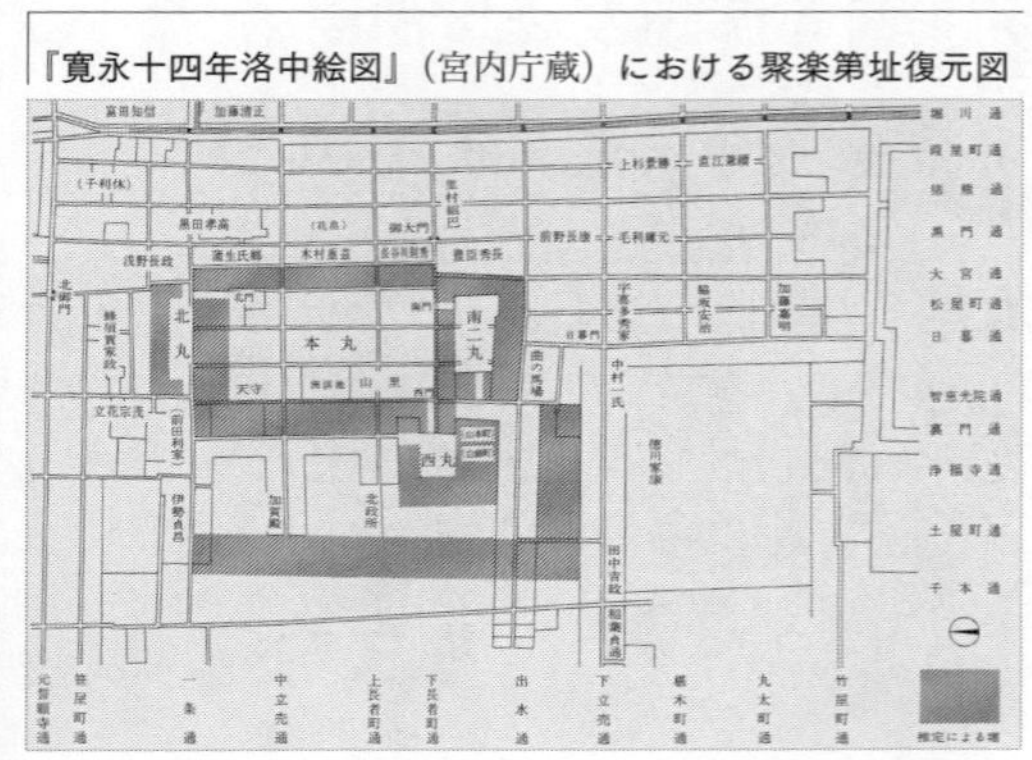

る。また、白亜の総塗籠（そうぬりこめ）の外容は、確認するところ最古の天守であって、同じ秀吉造営でも大坂城天守（黒田家旧蔵本『大坂夏の陣図屏風』）の墨漆下見板張り仕上げに比して著しく華麗である。

　そして聳立する天守の下には、本丸殿舎が棟を連ねている。東辺の大手門から南に廻り、南二丸を経て本丸にいたると、正面に広間があったと思われる。当時の武家殿舎の構成として、この広間を中心に、御幸御殿・遠侍・式台・書院・御上・長局・台所等があったであろう。かくして聚楽第の殿舎そのものは、公家との接触に係わる武家礼法が確立した場として、武門の象徴的施設に成熟してゆく。それは基本において、室町幕府の典礼を復活させたものであるが、周辺に全国諸大名の豪壮な屋敷を建立していわゆる「式正御成（しきしょうおなり）」の制を定め、天下統一の府としての構えを整えている（第三章4～5参照）。

　結局この聚楽第は戦国期の山城的面影を完全に払拭して、近世の平城の規範となっているところに大きな特色がある。特に天秤櫓（てんびんやぐら）を構えた大手筋の馬出（うまだし）の存在は、環郭式における典型的縄張として後世に与えた影響は大きく、たとえば西国筋の名城広島城はこの聚楽第に準じたものである。

『聚楽第行幸図屏風』部分（堺市博物館蔵）

16 伏見城〔形式 連郭＋梯郭式平山城〕

伏見城は、豊臣秀吉・徳川家康・秀忠によるⅠ～Ⅴ期にわたる建設の歴史がある。まず第Ⅰ期は、城というよりはむしろ秀吉遊楽の屋敷として天正二十年（一五九二）八月より造営を始め、翌年九月頃一応完成をみている。平安の昔より、伏見は「水石幽奇」といわれた景勝の地である。そこに別荘を構えるのは、淀川を通じて大坂に直結するところだけに当然の選地といえようが、淀君に捨丸（秀頼）の誕生があった結果、大坂城を秀頼に与え、秀吉自身の隠居城として急遽（きゅうきょ）計画変更されたのである。

第Ⅱ期の造営がそれで、文禄三年（一五九四）正月より佐久間政実を普請奉行にして、「月見の機械（からくり）」といわれた（『アジアの記録』）外観五層内部七階（八階とも）の望楼型天守の他、大広間・小広間・山里御茶屋が数多く建立

西教寺客殿上座の間（第Ⅱ期伏見城御殿遺構）

され、同年秋には少なくとも内郭部分が完成し、秀吉の移徙があった。そして文禄四年七月の聚楽第破却にともなって、その殿舎も移建された。宇治川と木津川が合流するあたりに向島の別郭を配したいわゆる水城で、世に指月伏見城といわれた。時に文禄役を終結すべく明国講和使節を引見する場にまで設定されていたが、文禄五年閏七月十三日の大地震で壊滅してしまう。そのためこの期の建築は現存しないのが一般であるが、比較的破損のない御殿を修理再築した現存唯一の遺構に、滋賀県西教寺

伏見城址復元図

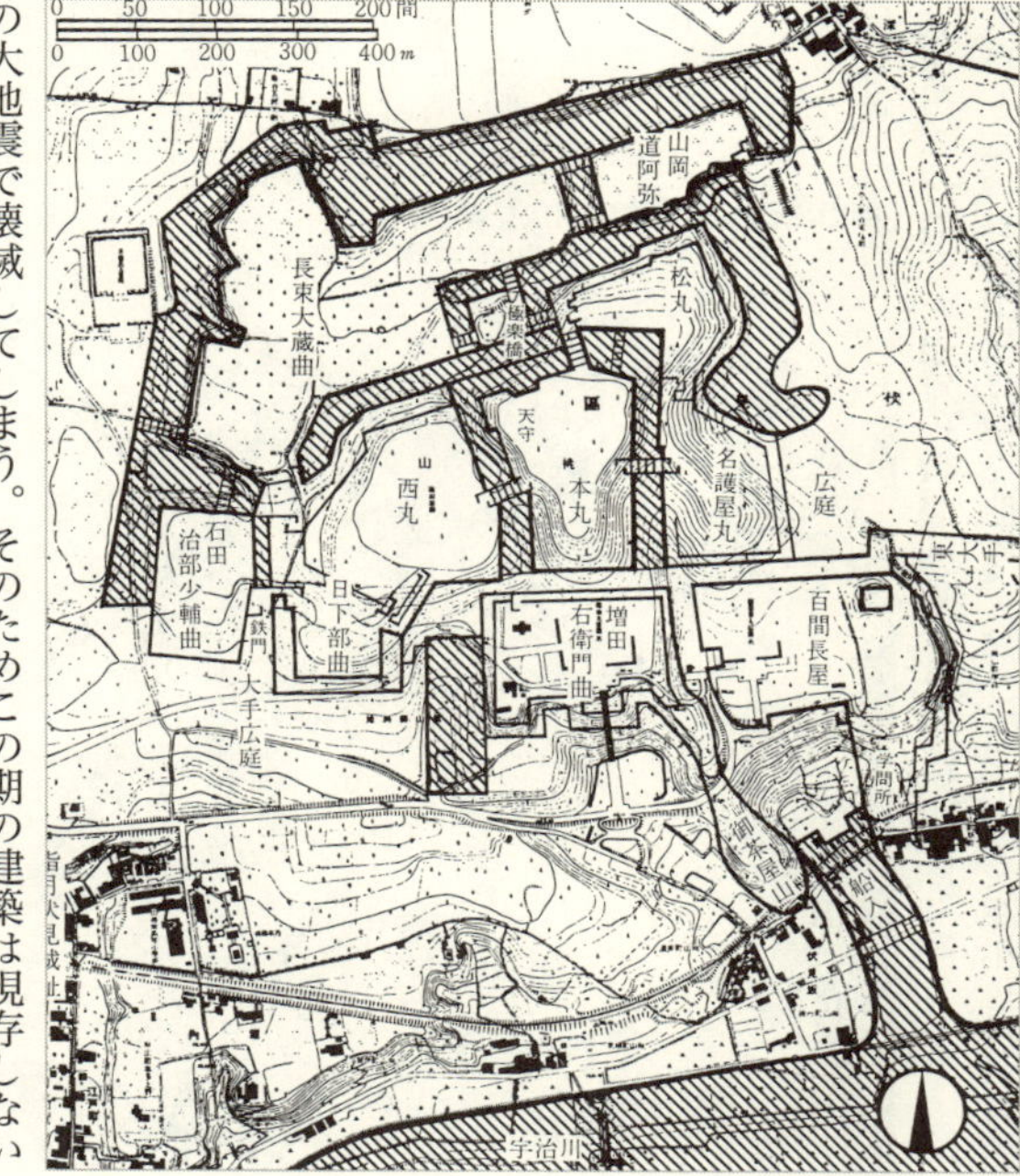

客殿がある。

そこで秀吉は改めて第Ⅲ期の工事を起こした。早くも地震の翌日より着工しており、こんどは耐震性を考慮して、地盤の良い裏の木幡山上に築いた。平山城で、慶長二年（一五九七）四月には本丸・西丸殿舎がほぼ完成し、五月四日には秀吉の移徙があった。第Ⅱ期の指月城と区別する意味で、木幡山伏見城といわれ、天守・月見櫓をはじめ、千畳敷の大広間・楊貴妃の間・舟入御殿・山里学問所（草堂・茶店・高堂など）等が、秀吉終生の城郭として、華麗の極みを尽くした。西丸・名護屋丸・松丸を配する連郭式に梯郭式を組み合わせた複雑巧緻な縄張をもつ。

福山城伏見櫓（第Ⅳ期伏見城遺構）

秀吉は、慶長三年八月十八日、この木幡山伏見城で他界する。そして慶長四年正月、秀頼

は大坂城へ移り、閏三月には家康が城代として移るが、戦雲急なる慶長五年、関ケ原役の前哨戦がこの城をめぐって行われ、豊臣方の手によって八月一日落城焼亡している。

しかし、関ケ原役が徳川方の勝利に終わった結果、改めて伏見城は、徳川家の前衛城として重視されるに至り、家康の手によって再建されるのである。第Ⅳ期の工事で、慶長七年より十一年にかけて藤堂高虎を普請奉行、中井正清を御大工として行われた。かつて大和大納言秀長が築いた大和郡山城の七重（多分、内部階数）の天守を移建、加えて、広間・書院・小座敷など、一応は第Ⅲ期の規模に準じて再営された。その概要は、今日数種の『洛中洛外図屏風』によって知られるが、天守が後期望楼型で長押（なげし）・柱型出総塗籠化粧造の様式をもっていたことに留意すべきである。

しかしながら、大坂冬・夏陣で豊臣家が滅亡すると、伏見城の大坂城に対する前衛城としての機能は失われてしまう。とりあえず京における徳川家の居城として、家康が二条城を使い、秀忠は伏見城を御座所となすべき構想があり、元和三年（一六一七）正月より第Ⅴ期の工事がとり行われている。ただし第Ⅳ期の修営にとどまったらしく、やがて元和六年、大々的に大坂築城の工が始まり、同九年廃城となる。石垣は大坂城に転用され、また建築は二条城・大坂城・淀城・福山城および徳川家ゆかりの寺院などに移建されている。そして寛永元年（一六二四）十月頃までには、伏見城はまったく壊されてしまう。その跡には桃の木が植えられ、いわゆる全山桃山と化したのである。秀吉覇権の世を今日「桃山時代」というのは、これに因（ちな）む。

17　二条城〔形式　連郭＋環郭式平城〕

関ケ原役によって天下を掌握した徳川家康は、全国統合の地＝江戸が、いわば東国の辺境ともいえる位置にあったため、大坂の豊臣家を始めとする西国大名や、京の天皇を中心とする公家衆の動静には、何らかの迅速な対応をせまられていた。

早くも慶長六年（一六〇一）十二月、家康は、板倉勝重を普請奉行に、家康側近の中井正清を御大工とし、藤堂高虎の縄張をもって、西国大名をして二条城建設を命じたのである。慶長十一年には天守までもが完成の域に達した模様であるが、この間、慶長八年三月には家康が、同十年には秀忠が相継いで二条城で征夷大将軍拝賀の礼を行っている。さらに元和五年（一六一九）には、天皇との姻戚（いんせき）関係をもとうとして、秀忠の女（むすめ）＝和子の入内を予定、二条城の拡充計画がはかられる。しかしこの工事は、折からの伏見城の破却と、大坂城の大改造と重なり、一時延期される。

そしていよいよ寛永元年（一六二四）後水尾天皇行幸のため、小堀遠州政一（まさかず）を総指揮にあて、中井大和守正侶を作事に

二条城二丸御殿式台

配して工事が決行されたのである。ここでようやく、二条城の結構は、充実を極めるに至ったといえよう。

さて、その二条城の築かれた地は、かつての室町将軍義昭第や、信長の二条第に近い、上京・下京を統一的に支配するに適した位置にあった。慶長創築の二条城は、今日多種の『洛中洛外図屏風』によってその形容を窺うことができる。それは、南北に長い単郭の平城で、東と北に櫓門を開き、柱や長押を型出しにした五層の回縁付後期望楼型天守と、雁行状に延びる殿舎群を有しているものの、大坂陣直前の政情不安定の時代としては、城郭らしからぬ無防備な形態を際立たせていて興味深い。

次いで寛永の拡充時には、西方に新たに削割を行って旧来の堀と結び、東西に長い凸形の縄張とする。さらにこの内に本丸を開削して内堀としたが、この本丸・二丸を併せた内郭の規模は、二一ヘクタールであって、会津若松城や金沢城と同程度の規模となる。

二条城二丸御殿大広間

この寛永の工事は、慶長時の城郭を一変させるものであったが、慶長創築天守は、山城淀城天守として移築され、新たに本丸西南隅に穴蔵一階、石垣上五階の単立式の外観五層天守（天守台上端六尺五寸一間で東西一〇間五寸×南北一三間一尺）を新造している。この新築天守は、一階より五階まで各階が順次規則的に逓減し、下層は大入母屋に代わって千鳥破風を比翼におき、その中間の上層屋根の位置に千鳥破風をただ一つデザインするといったいわゆる後期層塔型であって、しかも最上階は長押を型出しにした総塗籠の仕上げであった。

かくて、この寛永期の拡張工事により、二条城は連郭＋環郭式の縄張となる。寛永三年の後水尾天皇の行幸は、まさに公家をも統合した徳川幕藩体制の完成を物語るものであったが、この盛儀を頂点としてやがて二条城は、以後破却と修復の命運をたどる。

すなわち天守は寛延三年（一七五〇）の雷火で焼失、さらに天明八年（一七八八）の京都の大火によって本丸殿舎・隅櫓などを類焼、今日に及んでいる。なお、現存している本丸御殿は、弘化四年（一八四七）建立の公家殿舎＝桂宮邸を移建転用したもので、本来の武家殿舎ではなく、公家殿舎である点に留意の要がある。

『二条城全図』（中井正知氏蔵『行幸御殿幷古御建物御取解不相成以前　二條御城中絵図』を遺跡実測図上に復元）

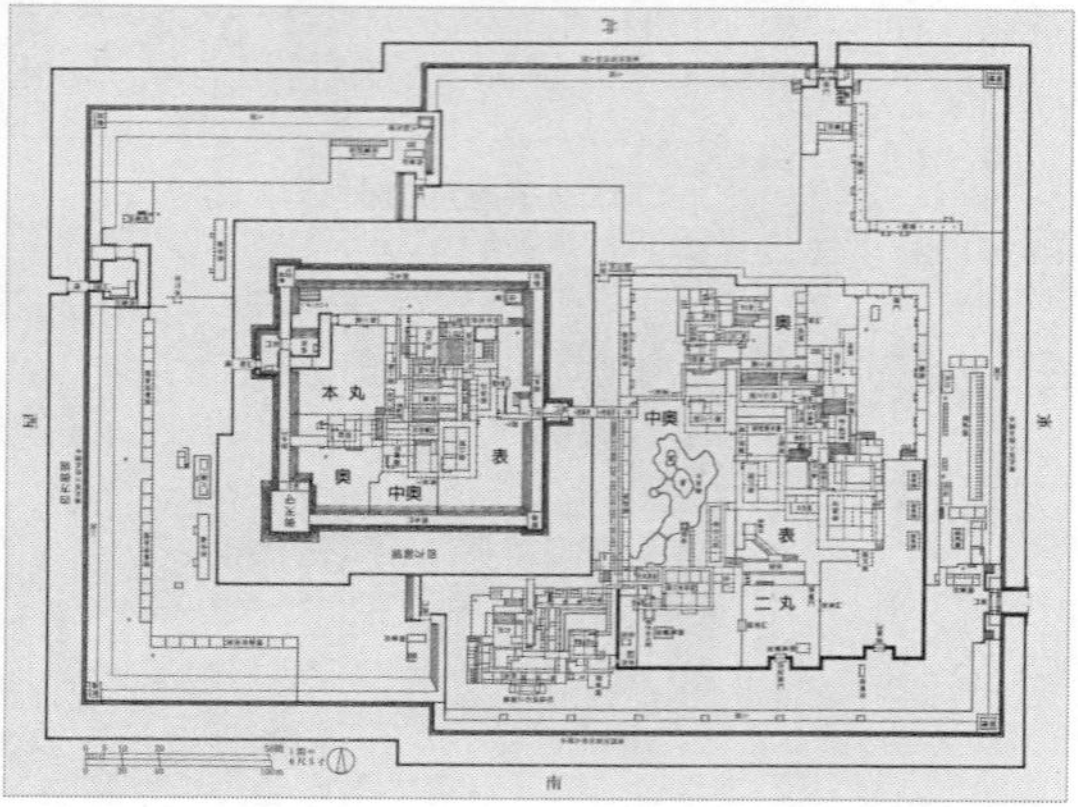

18　大坂城〈形式　環郭式平城〉

いうまでもなく大坂は、古くから大陸や瀬戸内の物資が陸揚げされるところとして、天下枢要の地と目されてきた。中世には、本願寺御坊が石山に置かれて寺内町としての形容を備え、大いに活況を呈していたのである。当時の大坂について、信長の近臣＝太田（おおた）牛一（ぎゅういち）は、「抑（そもそ）も大坂は凡（およそ）日本一の境地なり……五幾七道集りて売買利潤富貴の湊なり」（『信長公記』）と、その盛況を書き記している。

のち本願寺は紀州へ移転し、また信長が本能寺で自刃（じじん）して、秀吉がこの大坂の地に入ったのは、天正十一

寛永度大坂城本丸図『大坂御城惣絵図』
（中井正知氏蔵）を遺跡実測図上に復元

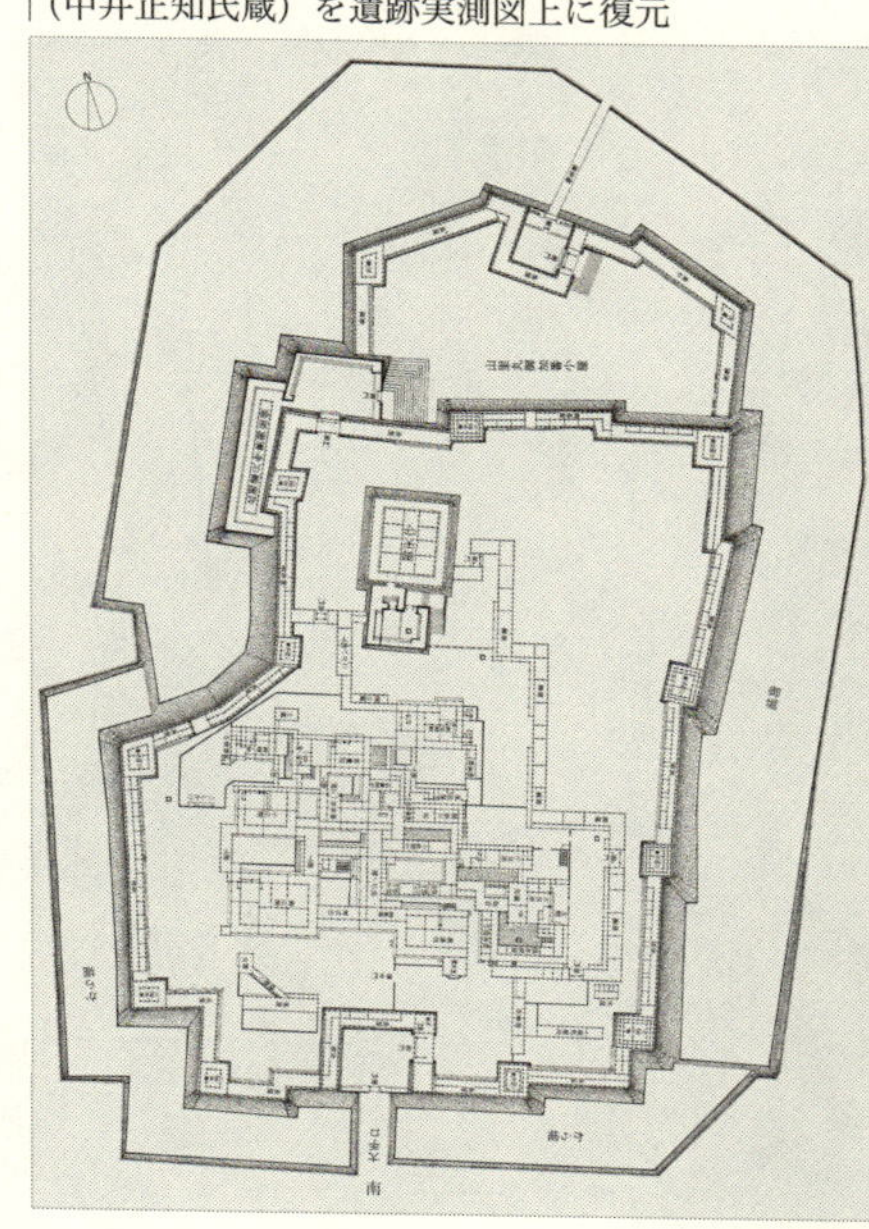

『大坂城之図』（中井正知氏蔵）

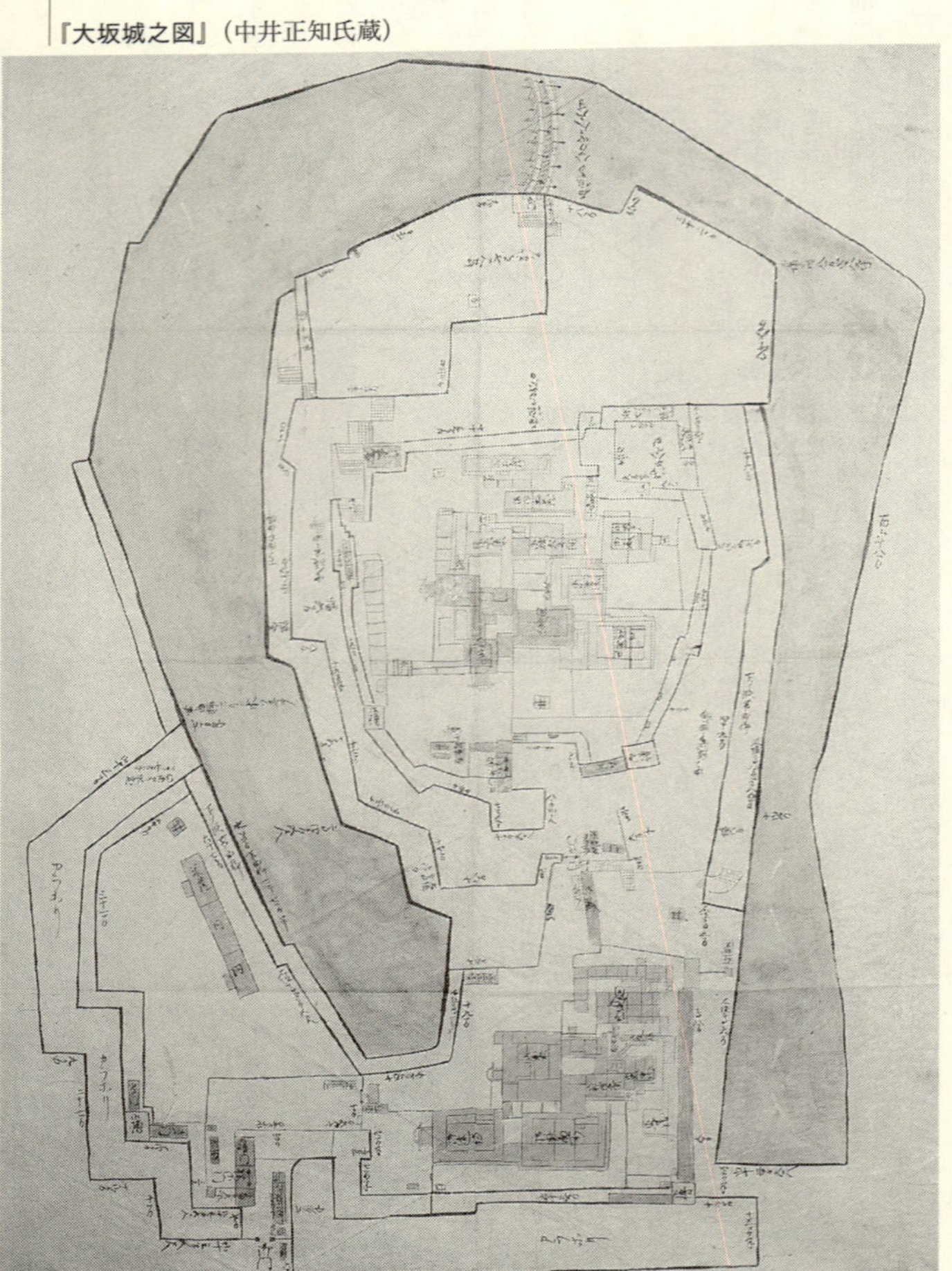

年（一五八三）六月のことであった。同年九月、秀吉は城郭建設に着手したが、その工事には、日夜三万人を動員したという。十一月には天守台が完成、天正十三年には天守が一応完成していた模様である。また文禄三年（一五九四）正月、第Ⅱ期伏見指月城築城と同時に、大坂城総構堀の開削が始められている。この総構堀の工事が終わったと思われる慶長三年（一五九八）、秀吉は伏見城で没する。つづいて慶長五年関ケ原役が起こり、やがて、大坂冬陣で三丸総構堀とともに二丸の堀までも敵方によって埋められ、裸城同然となる。慶長二十年、大坂夏陣で天守・櫓などが灰燼に帰し、栄華を極めた天正度大坂城の結構は、豊臣氏滅亡とともについにその姿を消すこととなる。

　江戸時代に描かれた、豊臣氏の大坂城と称する古絵図は数多くある。しかしいずれも信憑性に欠けるものであって、豊臣氏大坂城の形状はほとんど不明である。ただ、『大坂冬の陣図屛風』（東京国立博物館蔵）・『大坂夏の陣図屛風』（黒田家旧蔵）その他の史料があって、本丸・西丸・山里丸を二丸・三丸が取り囲んだ環郭式縄張による天

大坂城二丸六番櫓

正度大坂城の形容をわずかに知ることができる。

天守は、近年判明した安土城と同じく、梯立式前期望楼型で、外観五層・内部穴蔵一階・石垣上六階の計七階であったと思われる。穴蔵は、出入口の構造からして二階ないしは三階になることもある。小早川隆景や吉川元長、それに吉田兼見の伝える八重とか、長曾我部元親のいう九層の大天守という数のちがいは、おそらくこのような部分での解釈のちがいから生じたものと考えられる。

外観は、柱・長押をあらわした真壁造で、内法長押下は黒下見板張となっており、最上層には鷺・虎の彫刻があり、破風・長押等に取付けられた飾金具や、鯱・瓦などにふんだんに金箔が使われていた。

また内部は、安土城天主（守）にみられるような居住性は少なく、最上階を除いた各階は、衣裳・武具・宝物等の蔵として使われていた（『大友家文書録』）。ただ二階には座敷があり（『落穂集』）、天守内で接客する際、茶の湯等でもてなすための座敷飾があったと考えられる。なお、関ケ原役後、家康が西丸に入り、もう一

大坂城二丸一番櫓

つの天守を造営している。

また『豊臣時代大坂城本丸図』なる一連の絵図がある。特に昭和三十四年の発掘調査によって、現存大坂城の地下一〇メートルほどのところに、秀吉時代と考えられる石垣が発見されるに及んで、この本丸図の信憑性は、かなり高いものと、判断されてきている。

それによると、本丸は、南・北二つに区画され、奥（北）を特に詰丸（つめのまる）と称する。南に大手とみられる土橋がかけられ、詰丸北側下段に山里丸があって高欄付の橋で二丸へ繋（つな）がれている。加えて帯（おび）曲輪の中之段、下之段があり、坂道で本丸中央部に結ばれている。

本丸御殿は、対面・接客の場である「表向」と秀吉夫妻の住居である「奥向」を前記のとおり本丸の南北に分離配置し、それぞれにおいて遠侍（とおざむらい）・広間・対面所（俗にいう千畳敷）など書院造の殿舎構成を整えて、内部は金碧障壁画によって飾られていた。名古屋城や二条城それに江戸城御殿で結実をみる表・中奥・奥のいわゆる雁行（がんこう）形の殿舎構成を萌芽的に見出すことができる。

大坂城二丸石塁・六番櫓

この縄張を基底にしながらも大きく拡充されたのが、徳川幕府による元和〜寛永期の天下普請である。幕府の威信にかけて豊臣家のイメージを払拭したわけで、今日に伝わる大坂城址はその遺構である。

慶長二十年（一六一五）の大坂夏の陣によって豊臣家は滅亡する。よって大坂は、家康外孫の松平忠明（ただあきら）が一〇万石をもって領することとなり、忠明は直ちに京町堀川、江戸町堀川を開削、寺院を整理統合するなど着々と城下町の整備を行ったのである。しかし、この大坂は、政治・経済・軍事といったあらゆる面において国政を直接左右しかねない枢要な位置にあり、家康の外孫とはいえ、特定の領主をおくことには、多くの問題があったものとみられる。元和五年（一六一九）に至って、伏見城の廃止が正式に決定するにおよび、忠明は、大和郡山城へ所替えとなり、大坂は幕府直轄地として城代をおくことになったのである。

これにともない、翌元和六年正月には、藤堂高虎を総指揮として、戸田氏鉄（うじかね）他五名を普請奉行にお

大坂城西丸乾櫓

き、北国・西国大名を総動員する形で、三丸、および二丸の西・北・東面の大改築が始まったのである。元和八年頃には、造営奉行小堀政一・山岡景以（かげもち）による櫓・多聞も完成した模様で、天守台の構築に入っている。引き続いて寛永元年（一六二四）には、家光の命により、本丸・山里丸の工事が始められたが、同三年頃には、天守造立におよんでいたらしい。そして寛永六、七年頃に至り、大坂築城の一連の工事は、ようやく完成の域に達したのである。

その城郭は、本丸と北方の山里丸を二丸・三丸が囲繞（いにょう）した最大規模の環郭式縄張であって、内郭（本丸・二丸）を合わせた面積は、約五九ヘクタールとなる。内郭としては、江戸城に次ぐ規模であった。大手筋を南に、搦手（からめて）筋を北におき、二丸より三丸へ大手口（西南）、京橋口（西北）、青屋口（東北）、玉造口（南東）をもって結ばれていた。とくに青屋口には、橋を移動できる算盤（そろばん）橋が設けられていた。また三丸の西辺は、帯曲輪の一種である仕切曲輪、また東辺は蔵曲輪といわれ、米蔵が多数おかれていた。大坂城には倉庫・火薬蔵など貯蔵・軍事施設においてもみるべきものがあり、一方また櫓・多聞などもき

大坂城二丸大手門

わめて大掛りなもので、特に本丸には、三層の櫓一一基を多聞櫓で連結した総多聞構えであった。

石塁は「切込みハギ」で、高く巨大な切石の使用例を挙げるまでもなく、石塁構築技術の完成を示すものであって、石と石との繋ぎには、鉄塊が使われていた。その石材は、伏見城の石を転用する一方、おもに西国各地から切り出されたものである。本丸北辺隅には、外観五層、内部穴蔵一階、石垣上五階、初階梁間一五間×桁行一七間（一間＝七尺）の壮大な天守が、南面して聳え立っていたのである。その天守は、破風の形と位置、それに数が規則的に据えられた後期層塔型であって、高さは天守台下地盤面より約五八メートル（一九〇尺）におよんでいる。名古屋城天守より約九メートル（三〇尺）高く、寛永十五年造立の江戸城天守より僅かに低い程度であった。

なおこの天守は、上層と下層とを構造的に、より一体化するため、内部に通柱が多用された「互入式通柱構法」であった。寛永度江戸城天守で、層塔型天守が構造的にも様式的にも完成するのであるが、それとほとんど同質の設計技術がこの天守においてもみられるのである。その後天守は、寛文五年（一六六五）雷火で、さらに慶応四年（一八六八）には、失火で本丸御殿・櫓等城郭の大部分を失う。ともあれ徳川家大坂城には、その城郭のすべての規模様態において、豊臣家のそれを凌駕(りょうが)せんとする極めて強い政治的意図が窺える。

19　和歌山城〔形式　梯郭式平山城〕

古くから奈良・京都方面より和歌山にいたる道筋は、東方から和歌川を越える道筋と、北の紀ノ川沿いの道とがあった。天正五年（一五七七）に織田信長が軍を差し向けた際には、本隊は東、支隊は北から攻め込んだが、和歌川の守備が思いのほか固く、織田軍は大いに苦しめられた。

天正十三年、豊臣秀吉の命により、弟秀長が近世城郭としての和歌山城を築くが、先の織田軍の経験から、築城に際しては、城の正面を東に想定し、北からの侵入は紀ノ川やその支流で防ぎ、有力な水軍の本拠を紀ノ川河口において搦手（からめて）とした。

さらに、平時には城下町の生活物資運搬用として、また有事には北からの敵を防ぐための堀として、紀ノ川の堤防を伝法付近で開削し、東方に向かって大運河（堀川）を開き、紀ノ川の流れを大

和歌山城天守（復元）

門川・和歌川に引いた。そして、広瀬川と西汐入川の両支流を掘り、この三川に囲まれた堀之内に、家臣団の屋敷を建てて三丸としたのである。一方本丸は、吹上の峰の天険を生かして構え、北側の城山を盾にしたような位置に二丸を構えた。

この吹上の峰に石塁を築き、東西一〇〇メートル、南北九〇メートルの台地を造成、北半分に高さ六～八メートルの石塁で基壇を築いて本丸とする。その上に大天守・小天守・隅(すみ)櫓(やぐら)・二の門櫓・多聞を回して天守丸に近い構成となし、連立式天守閣を造った。

その後、徳川家康の女婿であった浅野幸長(よしなが)が、大坂城を牽制するために、慶長五年（一六〇〇）にここに転封された。浅野氏は、入城後、城石塁の過半を築き直し、天守をはじめ、櫓・多聞・城門を建て並べ、壮大な殿舎を新築し、大名の居城にふさわしい規模の城を造りあげた。さらに、多数の重臣の屋敷や商人の町家・社寺などの建設事業を行い、近郊農地を宅地化して、大規模な城下町を建設した。

元和五年（一六一九）、幕府は、国内体制を固める必要から、和歌山の浅野氏を広島に移封、代わって御三家のひとつ、紀州徳川家の祖

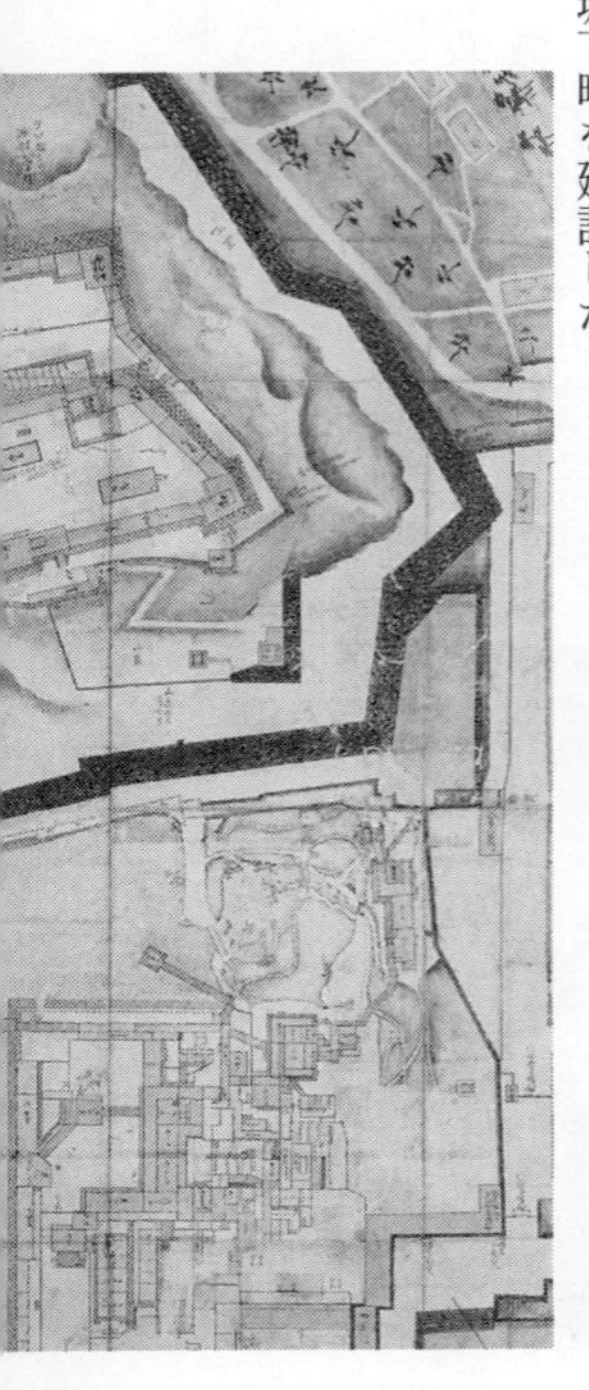

である徳川頼宣が入城することとなる。

頼宣は、城の南に接続する砂丘を掘り割り、東西交通の新道（三年坂）を造って、広瀬方面と湊方面の交通路を開き、掘り割った砂丘の北部分を城内に取り込んで城域を南に拡大し、西に砂丸を造った。そのために藤堂高虎に広大な石塁を築かせるなどして、それまで吹上の峰にのみ城の安全を託していたこの城が、その中世的構成から脱却して、当時としては最新の近世城郭に生まれ変わったのである。

『御城内惣御繪頭圖』（和歌山県立図書館蔵）

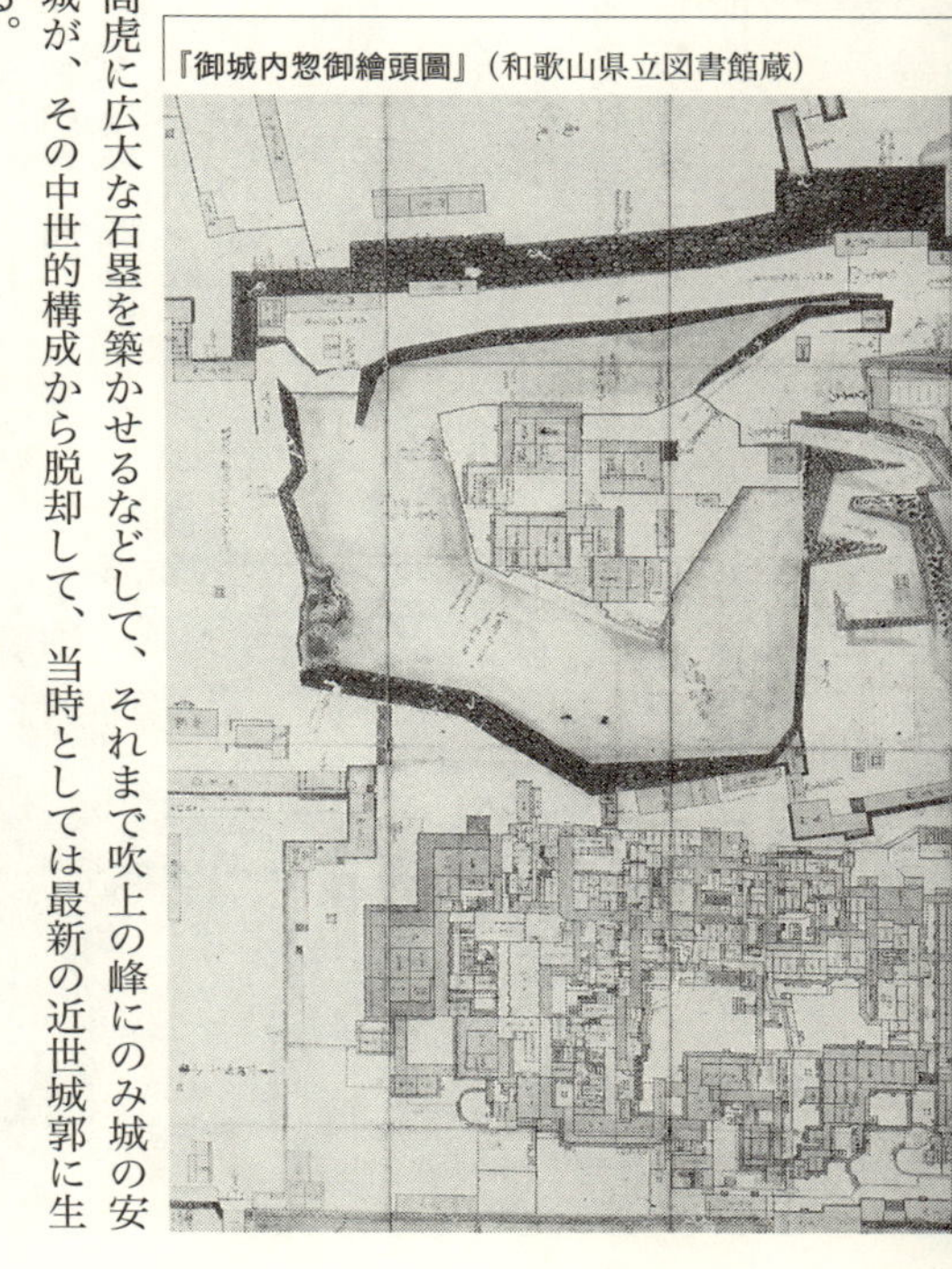

さらに頼宣は、城地が狭いことから、西堀の三分の二を埋め立てて敷地に加え、合わせて五〇〇〇坪の二丸御殿と別に西丸四〇〇〇坪を加えた。この計画では、小堀遠州が作事に携わったという。本丸御殿も浅野氏が建てたものを取り壊し、遠侍・白書院・黒書院・奥の

間・料理の間などを新築して、内郭面積二〇・九ヘクタールの全容を整える。

これらは明暦元年（一六五五）の失火で二丸・西丸が焼亡、弘化三年（一八四六）には落雷で大小両天守・櫓四棟・蔵三棟などを焼失した。当時、天守の再建については、幕府の許可を得られないのが一般であったが、特に請願して許された。嘉永三年（一八五〇）に望楼型三層大天守・二層小天守の連立式天守や乾（いぬい）櫓・二の門櫓を古式に準じて再建した。

特に様式上古式である点は天守台石塁平面が不整形であること、逓減（ていげん）率が大きいこと、一重目の屋根を比翼入母屋（ひよくいりもや）造としていること、上下階の柱位置が一致しないことなどがあげられる。

明治維新後も主要部は残ったものの昭和二十年の空襲で天守閣などが焼け、昭和三十三年に外観復元している。

和歌山城岡口門

20　姫路城〔形式　渦郭式平山城〕

播磨姫路城は、いうまでもなく、近世の城郭史において最盛期の遺構である。本丸のある姫山（標高約四五メートル）の地に、最初に城塞を築いたのは、この地の豪族赤松則村(のりむら)で、南北朝の初め、元弘三年（一三三三）のことといわれる。しかし本格的な城が築かれるのは、天正八年（一五八〇）秀吉が、毛利方への備えとして、普請奉行黒田孝高、大工棟梁磯部直光をして構築せしめてからのことであって、天正九年には、三層の天守が成ったという。

翌天正十年、本能寺変が勃発、秀吉は、明智光秀に次いで柴田勝家を倒し、同十三年完成したばかりの大坂城に移ってしまう。そして慶長五年（一六〇〇）の関ケ原役後は、実質一〇〇万石といわれる封をもって池田輝政が姫路城に入る。そして、家老伊木忠繁を普請奉行に、大工棟梁に桜井源兵衛を任じて、慶長六年大々的な改造の工を起こしたのである。この時市川の流れを変え、寺院の移転を行うなど、城郭とともに市街の縄張が決定、慶長十三年に

姫路城大天守・西小天守南面

は、天守の構築に取りかかった模様である。翌年にはその工事も終え、ここにおいて姫路城の結構は、完成したわけである。

しかしながら輝政は、間もなく（同十八年）没し、長子利隆も元和二年（一六一六）三三歳で他界してしまった。嫡子光政は、わずか八歳の幼少の故、翌年因幡国鳥取へ所替えとなる。代わって同年、本多（ほんだ）忠政（ただまさ）が伊勢国桑名より入り、城郭の整備に尽力したが、嗣子忠刻（ただとき）・政朝（まさとも）は相継いで早世する。幕府にとって軍事上重要な地だけに、のち譜代大名八家が入れ替わり入城したものの、輝政の時と異なり、藩の禄高は大幅に減少、ために城の修築さえままならなかったという。

姫路城内郭南立面図（内藤昌）

さてその城郭は、姫山・置塩山なる小高い丘を開削して築かれた典型的な平山城である。この中核部を取り囲んで東を市川、西を船場川が走り、加えて北には男山・景福寺山といった自然の要害が連立する。本丸・二丸・西丸・三丸などから成る内堀内は、二条城と同規模の約二三ヘクタールで、南面を大手筋に、東

姫路城にノ門

姫路城大天守1階西小天守出入口

姫路城菱ノ門

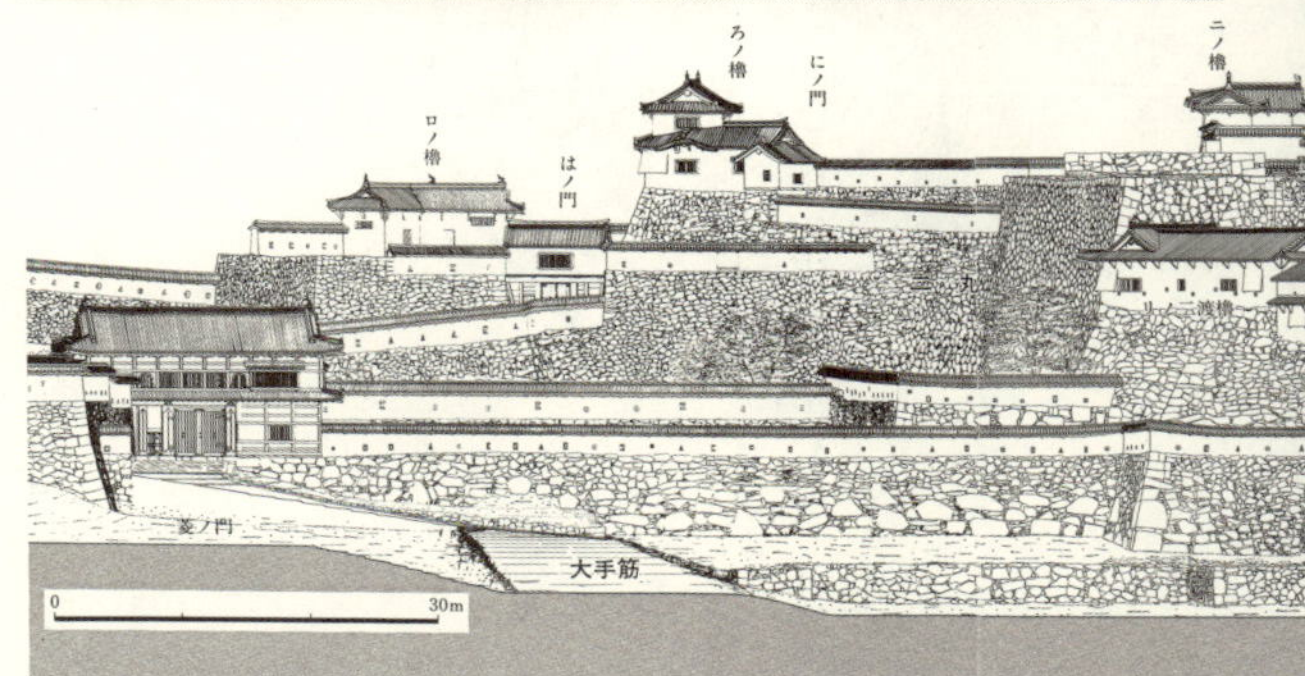

面を搦手筋においている。また郭（曲輪）は渦郭式で、東の本丸（姫山）から、西の西丸（置塩山）を経て東南の三丸へと「く」の字形に地形が下がり、この流れがそのまま内堀（城内）、中堀（高禄藩士）、外堀（町人地・足軽町）へと左渦巻状に堀を連らねているのである。特に幕府正統の穴生＝堀金出雲の設計施工になる石塁は堀金流の典型として注目される（一八〇ページ参照）

天守は姫山最高部に位置し、外観五層、内部穴蔵一階、石垣上六階計七階で、東・西・乾の三小天守と渡櫓をもって構成されたいわゆる環立式の典型といえる。大天守は、二層の大入母屋に三層の望楼をのせた後期望楼型であって、天守台もいまだ地山に沿って築かれているため、後の名古屋城や寛永度大坂城などのように矩形ではなく、東北部にゆがみが大きい。

姫路城の構成模式（左渦郭式）

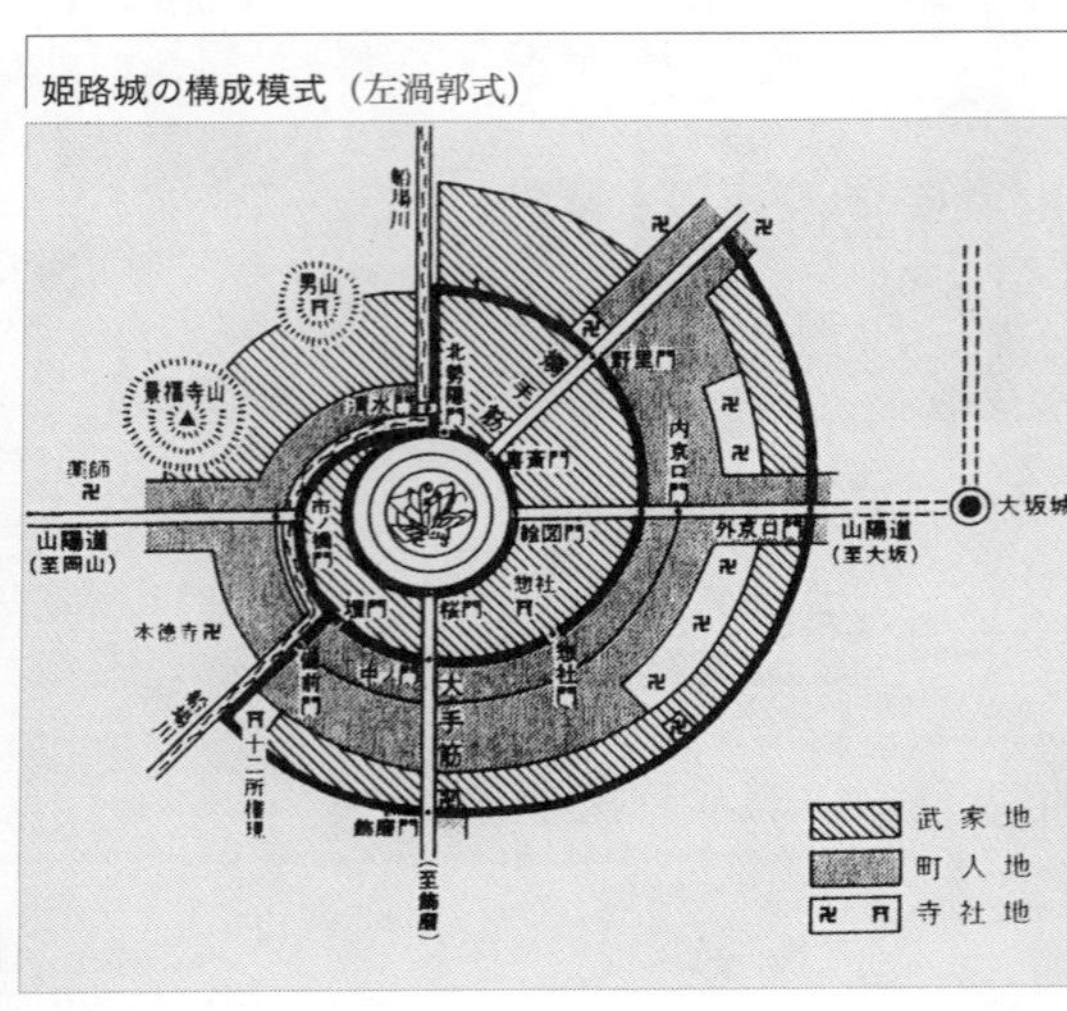

しかし構造は種々の工夫がみられ、特に側柱に半間おきの中柱をたて、また隅には筋違（すじかい）を入れ、特に地階より石垣上六階床下まで大通柱をたてる点は注目すべきである。さらに天守の内部には、籠城施設としての台所・便所などを備え、軍事的配慮がゆきとどいている。

慶長の中期から後期にかけては、いわゆる築城ブームの時代であって、幕府の前衛としての実戦的な施設が一段と発達した時期であり、この姫路城も例外ではなく、様々な工夫が認められる。狭間（さま）付の櫓・門・塀を地形と組み合わせたその全体としての結構は、まことに巧妙複雑で、まさに城郭建築の極致というにふさわしい。

平成五年十二月に世界文化遺産に登載されている。

『播州姫路城下図』（岡山大学附属図書館蔵）

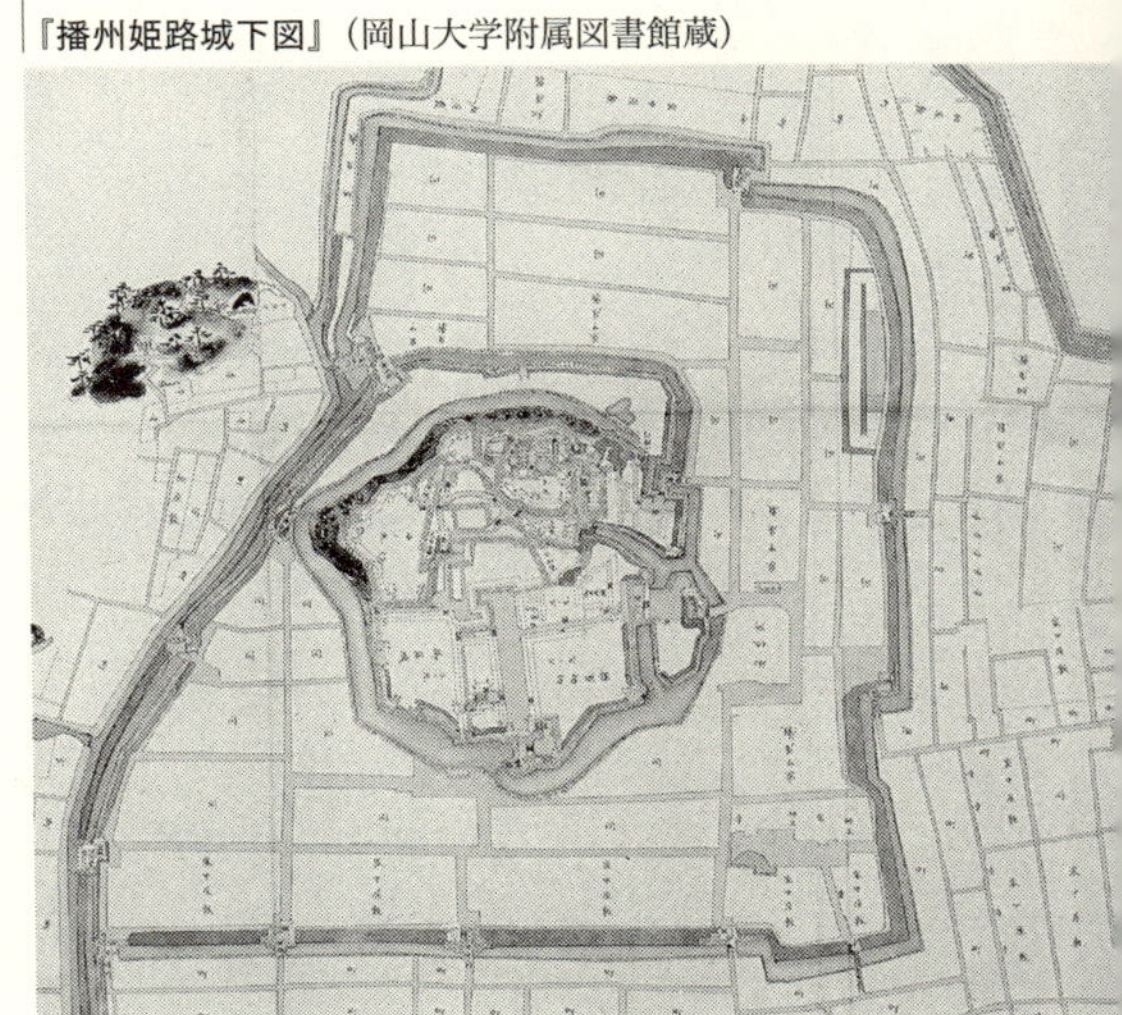

21　岡山城〔形式　梯郭式平城〕

岡山城は、一名烏城ともいわれるごとく、外装の黒板張りが特徴的であった。白堊の姫路城が白鷺城にたとえられるのと対比しての呼称である。

この岡山城の、そもそもの始まりは、南北朝の頃にさかのぼる。当時付近一帯は、伯耆国名和氏の一族、上神高直が支配していたといわれ、やがて大永年間（一五二五頃）には、金光氏が要塞を築いたという。

金光氏の頃、旭川は現在の流路と異なり、城の北部を流れていた。瀬戸内に近いことでもあり、諸国の物産が集まって定期に市が開かれていたようである。

このような立地に着目して、沼城（亀山城）主宇喜多直家は、元亀元年（一五七〇）金光宗高を滅ぼし、天正元年（一五七三）沼から石山へ移ってくるのである。この時、家臣＝岡平内に城郭の縄張を命じたが、それは、従前の金光氏の居城を西郭に置き、その東の丘陵地＝岡山に新たな城を築いたものであったという。

その直家の子秀家の代になると、さらに領土が大きく拡大されたので、天正十八年、秀吉の指示を仰ぎ、城郭の大改修を行っている。そして慶長二年（一五九七）頃、安土城天主を模したといわれる外観五層・内部六階の初期望楼型天守を完成させたのである。

しかし、慶長五年（一六〇〇）には関ケ原役が起こり、敗軍の将となった秀家は領地を没収され、同年十一月代わりに小早川秀秋が入城してくる。秀秋は、亀山城、富山（とみやま）城の天守・櫓・門等を移建し、また伊勢宮口から水を通すなど、城の外郭線となる外堀を掘って、城下の整備を行ったが、慶長七年病没してしまう。

翌年、姫路の池田輝政二男＝忠継が二八万石で封ぜられるが、幼少のため代わりに兄利隆が入城し、西の丸の帯郭が構築された。慶長八年には利隆に代わって忠継が入城するが、この忠継も、元和元年（一六一五）早世、弟忠雄が代わって洲本から入城し、大手門周辺を中心に、枡形（ますがた）を設け、小路を開くなどの修築を行った。のち、寛永九年（一六三二）に至り忠雄は江戸で亡くなり、嗣子光仲は幼少の故をもって、同年従兄の鳥取藩主池田光政と領地を交替する。その後岡山城は、光政とその子孫の居城となる。

岡山城天守（復元）

城郭は、東に岡山、西に石山といわれる丘状地を利用して築かれ、旭川を背にして、殿守丸・本丸・二丸・西丸・三丸を東方へ向けて区劃したいわゆる梯郭式の縄張である。本丸のある内堀以内は、およそ六ヘクタールで、大手門は、二丸内屋敷の西郭南方に位置し、また搦手門は、この西郭の北側をあてている。このため殿守丸・本丸・二丸内屋敷の郭が独立した形状を呈している。

殿守丸北端の天守は、塩蔵と一体となっており、梯立式である。内部は内法長押を回し、畳が敷かれていた。特に二階城主の間には、床・棚・納戸構の書院造の造作をなし、さらに安土城天守と同じ三間四方の最上階には、神棚をおいて周囲に花頭窓を飾っていた。天守台の平面は不等辺多角形であるので、一層と二層との接合部において、軒の出が不揃いにな

『岡山城御城内絵図』（岡山大学附属図書館蔵）

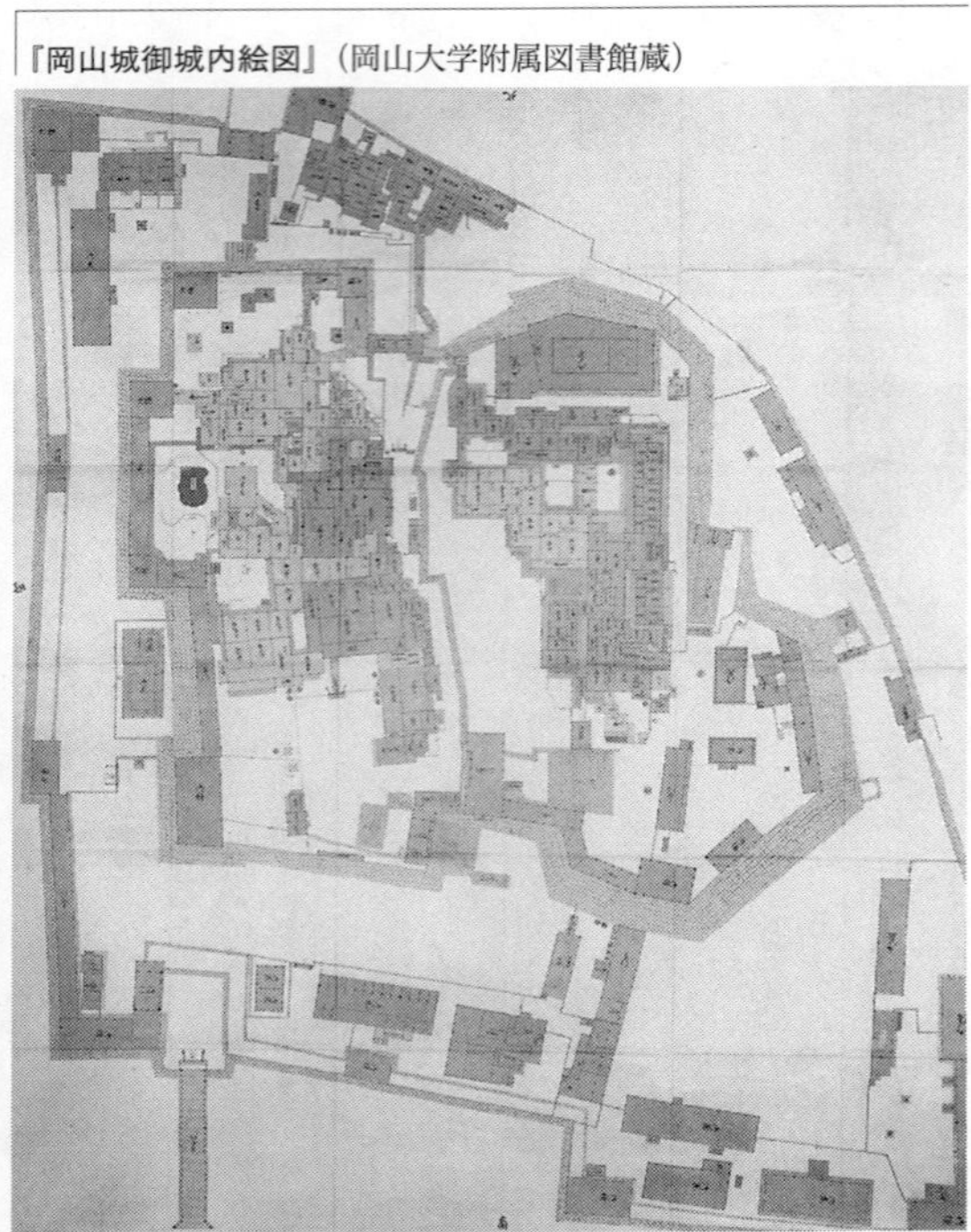

る。これらは初期天守にみられる特色で、安土城天主を模したという伝も十分に首肯できる。

また本丸西南隅には、初期天守の形容をもつ二層四階の大納戸櫓があった。さらにこの岡山城には、池田忠雄時代（寛永期）建立されたといわれる外観二層・内部二階の月見櫓がある。二層南東面を開放し、手摺付の縁を設け、また一層西面、二層南・北面の入母屋飾をすべて木連格子とし、一層南面に軒唐破風、同西面に唐破風の出格子窓、二層北面に唐破風・格子窓付の張出を設けるなど、その外観は優美な意匠となっている。いうまでもなくこの月見櫓は、松本城月見櫓とともに最古の遺構で城郭史上貴重である。

なお、天守は昭和二十年に戦災焼失したが、昭和四十一年に外観復元されている。

岡山城月見櫓内部

岡山城月見櫓

22　広島城〔形式　環郭式平城〕

広島城は、毛利輝元が、天正十七年（一五八九）に、太田川（佐東川）河口の比較的高燥な地に建設した平城である。輝元は、広島に移る以前、安芸吉田郡山城を本城とした。この吉田郡山城は、毛利氏歴代の居城であったが、山岳地の狭小な山城で、一一二万石の拠点としては、もはや時代遅れの不十分なものであった。

そこで同年二月、輝元は城地選定のため、この地を見分している（『芸陽記』）。同年四月に鍬始めを行い、普請奉行として二宮就辰・穂田元清を命じ、特に堀普請には、湯浅将宗・井原元尚を当てている。また黒田孝高が築城の相談相手として、秀吉から派遣されたという（『二宮家譜録』）。

そして天正十八年正月には、平田屋惣右衛門の協力によって町割が完成（『知新集』）、次いで十二月には、城郭部も一応整ったようで、翌正月には、とりあえず輝元は広島城に入り、のち改めて文禄二年（一五九三）移徙している。

広島城天守（復元）

おそらくこのとき天守は完成したのであろう。当時、ここを訪れた平塚滝俊は「城中のふしんなどハしゆらく（聚楽）にもおとらざるよし申候、石かき天しゆなど見事成事不及申候」と記している。また『江系譜』に「聚落（楽）御城図縄張」とあり、事実、聚楽城と広島城の結構は、本丸・二丸（馬出曲輪）・三丸・内堀・中堀それに東辺の堀川との位置関係において、よく類似しているといえる。

『安芸国広島城所（絵図）』部分（内閣文庫蔵）

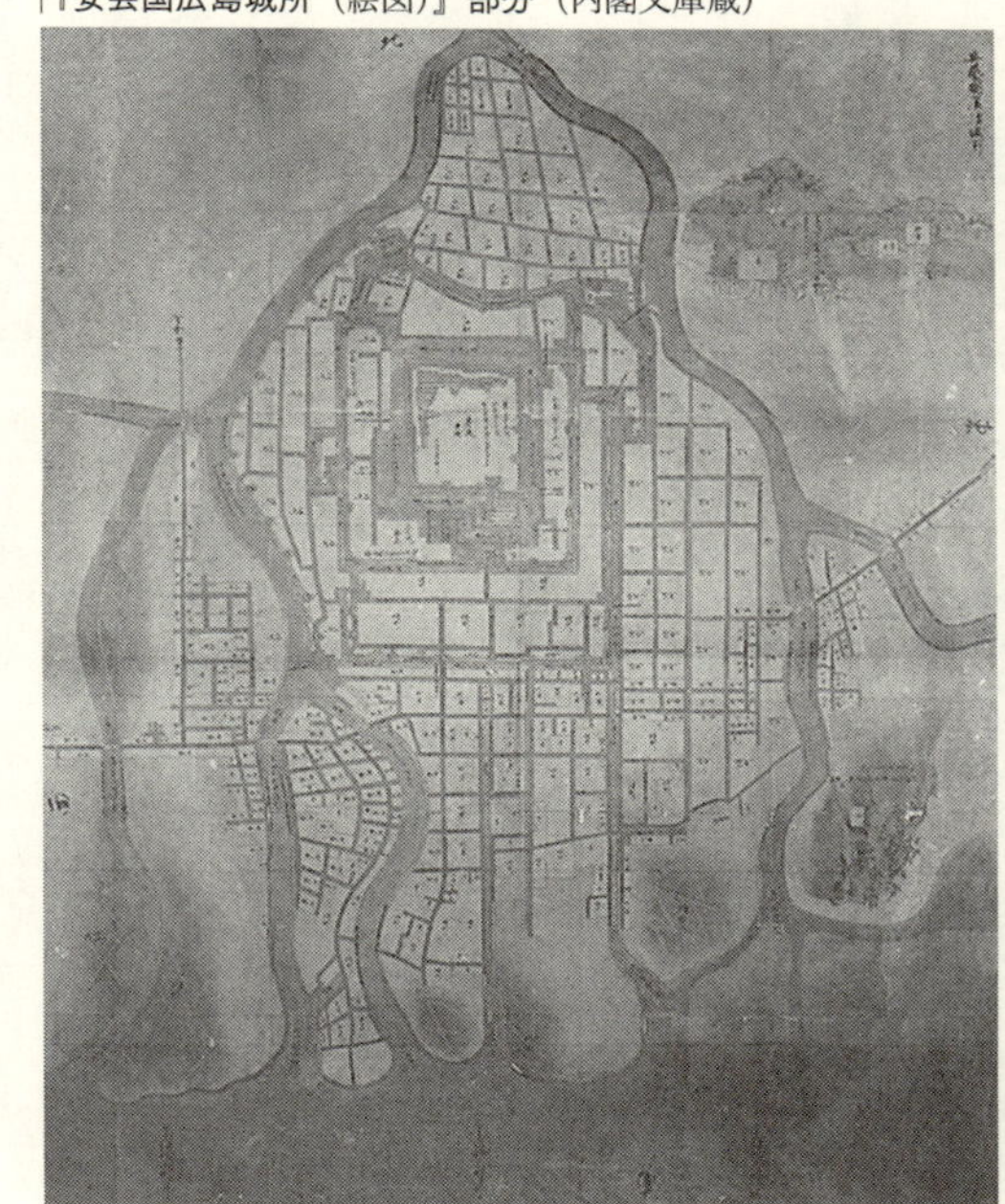

やがて慶長五年（一六〇〇）、毛利氏は、関ケ原役で西軍に与したため、周防・長門二九万石（後三六万石）に減封となる。代わって尾張から安芸・備後四九万八〇〇〇石の城主と

して福島正則が入城し、毛利家の時代に不備のまま終わっていた城郭の修築に着手した。特に元和三年（一六一七）の大洪水により、修築が急がれた模様である。工事続行中の元和五年六月、この工事が江戸幕府に無認可のゆえをもって、福島家は改易となる。よって同年七月、浅野長晟（ながあきら）が紀伊より転封され、改めて石垣や太鼓櫓（たいこやぐら）等の修築を行い、以後代々浅野家の居城として幕末に至っている。

さてその城郭は、太田川が分岐して形成したデルタの標高四メートルたらずの平地に地割されている。城の地形は南に長く、それゆえ南面への構えが厳重で、外堀の南方に、東西に走る山陽道を通している。

本丸へは、南の大手門、東の東門をもって結ばれ、矩形の本丸に沿って、順次、内堀・中堀・外堀を外部へめぐらした環郭式の縄張となっている。

本丸の西北には天守台があって、前期望楼型の外観五層（内部石垣上六階）の構造をもつ天守は、西・南に付属櫓を接続するいわゆる複梯立式である。

本丸・二丸をあわせると、内郭の面積は約一四ヘクタールにおよび、さらに毛利家時代、本丸の北

には大坂城山里丸にも似た数寄屋丸があったという（『知新集』）。また浅野家の入封したころより、三丸の西に馬出曲輪が別に設けられもした。

要するに広島城は、聚楽城に範をとった典型的な平城である。山陽道支配の枢要の地として、馬出を多用した環郭式縄張は、中国地方屈指のものであり、明治維新後も重視され、明治四年に鎮西鎮台第一分営が本丸に設置され、さらに同六年第五軍管広島鎮台、同十九年第五師団と改称され、ついには日清戦役で明治二十七年広島に大本営が設けられた。

なお天守は、昭和二十年の原爆によって壊滅したが、昭和三十三年に外観復元された。また、昭和六十二、六十三年に二丸の発掘調査が行われ、その成果をふまえたうえで、第五師団経理部作成の実測図や陸軍築城本部編『日本城郭史資料』（国立国会図書館蔵）および古写真等をもとに、平成元年から六年にかけて、二丸表御門・平櫓・多聞櫓・太鼓櫓が木造伝統構法で復元された。

『広島城下絵屏風』部分（広島城蔵）

23　松江城〔形式　梯郭＋連郭式平山城〕

宍道湖と多数の河川によって構成される松江は、まさに水の都というにふさわしい。

松江城がある一帯は、かつて末次荘といわれ、九条家の私領であった（『東福寺文書』）。鎌倉時代になると、佐々木義清が出雲の守護に任ぜられ、その統治下となり、次いで戦国期には、佐々木氏の守護代であった尼子氏が勢力を拡大して、周防の大内氏と敵対するに至っている。その周防では、のち大内氏に代わって毛利氏の台頭があり、当然にして尼子氏と対立した。そして永禄九年（一五六六）、毛利元就は、尼子義久を富田月山城に破り、出雲国一帯を掌握したのである。

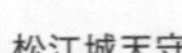

松江城天守

やがて慶長五年（一六〇〇）、毛利氏は関ケ原役に敗れ、その領国は、防長二国に削減となり、萩に本拠を移す。代わって新たに堀尾吉晴が、出雲・隠岐二四万石に封じられ、富田城に入城した。ここにおいて吉晴は、幕府から許しを得て、慶長八年より松江新城の工事を開始したのである。

このあえての移転は、富田城が水運の便がきわめて悪く、政治・経済を重んじる近世的な城郭に、もはや適さないと判断されたためであろう。嫡子忠氏や家臣などは、かつて尼子氏の要害があった亀田山（標高約二八メートル）の地を選定したという（『雲陽大数録』）。

普請は特に、城の西方・北方の丘陵地に、大規模な堀を開削するのが主であった。加えて城の東方・南方の河川や宍道湖の自然の地形を巧みに利用し、松江低地といわれる三角州上に、城下町を町割りしたのである。

松江城天守付櫓

松江城天守1階内部

この縄張は、『信長記』『太閤記』の著者として有名な小瀬甫庵によるともいわれ、彼は、「鱸の名所也」（呉の松江の鱸が美味で名高い）とてこの地を松江と名付けたという（『紳書』）。その真偽のほどはともかくとして、慶長十六年には天守が完成、吉晴はここに移る。その後、寛永十年（一六三三）に三代忠晴が没して堀尾家は断絶する。翌年京極忠高が入城するが一代限りで断絶し、寛永十五年に信州松本から松平直政が移封され、以後明治維新まで松平家が城主となる。

縄張の大要は、梯郭式の平山城で、大手筋を南方に開く。本丸は亀田山のほぼ中央に位置し、本丸・腰曲輪などをあわせた内郭面積は、約一七ヘクタールとなる。

中核に聳える天守は、外観四層（ただし五層とみることもできる）・内部地階穴蔵一階・石垣上五階の後期望楼型に付櫓がある梯立式である。外観は二層に大入母屋屋根をもち、概して古風であるが、内部構造に、互入式通柱の先駆的構法が認められる点は、城郭史上特に注目すべきである。また最上階の回縁部には、雨戸がたて込まれ、一見層塔型に似る外容を示している点も様式編年上見逃せない。加えて地階に籠城用の井戸があり、まさに最盛期の天守と断じて差支えない。

内郭にはまた、本丸の北方から東

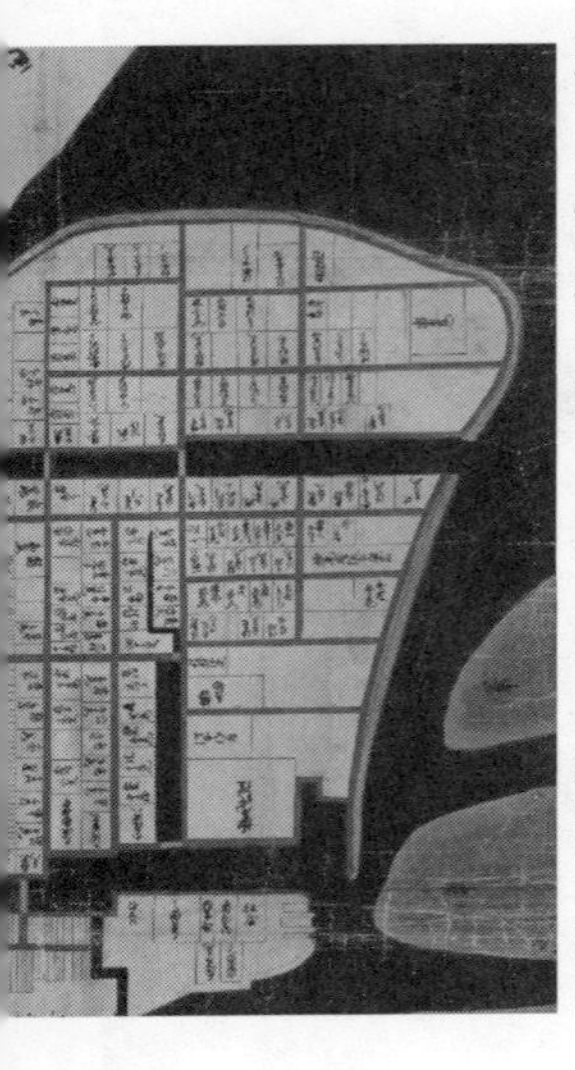

方にめぐる下段に腰曲輪がある。さらに、この腰曲輪の下段には、二丸が東西二分して置かれ、大手を固める形態をとっている。そして東半には玄関・式台・広間・下台所の殿舎が、また西半には書院・月見櫓・風呂屋・広舗・上台所の殿舎が棟を並べていた。

亀田山の東南部分は、いずれも、これらの本丸・二丸・腰曲輪で占められるが、西北部分は、いわゆる搦(から)め手(て)であって、特に、城の背面からの連繋を基に縄張されている。

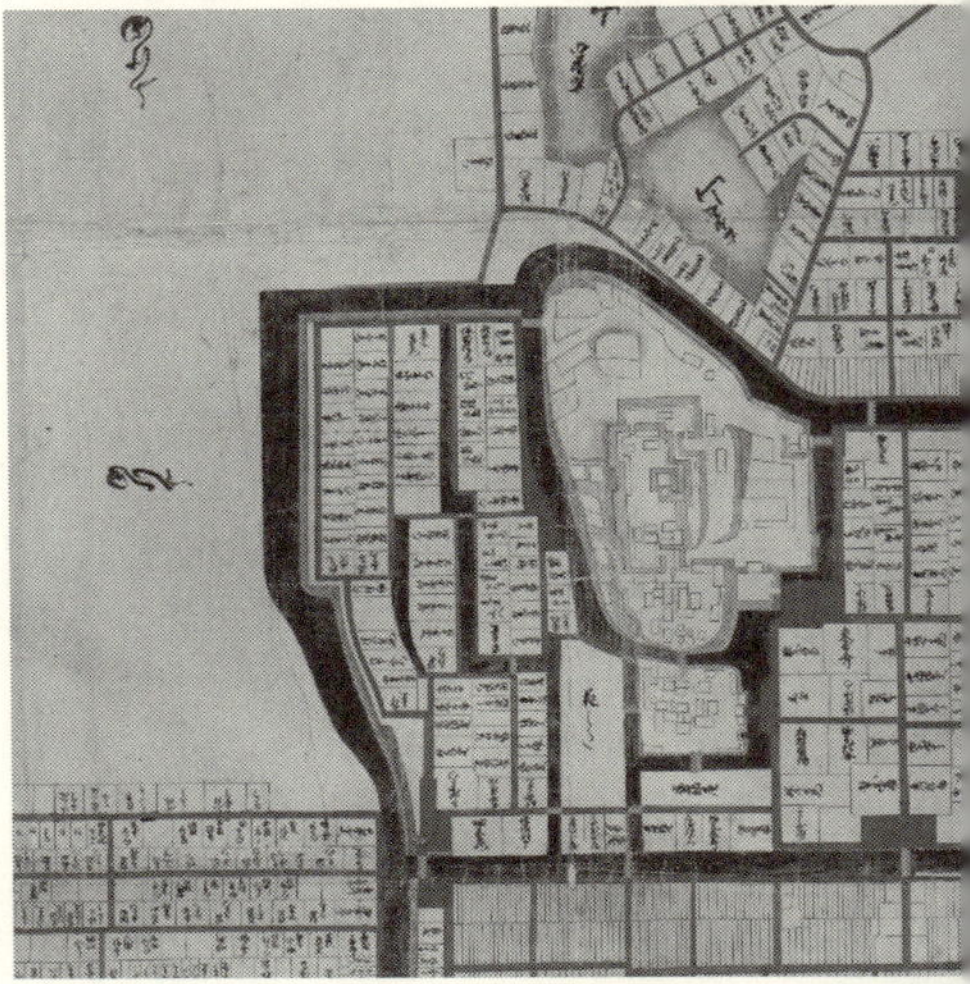

しかし何といっても、この城の縄張で重要な役割を果たすのは、三丸であろう。三丸は四方を堀で囲まれた矩形で、一種の馬出(うまだし)形の出丸である。ここに玄関・広間・書院・長囲炉裏之間・対面所・三保之間・中ノ居間・寝所・数寄屋等の殿舎群が連なっていた。

以上、松江城では兵学による典型的都市計画が知られて貴重である。

なお平成十二年に二丸南櫓、翌十三年に二丸中櫓・太鼓櫓等が復元された。

『堀尾期松江城下町絵図』（島根大学附属図書館）

24　萩城〔形式　梯郭式平山城〕

萩城は、中国の名門毛利氏の居城にふさわしく、洗練された築城技術を窺うことができる名城である。

関ケ原役によって、領土を一一二万石からわずか防長二州二九万石（後三六万石）に削減された毛利輝元は、本拠を広島よりこの萩に移したのである。初め、山口の鴻峯、防府の桑山、萩の指月山の三ヵ所が新城地として候補に上ったのであるが、徳川幕府との折衝の結果、萩に指定されたという。

この指月山は、戦国期に津和野城主吉見氏の出城もおかれていたところで、要害として特に優れていた。よって阿武川とその支流である松本川・橋本川に囲まれた三角州上に城下町が形成され、その北端に指月山が海に接して位置するのである。三角州の東方・西方・南方は、三〇〇メートル前後の山によって近隣の地域とは遮断されている。

萩城天守〔古写真〕（萩博物館蔵）

いよいよ慶長九年（一六〇四）、縄張に吉川（きっかわ）広家、毛利秀元を、普請奉行に二宮就辰、佐渡善内、三浦元澄、佐竹吉真、井上元重、三上元友の六人を任じて工事が開始されたのである。同年十一月には本丸御殿が完成して、輝元の入城があり、同十三年頃には、その他残りの工事がほぼ完成した模様である。

以後、毛利氏の子孫相継いで幕末に至ったのであるが、もともとこの萩は北前船（きたまえぶね）によって海運の便はよかったものの領国の辺境にあるため、外夷掃攘の戦闘において、下関や瀬戸内海側への指揮が困難であるという理由から、文久三年（一八六三）に至り、かつて関ケ原役後、新城建設の折、第一候補地であった鴻峯（山口）へ政庁を移した。

本丸御殿の奥向部分は残して、まず大広間・大書院など表向部分と、要害にある瀬戸崎櫓・八間櫓が解体され、諸役所および城内の諸社寺も山口に移された。さらに維新後は、大破した諸櫓・塀等の修理を請願するが認められず、破損建築は漸次解体する事を命じられ、明治七年、ついに天守・櫓一四棟・門四棟・武具庫三棟が取り壊された。

萩城下旧厚狭毛利家萩屋敷長屋

それにしても萩城は、いかにも西国筋らしく、石塁構築技術に優れている。特に天守の石塁は、打込みハギで、熊本城天守台に比すほどの俗にいう「扇の勾配」で、後藤流（上部定規合型、一八二ページ参照）の典型といえ、ひときわみごとである。

その城郭は平城の環郭式縄張であった広島城とは大いに異なり、標高一四五メートルの指月山上に詰丸をおいて、山麓に本丸・二丸・三丸を配した梯郭式の平山城であった。海を背にしたいわゆる「後堅固」の構えで、指月山を含む本丸・二丸・三丸をあわせた規模は三九ヘクタールにもおよび、内郭は極めて大きい。

詰丸は、詰本丸・詰二丸に分けられ、山下と同様二層櫓六棟を要所に配して、陸海監視の役をになっていた。

本丸南西に位置する天守は穴蔵をもたず（ただし穴蔵施工のあとがのこる）、下層大入母屋の上に三層の望楼をのせたいわゆる後期

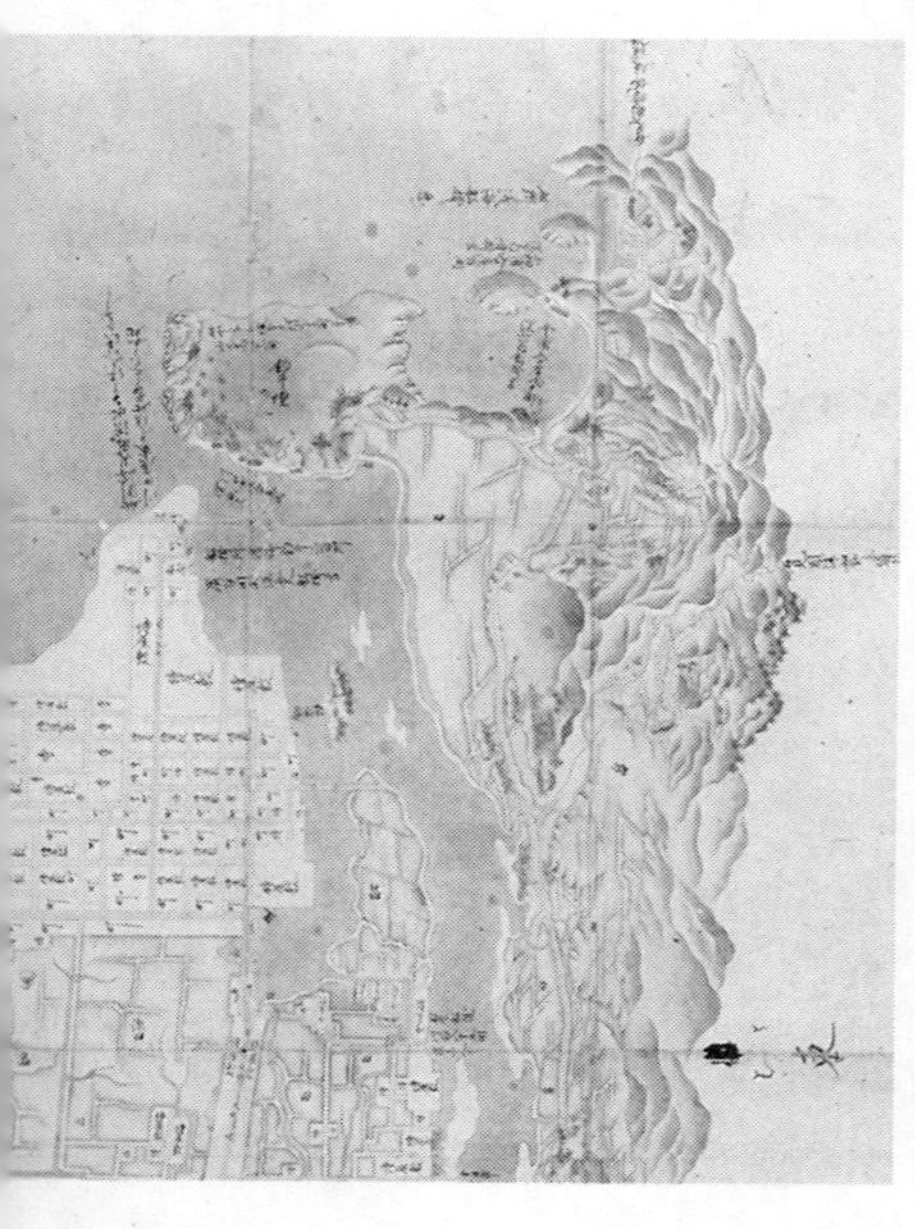

望楼型天守で、外観五層、内部五階、北面には付櫓が併合したいわゆる梯立式であった。一階平面は天守台石垣より全面に一間分張り出し、東西一一間×南北九間であって、姫路城と同程度の規模といえる。最上階には勾欄回縁をめぐらし、その他、花頭窓、突上窓をもつなど、概して古風な後期望楼型の様式を整えている。

しかしながら他面、天守の層・階は一致し、天守最上階平面は長方形であり、外壁は総塗籠であるなど、新しい手法も同時にまた指摘できる。

かくて華麗に造形された萩城は、後期望楼型天守から前期層塔型天守へ移行する過程での多くの様式特性をもっており、この点、姫路城などとともに、城郭史上特筆に値する名建築であったといえよう。

『長門国阿武郡萩絵図』部分（神戸市立博物館蔵）

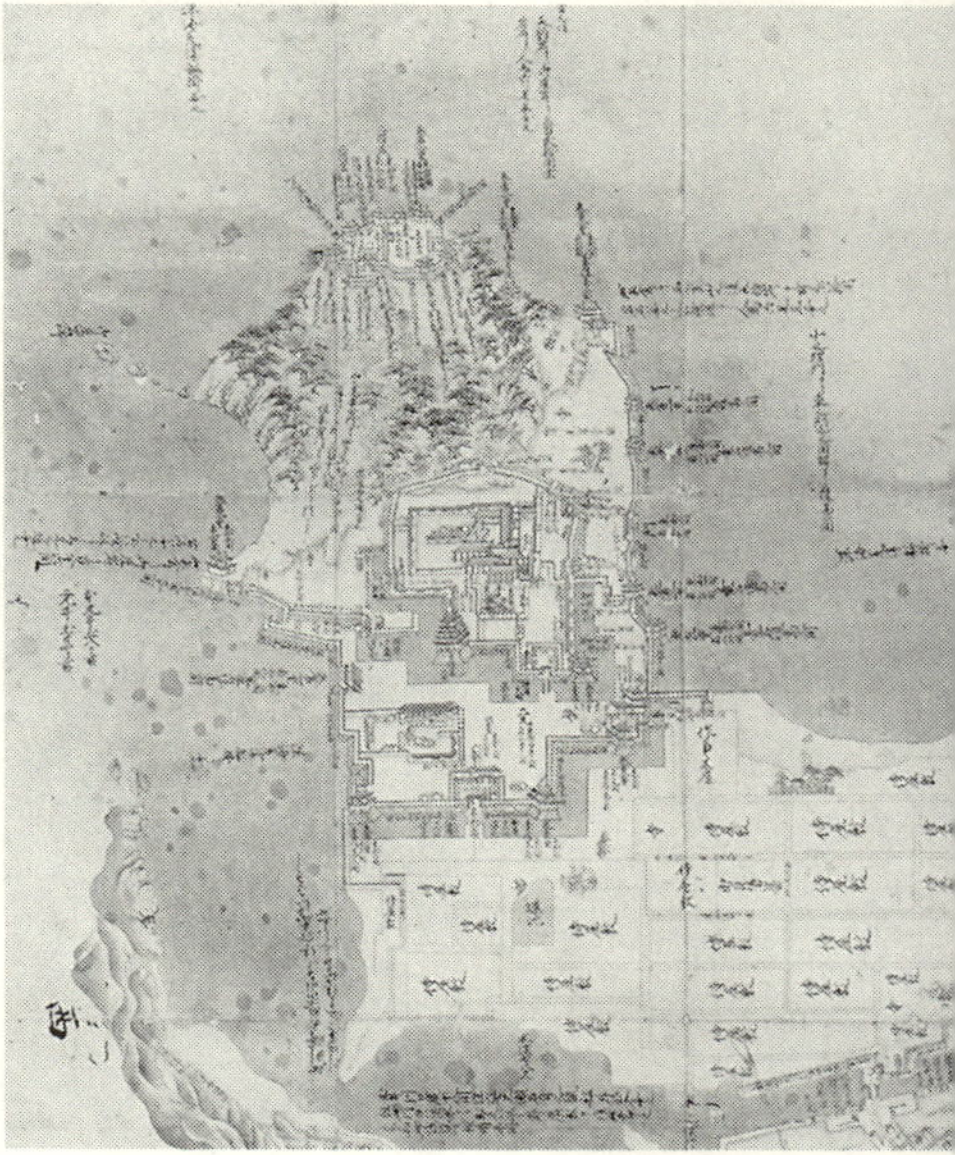

25　松山城〔形式　渦郭式平山城〕

「熟田津に船乗りせむと月待てば　潮もかなひぬ今はこぎ出でな」（額田王）と『万葉集』に詠まれた伊予熟田津は、石の湯（温泉）で知られるように古代から開けたところで、中世も道後の湯月（築）城を中心に栄えた。

しかし近世の開幕とともに伊予平野を四顧できる勝山（現・松山）を行政・経済の中心地と考え、新たに城下町を開いたのは、関ケ原役後加増により伊予二〇万石の大名になった賤ケ岳七本槍の一人加藤嘉明である。

慶長六年（一六〇一）勝山築城を徳川家康に具申し、翌七年正月十五日吉日に起工する。二〜三峰に分かれる勝山の谷を埋めたて、本丸・二丸・三丸の築造に当たった普請奉行は、足立半右衛門であった。城下町の経営にも意を注ぎ、旧正木城下と道後から商人の移転を促した。城郭の石材は付近の山々の

松山城天守曲輪航空写真

産出に加え、湯築城と正木城からも転用したという。同七年四月頃には城門も正木城から移す（『筒井門棟木墨書』）ほど工事は進捗するものの、大坂陣もあって遅れ、一応の整備なったのは、二十余年後の寛永四年（一六二七）のことという。その結構は、山頂本丸（本壇と称す）西部に櫓（やぐら）・門塀を従えて五層の大天守が聳え立つ構成であった。しかしこの年老齢の嘉明に会津転封が命ぜられ、代わりに蒲生氏が入る。蒲生氏は入府早々に農民一揆、さらに藩主忠知（ただちか）の病没で断絶となり、桑名久松松平氏の転封が寛永十二年にあり、明治まで続く。

松山城天守内部

松山城隠門続櫓

さて城郭構成は、典型的な平山城で、面積は、城下の三丸を含めて、六七ヘクタールと大きい。渦郭式縄張をとっている。幕府隠密報告では「松山城中総まはり、北南十三町卅四間、東ノ田之有かまへ迄、西方より合七町八間、西東八町卅四間、西方合十七町八間、四方

合四十町四十六間也、……（宇数）千計(ばかり)も可レ有二御座一候」と書かれ、広大な城郭の様子がうかがえる。

寛永十二年七月松平定行が入府したが、定行は、父が家康の異父同母であったことから幕府の信任厚く、松山城改修を申請し、寛永十六年（一六三九）七月十三日の許可にともない、大々的な改築を施した。改修工事は三年にも及んだが、今日の松山城の規模はこの時に定まったのである。なかでも天守の改造が最も目につく。すなわち外観五層を三層にしたのは、山頂部での建造物の保全を期すためといわれているが、幕府をはばかり縮小したともいう（『乗憲録拾遺』）。しかしこの三層天守も天明四年（一七八四）の雷火で大書院とともに焼失する。今日見る天守は幕末再建に係るものであるが、この天守再建計画は文政三年（一八二〇）よりはじまり、弘化四年（一八四七）小普請奉行の小川九十郎を作事奉行に任じ、さらに大工又左衛門・久左衛門を棟梁にあて、足かけ八年を要して完成した。天明雷火焼失より実に七十年余を経ている。

その結構が現在伝わるもので、当天守を総覧すると切石積石塁の新しさも目につくが、階高の低さと、最上階の規模が相対的に大きいことに

気がつく。事実天守初階は五八・三尺×四八・五尺で大城にはおよばないにしても、優に松本城天守に匹敵する。そして三階（最上階）を比較すると江戸城・名古屋城最上階には劣るが、天下の名城である安土城・岡山城等の方三間を超えて、三九尺×二九・三尺もあってほぼ松本城第五階または姫路城第六階に準ずる規模をもつ。下見板張りで武骨なデザインの復古天守とはいえ、小天守と櫓・門を環立させて天守丸を形成する様態は雄大である。

『元禄期の松山城下町絵図』部分（伊予史談会蔵）

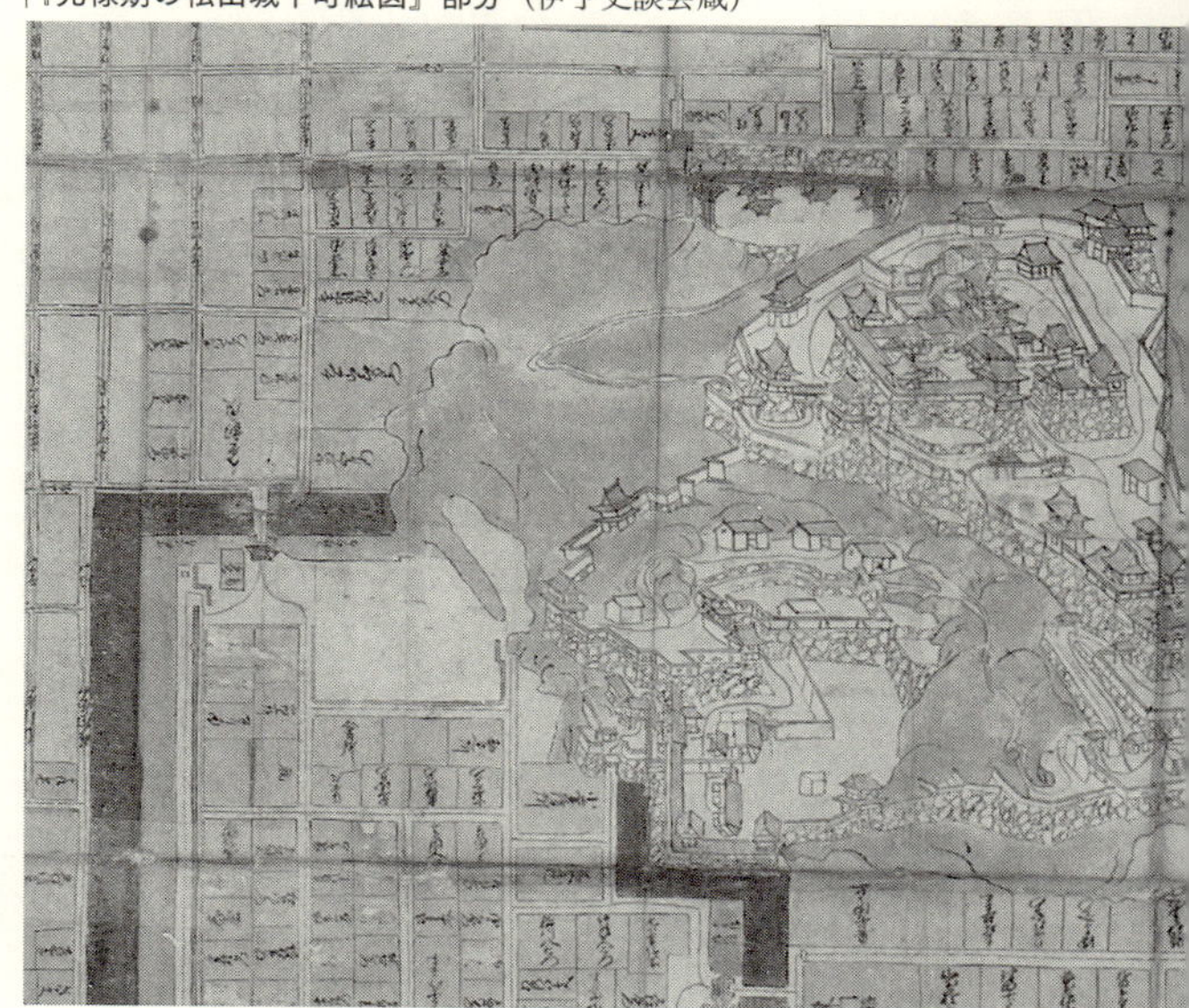

26　高知城〔形式　連郭＋環郭式平山城〕

大高坂山に聳える高知城は、威厳と気品をもった城として有名である。関ケ原役後、二四万石を領して土佐に入封した山内一豊によって築かれたもので、慶長六年（一六〇一）九月の起工と伝える。一豊は初め、長曾我部氏の居城であった浦戸城に入城したのであるが、地形狭小で陸上交通に不便なため、この大高坂山に移城を決意したのである。この地は、かつて国府もおかれ、南北朝の頃には南朝方の大高坂松王丸が、本拠にしていた。その後廃城になっていたが、岡豊城にいた長曾我部氏が、領土を土佐一国に縮小させられた時、一時城を築いて居城していたこともある。

ただ、この地は、鏡川・江ノ口川などの氾濫にみまわれる湿地帯であった。そこで、築城とあわせ大々的に改造しようとする工事が始まるのである。その築城の経過は明確で、慶長六年八月の地鎮祭につづいて、九月に鍬初めの式が行われ、築城総奉行には百々越前守安行をおき、以下普請奉行木部茂兵衛・山田久兵衛、作事奉行麻田忠左衛門他三名、大

高知城追手門

工頭加藤六兵衛、穴生役北川豊後などが知られている。

その結果、慶長八年に至り、本丸・二丸の工事がほぼ終了したらしく、一豊は同年八月に浦戸より移城した。つづいて三丸の工事が行われ、慶長末年頃には、城郭と城下町は、ほぼ整った形容を呈するに至った模様である。

以後、代々山内家の子孫相継いで幕末に至ったが、享保十二年（一七二七）の大火で天守以下ほとんどの城櫓を焼失した。同十四年から宝暦三年（一七五三）にかけて、作事奉行志東茂五郎、大工頭笹村喜平次、棟梁山本惣太夫・笹村太助・笹村助左衛門をあて、再建された。

『正保城絵図』（内閣文庫蔵）

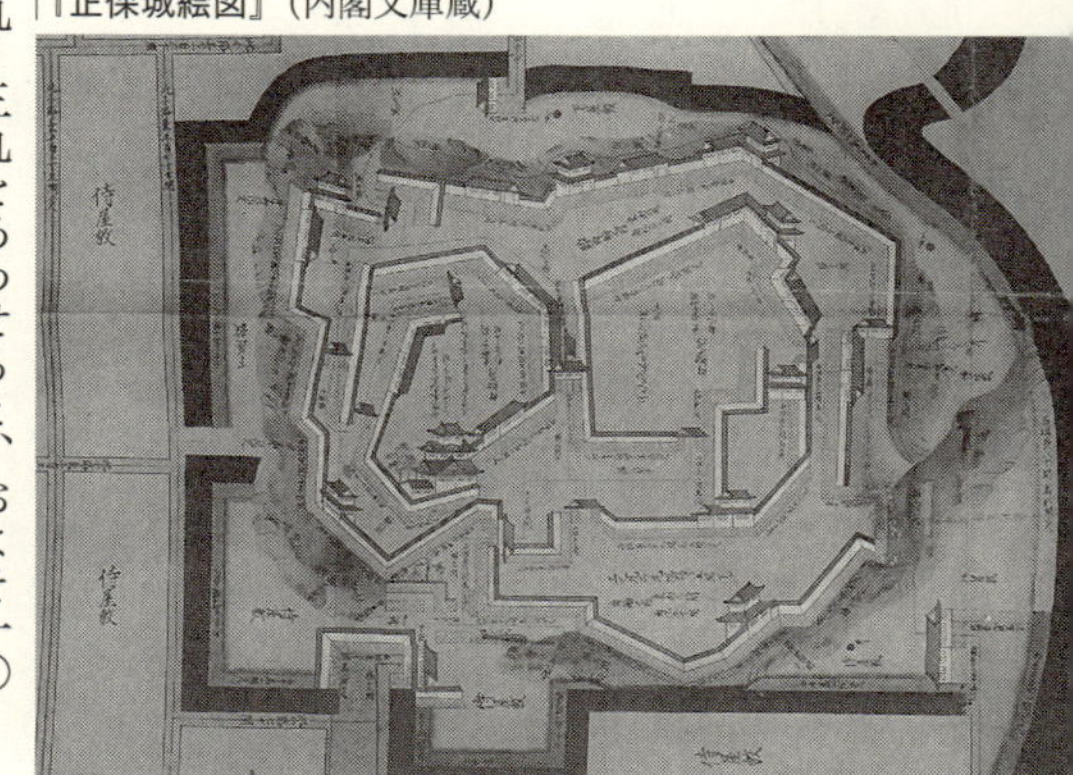

さて城は、標高四二メートルの大高坂山を開削して築かれ、大手を東、搦手を西においている。本丸・二丸・三丸をあわせると、およそ一〇ヘクタールとなり、平山城にしては、やや小規模である。縄張は、本丸と二丸を長屋造の廊下橋で結ぶことに具現されるごとく、連郭式に環郭式を加味したものであるが、平山城らしく城郭部の各曲輪の連絡に腰曲輪を回し、丘陵傾斜地を利用しているところに特色がある。

本丸の東端に位置する天守は、一豊入封前の居城＝掛川城天守を模した望楼型といわれる。具体的には大入母屋屋根の上に二層の望楼を載せた前期望楼型天守とみられる。その四層の外観より考えて、内部も当初より六階であったとみられる。一応その面影を伝えたと思われる再建（現存）天守の一、二階は、倉庫にあてたようで、四、六階には畳が敷かれ、長押（なげし）をめぐらした居住施設が認められる。特に最上階である六階は、安土城や岡山城と同じく、三間四方から成っている。加えて天守の構造手法は、江戸時代において一般的となる「互入式通柱構法」になっておらず、一と二、三と四、五と六階がそれぞれ、順次上に重ねられた井楼式の古い構法である。

しかし一方において、天守の外壁は土佐漆喰による入念な白漆喰の総塗籠で、本丸内に面する側は石垣がなく、通風窓がみられる。

天守西南に上段の間を備えた正殿・溜の間・式台・納戸蔵等からなる懐徳館（かいとくかん）が接続し、これを諸門・多聞・土塀で囲繞（いにょう）する本丸は、江戸期の状態を今日に伝えている。新しい手法と復古型式を各所にうまく統合した高知城の雄大豪壮な造形は、四国随一の名城といえよう。

高知城本丸全景

27　肥前名護屋城〔形式　渦郭式平山城〕

名護屋城は、文禄・慶長役の本陣として営まれた平山城である。城の築かれたのは垣添山で、ここには、東松浦党波多氏の臣、名護屋経述の居城があった。

天正十九年（一五九一）の秋、この垣添城を改修して大規模な築城が始められたのである。その工事というのは、加藤清正・黒田長政・小西行長の縄張で、九州諸侯の手伝い普請によっている。加えて、御殿や櫓などの作事は、二十数名の大名におのおの命じて造営させた天下普請であった。

翌天正二十年＝文禄元年（一五九二）春には、早くも石塁や天守・本丸

肥前名護屋城三丸門址

肥前名護屋城址石塁

御殿などが完成したが、この時期を待つかのように、文禄・慶長役は、小西行長の第一軍を先鋒として始まったのである。そして同年末に至って、弾正丸・山里丸などの構築も成り、「名護屋之御要害天守以下聚楽ニ劣ル事ナシ」（『菊亭記録』）といい、ほぼ完成の域に達していたようである。

その結構は、景観年代が、文禄二年四〜八月と考定されている『肥前名護屋城図屏風』（佐賀県立名護屋城博物館蔵）によって具体的に知ることができる。

すなわち、城郭は、本丸の高台を中心として、そのまわりに二丸・三丸・弾正丸・東出丸を置き、東方中段に遊撃丸・水手曲輪を配し、さらに下段には、山里丸・台所丸を加えた一見梯郭式であるが渦郭式に近い縄張である。

本丸へ登る各門よりの道程は、左折を原則とし、「左縄城」といわれる特殊なものであって、黒田孝高（よしたか）（如水）によるという。

秀吉の築城には、浅野長政と、この黒田孝高のコンビによったものが目立っているが、肥前名護屋城もまたこの一連のも

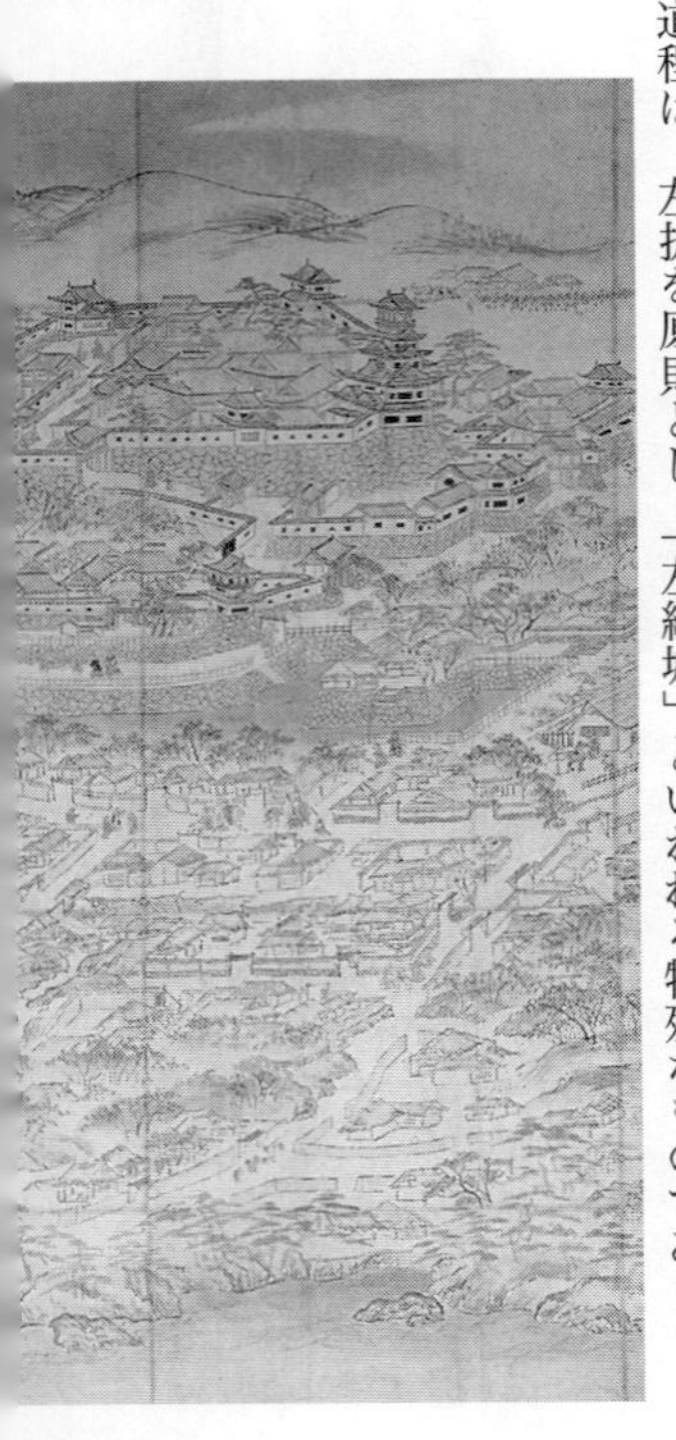

のと考えられる。

本丸には、聚楽第に似て檜皮葺とみられる豪華な殿舎群が軒をつらね、西北隅に天守を置いている。

天守は、一間＝七尺の大坂城・伏見城級の天下城で、安土城・大坂城など、同期の大天守と同様に、穴蔵があったとみられる。したがって「殿守七階上り居候」（『名護屋家記録』）とあるように、外観五層、内部穴蔵一階・石垣上六階の計七階であって、その様式は初期望楼型で、登閣御門部に付櫓を有する梯立式縄張と理解してよかろう。

また本丸西北部には、『宗湛日記』でその詳細が伝えられる平三帖敷の「金の御座敷」（茶室）があった。

さらに名護屋城を特徴づけるものに、上・下の山里丸がある。この山里丸西北隅には、外観二層、内部三階回縁高欄付の、確認する限り月見櫓の最古例がみられる。上山里丸の正門は茅葺の二階門であるが、下山里丸には能舞台もあり、一体となって山里の風情をよく演出していた。秀吉は、ここで淀君・松の丸殿、それに広沢局を従えての観能・茶道三昧にふけ

『肥前名護屋城図屏風』部分〔3・4扇〕（佐賀県立名護屋城博物館蔵）

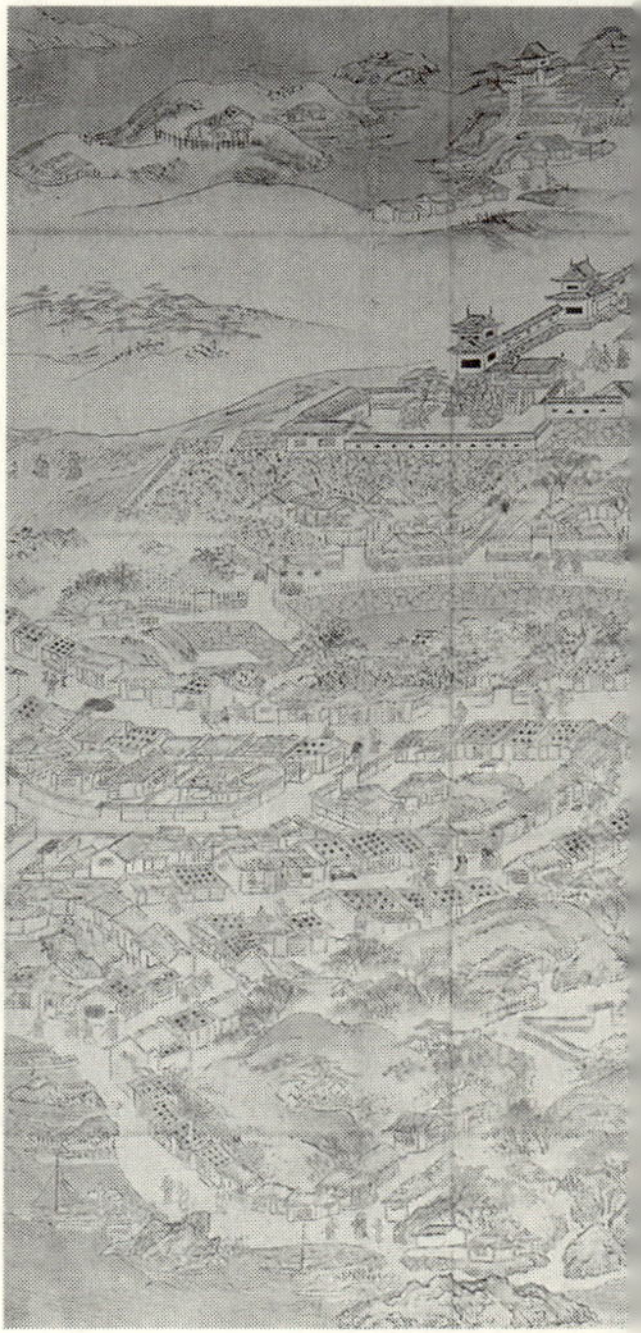

ったのである。天正度大坂城や第Ⅲ期伏見城にも山里丸があったが、その実体は不明のところが多く、この点、名護屋城山里丸の様相は、特に歴史的に注目する必要があろう。

文禄役に続いて、再び慶長の役も起こっている。しかしながら、慶長三年（一五九八）八月、秀吉の死去によって、おのずと一連の出兵計画は終末を迎える結果となった。名護屋城大手門は仙台へ移され、さらに慶長七年、唐津城築城に当たって、建物の大部分を転用したと伝えられる。名護屋城の陣所としての機能も、当然にして失われ、そのはなばなしい歴史の幕をおろすのである。

なお、文禄・慶長役の際、城下に構築された諸大名の屋敷跡が近年あいついで発掘されている。特に大和中納言秀保・前田利家・徳川家康等の陣跡は、秀吉が重視した当時の城下町構成を、同時期の聚楽城（第）と比較できて、史料的に貴重である。

本城全景『肥前名護屋城図屏風』部分（佐賀県立名護屋城博物館蔵）

28　熊本城〔形式　梯郭＋渦郭式平山城〕

加藤清正の居城として、熊本城はあまりにも有名である。この付近一帯は、南北朝のころ、菊池氏の一族出田秀信が支配するところで、千葉城を築いていた。続く鹿子木氏も、この千葉城に入っていたが、城が狭隘なため、茶臼山の西南部に新たに隈本城を構えたという（『肥後国誌』）。のち鹿子木氏は、菊池氏の一族城氏に城を譲った。そして天正十五年（一五八七）春には、秀吉の九州遠征が起こり、城氏の跡を受けて佐々成政が肥後に就封している。しかし入国早々、一揆の不始末が出来し、佐々氏は除封となってしまうのである。そのため翌年、加藤清正が肥後九郡二五万石を与えられる。そして、関ケ原役後は、小西行長の遺領をも加増されて、都合五四万石となる。しかしながら、寛永九年（一六三二）には、加藤氏も断絶、代わって豊前小倉より細川忠利が入封、以

熊本城大天守・小天守北東面（復元）

来、細川氏の居城となって江戸時代を終える。

したがって、熊本城の縄張は、鹿子木氏が茶臼山に構えた時点まで遡って考えられようが、今日にみるような威容を整えたのは加藤清正の時代である。文禄三年（一五九四）には「小殿主ノひろま出来候ハハ、其二かいまて、留守中ニしたて可置候」とか、「ほりをほり、どいの分、石かきニ可仕候事」（『加藤清正書状』）という活況を呈し、慶長三年（一五九八）には、瓦師を召し抱えた記録（福田氏『先祖附』）もあり、また慶長四年の銘のある瓦も天守台跡より出土して

『平山城肥後国熊本城廻絵図』部分（熊本県立図書館蔵）

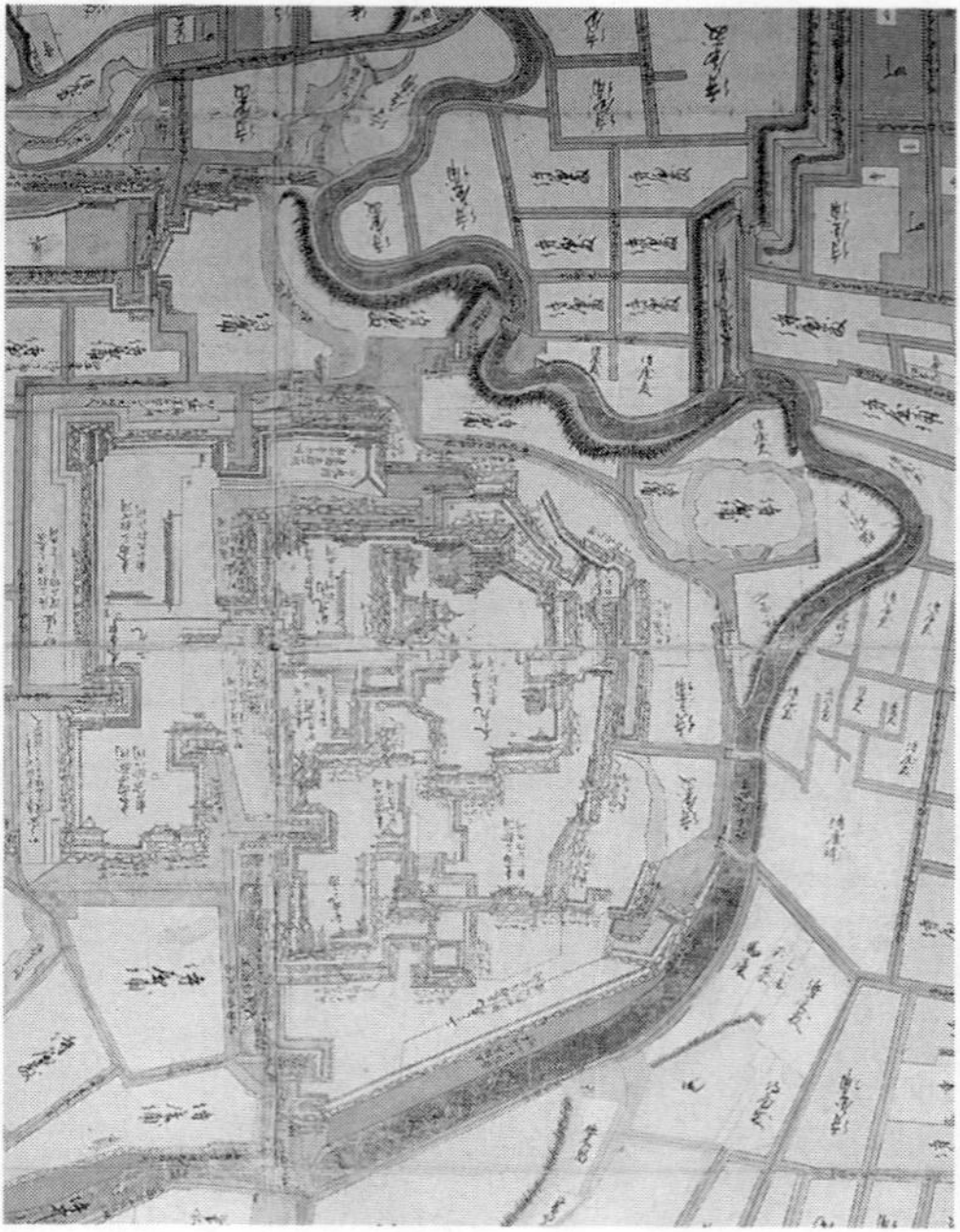

いるので、慶長初年、すでにかなりな城郭構成であったと思われる。

関ケ原役後は、天守の建築工事も本格化し、石垣構築には飯田覚兵衛・森本儀太夫らの活躍が伝えられている（『加藤家伝』など）。そして慶長十二年（一六〇七）には、隈本を熊本に改めたという（『新撰事蹟考』など）から、おそらくこの時点で熊本築城は完工したとみられる。

茶臼山は、峡谷に隔てられた丘陵地で、東方に本丸を置き、地形が西方へ階段状に徐々に下り、そこに二丸・三丸を設ける、いわゆる梯郭式を基本にして渦郭式を加味した縄張である。本丸・二丸をあわせた規模は約二〇ヘクタールで、数寄屋丸・飯田丸のほかに、岳丸（竹の丸）と呼称されている比較的小さい別郭があり、それぞれ独立した構えを複雑に呈している。

熊本城大天守・小天守西立面図

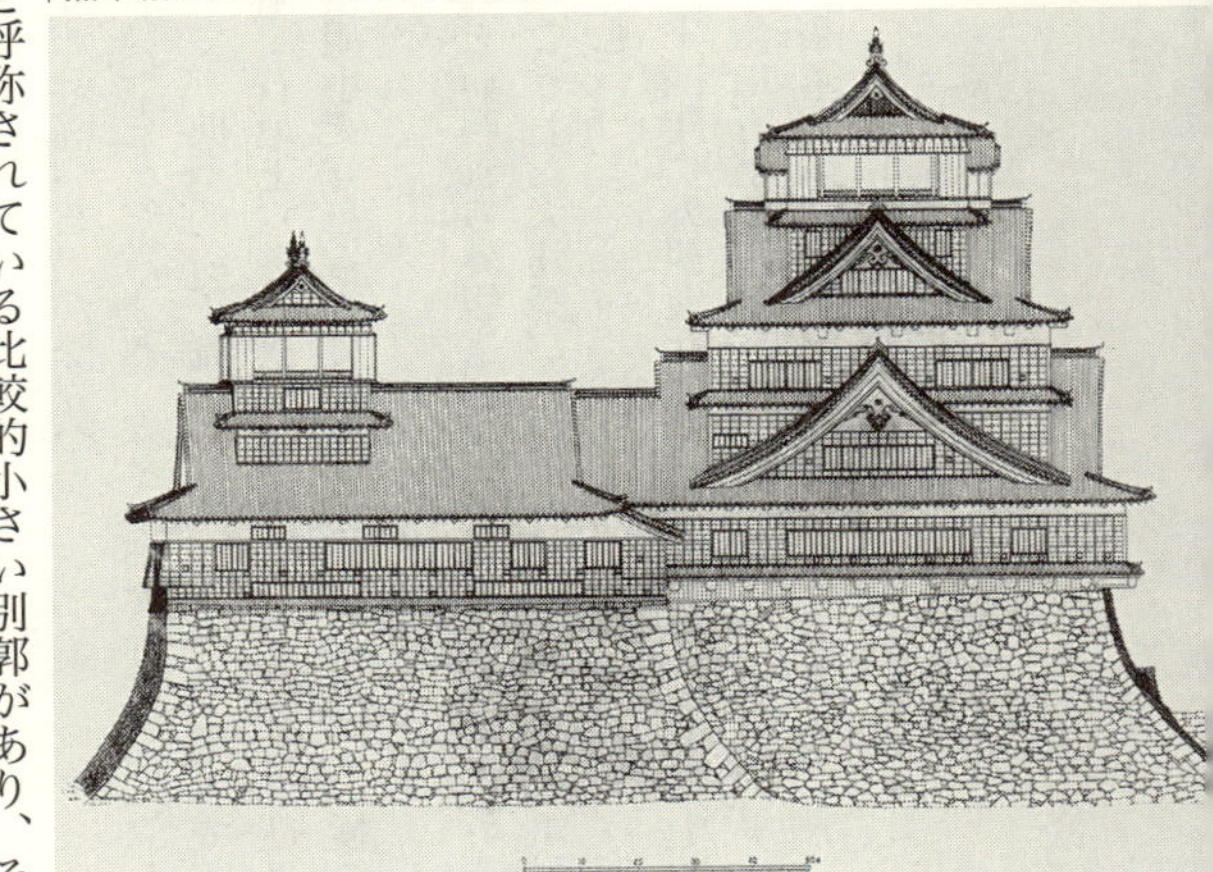

二丸・三丸は、空堀をもってそのほとんどが区画され、大手口は二丸西方であるが、二丸の南と北にも別に大手門が設けられている。また、城の搦手(からめて)に当たる本丸東方は、茶臼山の地形がこの部分で崖地になっているため、とりわけ高い石塁が際立つ。

しかし熊本城の石垣といえば、天守台のそれにとどめをさす。大・小両天守台を連立して、俗にいう宮勾配と寺勾配をそれぞれに示して、典型的清正流(せいしょう)（一八三ページ参照）であり、優美でさえある。外観五層・内部穴蔵一階・石垣上六階の前期望楼型大天守、および外観三層、内部穴蔵二階・石垣上四階の後期望楼型小天守をもって並び連ねている点は、極めてダイナミックな造形美にあふれている。

加えて西方には、小西行長が宇土城に築いたといわれる外観三層・内部穴蔵一階・石垣上五階の天守級（前期望楼型）の櫓が聳(そび)え立つ。こうした大建築が威容を競う様は、他に類例なく見事で、まさに天下の名城というにふさわしい。

なお、天守は西南の役の失火で焼亡、昭和三十四年に外観復元されている。また平成十四年から南大手門・戌亥櫓・未申櫓・元太鼓櫓・飯田五階櫓が相次いで復元され、さらに平成二十年には、本御殿が当時のままに復元され、豪華絢爛たる桃山文化を再現している。

29　首里城〔形式　梯郭式平山城〕

首里城の創築については詳細が不明であるが、首都としての形式を整えたのは、察度王統（一三五〇～一四〇五）の頃と考えられている。そして第一尚氏（一四〇六～六九）になると、首里は明らかに琉球国の首都となっている。首里城もこの頃に大改築をうけ、第二尚氏三代の尚真王（在位一四七七～一五二六）の頃には、すでに戦前に見られたような首里城がほぼ完成していたようである。

城域は、東西約四〇〇メートル×南北約二七〇メートル、面積約一〇・八ヘクタールで、周囲は高さ六～一五メートル、厚さ三・六メートルの珊瑚石灰岩の石積みがめぐり、その上には中国に倣って厚さ〇・九～一・二メートル、高さ〇・九～一・五メートルの墻壁が設けられていた。

堀はないものの、城域西北の丘陵下に円覚寺総門前の円鑑池と西方の龍潭池があり、これが事実上堀の役目を果たしていたようである。

首里城歓会門（復元）

　縄張は、地形に応じた不整形で、瑞泉・右掖・美福の諸門をつなぐ石積みの内部にある。城の内郭は、尚巴志（在位一四二二～三九）の頃にその規模を整えたと思われ、楕円形状の平面となり、さらにそれを囲むような外郭のうち西北は、巴志の子尚泰久（在位一四五四～六〇）、南東のほうは、第二尚氏四代の尚清（在位一五二七～五五）の時代に築かれた。

　城門は大きいものが三棟、小さいものが八棟ある。正門は歓会門といい、切込みハギの石拱門に、下に甎を敷いて上に楼を設ける。ここを入ると、右手の

首里城守礼門（復元）

首里城正殿西面（復元）

首里城第一の水源龍樋の上手に、内部の正門である瑞泉門がある。さらに漏刻門・広福門・奉神門をすぎると、城内中央の正殿にいたる。

この正殿は、百浦添とよばれ（その建築様式から唐破風ともよばれた）、かつては沖縄第一だった建築には、内部は三階、二層屋根正面には大きい唐破風が付く。さらには正面青石の石階と、左右にめぐらせた欄干が備えられ、石階の左右には三メートルあまりの石龍柱が向かいあって立っていた。

内部は一階が下庫理と呼ばれ、政務や儀式が行われた。また二階は大庫理と呼ばれ、国王の私的空間すなわち奥の諸宮があった。

尚真王時代に建築されたというが、一六六〇年焼失、一六七一年再建、一七〇九年焼失、一七一二年再建と、江戸期に再三焼失復興を繰り返す。そして、第二次大戦によって再度焼失するが、平成四年に木造伝統構法によって復元されている。

この正殿をはさんで、北に北の殿、南に南風殿が建っていた。北殿は、明・清の建築様式で、中国からの冊封使を接待する建築であった。これに対し南殿は日本風で、薩摩の使臣接待に用いられた。特に北殿は、通常摂政・三司官（幕府の大老・老中にあたる）が政務をと

首里城正殿内部（復元）

る詰所にあてられていた。

正殿東から南にかけては御内原と称して、世誇殿や世添殿、そのほか王一家の住居である「奥」が連なる。北に女官居室、南に大台所が建てられ、御内原に外よりいたる内郭東南の美福門、さらに古くは城の正門であったといわれる継世門がある。

後宮にあたる世誇殿の東は寝廟殿を控えて入母屋屋根の白銀門が開かれる。さらに東北には鐘楼、西に淑順門が開かれ、右掖門・久慶門・弁財天堂・園比屋武御嶽石門・守礼門などが見られ、その奥に歓会門がある。

城壁の積み方は打込みハギを主とするが、城門部では切込みハギ、城の裏側には野面積みもみられる。ただし設計手法は中国式である（一七九・一八四ページ参照）。

この城も、第二次大戦によりほとんど壊滅したが、近年城壁・門さらには正殿を順次復元して、盛時の面影をうかがうことができるようになった。

首里城平面図

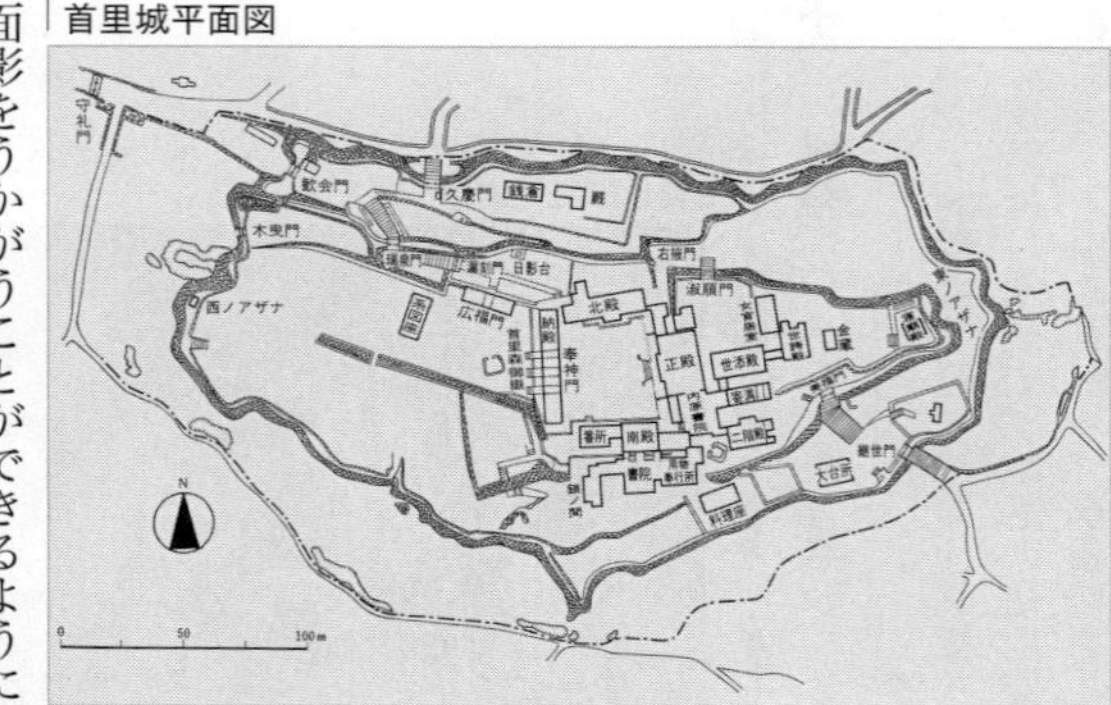

あとがき

武田家に仕えたしがない漢学者の末裔として生まれた私には不思議と〈城〉に縁がある。まず大学院時代、建築学界で城の研究を創始した藤岡通夫先生の研究室で、和歌山城・熊本城等の復元設計をお手伝いする機会にめぐまれ、さらに昭和三十九年からは、安土城研究で名高い土屋純一先生門下の城戸久教授研究室で助教授を務めることができる幸運が続く。『江戸と江戸城』（昭和四十一年鹿島研究所出版会刊）は、その最初の研究である。

その頃辻邦生著『安土往還記』（昭和四十三年筑摩書房刊）を読む機会も加わる。抑制のきいたストイックな文体で、ジェノヴァ生まれの船員が東洋の果て＝日本に来て、大殿（シニョーレ）（信長）をみる視線を、歴史の時間の中で不滅の何かを探る意志として把える見事さに敬服した記憶は鮮かである。時に大学紛争の最中でもあった。

その昭和四十四年の春、東京の静嘉堂文庫で『天守指図』を発見した印象は、研究が思うようにできなかった時が時だけに、今日でも鮮明である。以来城戸先生の御指導をいただき、安土城跡の実測調査や関連史料の検証を進め、その復元的考察が可能になる。そして田中一松先生の御厚情により、「安土城の研究」（『國華』昭和五十一年刊九八七・九八八号所収）をまとめた際、その造形内容に天道思想による宗教性・政治性が著しい事実に驚く。従前の城郭史の常識からすれば、まさに意外の一語に尽きたものである。

城郭史研究の偏向をとりわけて意識したのは、それからである。安土城のみならず、全国各地の城跡や遺構の実測を体系的におこない、併せて絵図等の史料の改めての全国的採集結果をもとに、幾度かの研究室での討議の過程で、とりあえず中間報告が可能になったのは、昭和五十二年のことである。しかしながら、城の権力表現の歴史評価になやむ当時にあって、鈴木秀夫著『超越者と風土』(昭和五十一年大明堂刊)の視座には大いに啓発される。

そこでつくづくに思うのは、城の研究のマンネリ化である。城に関する解説書や写真集は数えきれなく多い。それ等は一般に、戦記物の小説や伝説をまじえて、論述に体系性がなく、ややもすると趣味性におぼれて、新しい史料による分析や考察を育てることに必ずしも寄与していないのである。

そうした城郭史研究のいわば反省より生まれた本書は、もとより充分に意を尽くしてはいないにしても、一応は新しい体系を都市史や文化人類学ないしは社会学に求めて、日本史上に位置づけたつもりで、とりあえず『歴史読本』(昭和五十二年　新人物往来社　臨時増刊)でまとめている。前後してNHK・TVの「文化展望」「みんなの科学」等数種の番組で研究成果を公表し、『城の日本史』(昭和五十四年日本放送出版協会刊)に集成する。

その後、平成四年には、セビリア万国博日本政府館展示として安土城天主の原寸復元の機会にめぐまれ、日本の城の世界史的評価を体験し、加えてパリ・ルーブル美術館で「城の日本文化論」を公表することもあった。並行して比較社会学研究の労作＝藤田弘夫著『都市と権力』（平成三年創文社刊）では、世界史上の権力表現の意味を都市史上に確立された成果に多くの教示を受ける。昭和五十年代に意識していたテーマだけに啓発された点が多く、本書の大改訂に直結した次第である。

以上の経緯があって、その間に御高配いただいた方々、とりわけ全国各地の城の管理事務所・資料館・博物館・図書館・大学等の関係各位に深く感謝致します。また本書刊行に直接お世話いただいた熊谷健二郎氏・高橋通氏には、末筆ながら、心から御礼申し上げます。

平成七年五月

内藤　昌

第四章

第三章

第二章

図版目録

現状写真のうち撮影者の明記してないものは内藤昌の撮影である。

『重要文化財高知城懐徳館、黒鉄門、西多聞、矢狭間塀、黒鉄門西北矢狭間塀下石垣修理工事（第三期）報告書』昭和34年高知県教育委員会刊。

内藤昌「『肥前名護屋図屏風』の建築的考察」（『国華』第915号昭和43年刊所収）。

『名護屋城跡並びに陣跡発掘調査報告書１』昭和54年佐賀県教育委員会刊。

『名護屋城跡並びに陣跡２～６』昭和58・60・平成１・２・３年佐賀県教育委員会刊。

藤岡通夫「熊本城天守復原考」（『日本建築学会論文集』第22号昭和16年刊所収）。

城戸久「熊本城宇土櫓造営年次私考」（『日本建築学会論文集』第30号昭和18年刊所収）。

『重要文化財熊本城監物櫓・長塀修理工事報告書』昭和54年熊本市刊。

北野隆「熊本城の宇土櫓について」（『日本建築学会論文報告集』第308号昭和56年刊所収）。

北野隆「熊本城宇土櫓・監物櫓・長塀」（『日本建築史基礎資料集成十五城郭　Ⅱ』昭和57年中央公論美術出版刊所収）。

『重要文化財熊本城宇土櫓保存修理工事報告書』平成２年熊本市刊。

琉球政府文化財保護委員会編『首里城守礼門復原工事報告書』昭和34年守礼門復原期成会刊。

『首里城歓会門復原工事報告書』昭和50年沖縄県教育委員会刊。

『旧首里城正殿跡位置確認調査報告書』昭和61年沖縄県教育委員会刊。

（財）文化財建造物保存技術協会編『沖縄県有形文化財　旧首里城守礼門保存修理工事報告書』平成５年沖縄県刊。

路城』昭和59年小学館刊。

八木哲浩・内藤昌他著『姫路市史　第十四巻　別編　姫路城』昭和63年姫路市刊。

内藤昌他著『日本名建築写真選集　6　姫路城』平成4年新潮社刊。

木畑道夫著『岡山城誌』明治24年（『新編吉備叢書（二）』歴史図書社昭和51年所収）。

仁科章夫「岡山城に就て」（『建築雑誌』第502号昭和2年刊所収）。

『重要文化財岡山城月見櫓修理工事報告書』昭和31年岡山市教育委員会刊。

渡辺勝彦「岡山城月見櫓」（『日本建築史基礎資料集成十五城郭Ⅱ』昭和57年中央公論美術出版刊所収）。

岡山城史編纂委員会編『岡山城史』昭和58年山陽新聞社刊。

広島県史編纂室「広島城の創築」（『広島県の歴史　七』昭和44年広島県刊所収）。

『史跡広島城保存修理工事報告書』昭和46年広島市教育委員会刊。

『史跡広島城跡二の丸第一、二次発掘調査報告　広島市の文化財第42、44集』昭和63・平成元年広島市教育委員会刊。

『史跡広島城跡資料集成　第一巻』平成元年広島市教育委員会社会教育部管理課刊。

『重要文化財松江城天守修理工事報告書』昭和30年重要文化財松江城天守修理事務所刊。

河井忠親著『松江城』昭和42年今井書店刊。

『史跡松江城』昭和55年松江市教育委員会刊。

『重要文化財松江城天守保存修理工事報告書』昭和57年松江市刊。

藤岡通夫「萩城天守復原考」（『日本建築学会論文集』第22号昭和16年刊所収）。

『重要文化財旧厚狭毛利家萩屋敷長屋保存修理工事報告書』昭和43年萩市刊。

渡辺勝彦「旧厚狭毛利家萩屋敷長屋」（『日本建築史基礎資料集成十五城郭　Ⅱ』昭和57年中央公論美術出版刊所収）。

『国宝松山城筒井門及同東続櫓・同西続櫓・隠門及同続櫓・戸無門・乾門及同東続櫓修理工事報告書』昭和13年国宝松山城修理事務所刊。

『重要文化財松山城乾櫓修理工事報告書』昭和39年松山市刊。

『重要文化財松山城天守外十五棟修理工事報告書』昭和44年松山市刊。

『松山城原国宝筒井門・同東西続櫓復興工事・重要文化財隠門同続櫓・戸無門修理工事報告書』昭和47年松山城修理委員会刊。

『重要文化財高知城天守修理工事報告書』昭和30年高知県教育委員会刊。

『重要文化財高知城東多聞、詰門、廊下門修理工事（第二期）報告書』昭和32年高知県教育委員会刊。

所収)。

沢島英太郎・吉永義信著『二条城』昭和17年相模書房刊。

城戸久「二条城天守考——伏見城に関する研究　其の6」(『日本建築学会論文集』第29号昭和18年刊所収)。

『重要文化財二条城修理工事報告書第1集〜第5集』昭和30年〜昭和51年恩賜元離宮二条城事務所刊。

土居次義著『元離宮二条城』昭和49年小学館刊。

西和夫著『名宝日本の美術15　姫路城と二条城』昭和56年小学館刊。

斎藤英俊「二条城二の丸東大手門、二の丸土蔵(南)(米蔵)」(『日本建築史基礎資料集成十五　城郭　II』昭和57年中央公論美術出版刊所収)。

小野清著『大坂城誌』明治32年刊。

藤岡通夫「天正造営大坂城天守私見」(『日本建築学会論文集』第33-2号昭和19年刊所収)。

『重要文化財大阪城千貫櫓・焔硝櫓・金蔵(附乾櫓)修理工事報告書』昭和36年大阪市刊。

『重要文化財大阪城一番櫓修理工事報告書』昭和40年大阪市刊。

『重要文化財大阪城六番櫓修理工事報告書』昭和41年大阪市刊。

宮上茂隆「豊臣秀吉築造大坂城の復原的考察」(『建築史研究』第37号昭和42年刊所収)。

岡本良一著『大阪城』昭和45年岩波書店刊。

岡本良一編著『日本城郭史研究叢書8　大坂城の諸研究』昭和57年名著出版刊。

「豊臣時代大坂城遺構確認調査の成果と課題」(『大阪城天守閣紀要』第12号昭和59年刊所収)。

岡本良一他著『日本名城集成——大坂城』昭和60年小学館刊。

『特別史跡大坂城跡1・2』昭和60・62年大阪市文化財協会刊。

藤岡通夫「和歌山城天守とその造営に就て」(『日本建築学会論文集』第17号昭和15年刊所収)。

藤岡通夫「和歌山城天守」(『建築と社会』第39-9号昭和33年刊所収)。

『和歌山城岡口門(附土塀)修理工事報告書』昭和40年和歌山市刊。

松田茂樹著『和歌山城史話』昭和53年帯伊書店刊。

三尾功著『近世都市和歌山の研究』平成6年思文閣出版刊。

『国宝姫路城』昭和13年姫路市刊。

橋本政次著『姫路城史』昭和27年姫路城史刊行会刊。

城戸久他著『国宝姫路城』昭和39年朝日新聞社刊。

『国宝重要文化財　姫路城保存修理工事報告書』昭和40年文化財保護委員会刊。

加藤得二著『姫路城昭和の修理』昭和40年真陽社刊。

加藤得二著『日本城郭史研究叢書9　姫路城の建築と構造』昭和56年名著出版刊。

加藤得二他著『日本名城集成—姫

収）。

中田行「安土城成立について」（『日本建築学会研究報告』第21号昭和28年刊所収）。

中田行「安土城の成立と復原について」（『日本建築学会研究報告』第24号昭和28年刊所収）。

石毛忠「戦国・安土桃山時代の倫理思想——天道思想の展開」（日本思想史研究会編『日本における倫理思想の展開』昭和40年吉川弘文館刊所収）。

大類伸「安土城と大坂城（『日本城郭史論叢』昭和44年雄山閣出版刊所収）。

内藤昌「安土城の研究　上」「同下」（『国華』第987・988号昭和51年刊所収）。

小山悳子「キリシタン宗門と吉田神道の接点——『天道』という語をめぐって」（『キリシタン研究』第20輯昭和55年刊所収）。

内藤昌著『復元安土城』平成６年講談社刊。

内藤昌他「聚楽第——武家地の研究　近世都市図屏風の建築的研究　洛中洛外図その２」（『日本建築学会論文報告書』第180号昭和46年刊所収）。

内藤昌・中村利則「聚楽第と大仏殿」（『近世風俗図譜９　祭礼』昭和57年小学館刊所収）。

足利健亮著『中近世都市の歴史地理』昭和59年地人書房刊。

城戸久「備後福山城伏見櫓建築考——伏見城に関する研究　其の１」（『日本建築学会論文集』第24号昭和17年刊所収）。

城戸久「秀吉に依る伏見城営築に就て——伏見城に関する研究その２」（『日本建築学会論文集』第25号昭和17年刊所収）。

城戸久「秀吉歿後に於ける伏見城改修破却に就て——伏見城に関する研究　その３」（『日本建築学会論文集』第25号昭和17年刊所収）。

城戸久「山城淀城天守考——伏見城に関する研究　その４」（『日本建築学会論文集』第26号昭和17年刊所収）。

城戸久「大坂城伏見櫓建築考——伏見城に関する研究　其の５」（『日本建築学会論文集』第27号昭和17年刊所収）。

城戸久「二条城天守考——伏見城に関する研究　其の６」（『日本建築学会論文集』第29号昭和18年刊所収）。

内藤昌他「伏見城Ⅰ——武家地の研究　近世都市図屏風の建築的研究　洛中洛外図　その３」（『日本建築学会論文報告書』第181号昭和46年刊所収）。

内藤昌他「伏見城Ⅱ——武家地の研究　近世都市図屏風の建築的研究　洛中洛外図　その４」（『日本建築学会論文報告書』第182号昭和46年刊所収）。

大熊喜邦「二条城時代の規模と本丸二之丸の殿屋——主として二条城旧図によってしるす」（『史蹟名勝天然記念物』昭和14年刊所収）。

足立康「二条城の創建に就いて」（『建築史』二ノ一昭和15年刊

書』昭和40年国宝犬山城天守修理委員会刊。

城戸久「犬山城天守の近年の問題」(『城と民家』昭和47年毎日新聞社刊所収)。

西和夫「犬山城天守の創建年代について」(『日本建築学会論文報告集』第261号昭和52年刊所収)。

『高山城跡発掘調査報告書1』昭和61年高山市教育委員会刊。

『高山城跡発掘調査報告書2』昭和63年高山市教育委員会刊。

内藤昌他著『高山城総合学術調査報告書』昭和63年財団法人金森公顕彰会刊。

『重要文化財金沢城石川門・三十間長屋保存修理工事報告書』昭和44年文化庁刊。

喜内敏監修『日本海文化叢書　第三巻　金沢城郭史料——加賀藩穴生方後藤家文書』昭和51年石川県図書館協会刊。

平井聖「金沢城石川門」(『日本建築史基礎資料集成十五城郭II』昭和57年中央公論美術出版刊所収)。

土屋純一・城戸久「越前丸岡城天守建築考」(『日本建築学会論文集』第12号昭和14年刊所収)。

『重要文化財丸岡城天守修理工事報告書』昭和30年重要文化財丸岡城天守修理委員会刊。

平井聖・吉田純一「丸岡城天守」(『日本建築史基礎資料集成十四城郭　I』)昭和53年中央公論美術出版刊所収)。

土屋純一・城戸久「近江彦根城天守建築考」(『日本建築学会論文集』第9号昭和13年刊所収)。

『重要文化財彦根城天秤櫓・太鼓門及続櫓修理工事報告書』昭和32年滋賀県教育委員会刊。

西川幸治「彦根城の築城と城下町の形成」(『彦根市史上冊』昭和35年彦根市刊所収)。

『国宝彦根城天守・附櫓及び多聞櫓修理工事報告書』昭和35年滋賀県教育委員会刊。

『重要文化財彦根城西の丸三重櫓及び続櫓、二の丸佐和口多聞櫓修理工事報告書』昭和37年滋賀県教育委員会刊。

『重要文化財彦根城馬屋他——棟修理工事報告書』昭和43年滋賀県教育委員会刊。

平井聖・渡辺勝彦「彦根城天守」(『日本建築史基礎資料集成十四城郭　I』昭和53年中央公論美術出版刊所収)。

渡辺勝彦「彦根城天秤櫓・馬屋」(『日本建築史基礎資料集成十五城郭　II』昭和57年中央公論美術出版刊所収)。

『特別史跡彦根城跡発掘調査報告書I』昭和60年彦根市教育委員会刊。

土屋純一「安土城天主復原考」(『名古屋高等工業専門学校創立二十五周年記念論文集』昭和5年刊所収)。

『滋賀県史蹟調査報告第十一冊』昭和17年滋賀県刊。

城戸久「安土城天守復原についての諸問題」(『日本建築学会研究報告』第20号昭和27年刊所

49・50号昭和16年刊所収)。

内藤昌著『江戸と江戸城』昭和41年鹿島研究所出版会刊。

『重要文化財旧江戸城田安門、同清水門修理工事報告書』昭和42年文化財保護委員会刊。

内藤昌「江戸の都市と建築」(諏訪春雄共著『江戸図屏風』別巻昭和47年毎日新聞社刊)。

村井益男他著『日本名城集成——江戸城』昭和61年小学館刊。

内藤昌監修『江戸のまちづくり——無限拡大都市の誕生と発展』平成7年教育出版。

城戸久「松本城天守造営年次に就て」(『日本建築学会論文集』第19号昭和15年刊所収)。

『国宝松本城　解体・調査編』昭和29年松本市教育委員会刊。

『松本城』日本城郭協会「城郭」別冊昭和35年刊。

『国宝松本城』昭和41年松本市教育委員会刊。

平井聖「松本城天守」(『日本建築史基礎資料集成十四城郭　I』昭和53年中央公論美術出版刊所収)。

『松本城二の丸御殿跡』昭和60年松本市教育委員会刊。

城戸久「駿府城慶長造営天守建築考」(『名古屋高等工業学校学術報告』第5号昭和14年刊所収)。

松本長一郎「慶長期の駿府城修築」(『地方史静岡』第11号昭和58年刊所収)。

松本長一郎「駿府城本丸御殿について」(『地方史静岡』第12号昭和59年刊所収)。

『駿府城跡内埋蔵文化財発掘調査報告』昭和58年静岡県文化財保存協会刊。

内藤昌「駿府築城図屛風」(『日本名城集成——名古屋城』昭和60年小学館刊所収)。

内藤昌他著『駿府城学術調査研究報告書』平成2年静岡市教育委員会刊。

名古屋市役所編『国宝史蹟名古屋城』昭和17年彰国社刊。

城戸久著『名古屋城』昭和18年彰国社刊。

城戸久他著『名古屋城』昭和28年名古屋市役所刊。

『重要文化財名古屋城東南隅櫓修理工事報告書』昭和30年名古屋市刊。

『重要文化財名古屋城西北隅櫓修理工事報告書』昭和39年名古屋市刊。

武田恒夫著『障壁画全集　名古屋城』昭和42年美術出版社刊。

内藤昌他『旧国宝名古屋城本丸御殿資料調査報告書』昭和54年名古屋市刊。

城戸久著『日本城郭史研究叢書第6巻　名古屋城と天守建築』昭和56年名著出版刊。

内藤昌他著『日本名城集成——名古屋城』昭和60年小学館刊。

土屋純一・城戸久「尾張犬山城天守建築考」(『建築学会大会論文集』第5号昭和12年刊所収)。

城戸久著『国宝　犬山城』昭和40年名古屋鉄道刊。

『国宝犬山城天守修理工事報告

久保田正男「安土城の古瓦考察」(『城郭』８巻５号昭和41年刊所収)。

村田治郎「中国の鴟尾略史」(『仏教芸術』100号昭和50年刊所収)。

中村博司「金箔瓦試論」(『大阪城天守閣紀要第６号昭和53年刊所収』)

朝日新聞大阪本社社会部編『修羅発掘から復元まで』昭和54年朝日新聞社刊。

李建河・内藤昌「『華城城役儀軌』における石垣構築設計体系に関する研究」(『日本建築学会計画系論文集』第450号平成５年刊所収)。

李建河・内藤昌・仙田満「『石垣築様目録』における石垣構築設計体系に関する研究」(『日本建築学会計画系論文集』第459号平成６年刊所収)。

第四章

『特別史跡五稜郭跡石垣修理工事報告書』昭和61年函館市教育委員会刊。

『特別史跡五稜郭跡Ⅰ～Ⅳ昭和六十～六十三年度発掘調査概報』昭和61年～平成元年函館市教育委員会刊。

『特別史跡五稜郭跡箱館奉行所跡発掘調査報告書』平成２年函館市教育委員会刊。

森林助著『津軽弘前城史』昭和６年弘前図書館刊。

『国宝弘前城二ノ丸辰巳櫓、同丑寅櫓及三ノ丸追手門維持修理報告書』昭和16年国宝弘前城修理事務所刊。

『重要文化財弘前城修理工事報告書』昭和34年弘前市刊。

『重要文化財弘前城三の丸東門修理工事報告書』昭和45年弘前市刊。

後藤久太郎「弘前城天守・二の丸辰巳櫓・二の丸東門」(『日本建築史基礎資料集成十五城郭Ⅱ』昭和57年中央公論美術出版刊所収)。

小倉強著『仙台城の建築』昭和５年仙台高等工業学校刊。

阿刀田令造著『仙台城下絵図の研究』昭和11年斎藤報恩会刊。

佐藤巧「仙台城居館の変遷とその意義」(『日本建築学会論文報告集』第66号昭和35年刊所収)。

仙台市文化財保護審議会編『仙台城』昭和42年仙台市教育委員会刊。

佐藤巧著『近世武士住宅』昭和54年叢文社刊。

藤岡通夫「会津若松城とその天守」(『近世建築史論集』昭和44年中央公論美術出版刊所収)。

『若松城三の丸跡発掘調査報告書』昭和61年会津若松市教育委員会刊。

『史跡若松城跡本丸遺構確認調査報告書』平成５年会津若松市教育委員会刊。

『東京市史稿（皇城篇　第一～五付図一～二)』明治44年～大正14年東京市役所刊。

藤岡通夫「一古図に拠る江戸城天守私見　上下」(『画説』第

歴史　都市の史記』平成6年鹿島出版会刊。

第二章

奥井復太郎著『現代大都市論』昭和15年有斐閣刊。

小林信明著『中国上代　陰陽五行思想の研究』昭和26年大日本雄弁会講談社刊。

宮下孝吉著『ヨーロッパにおける都市の成立』昭和28年創文社刊。

クーランジュ著（1864年）田辺貞之助訳『古代都市』昭和36年白水社刊。

M・ウェーバー著世良晃志郎訳『都市の類型学』昭和39年創文社刊。

L・マンフォード著（1961年）生田勉訳『歴史の都市・明日の都市』昭和44年新潮社刊。

矢守一彦著『都市プランの研究』昭和45年大明堂刊。

矢守一彦著『城下町』昭和47年学生社刊。

西川幸治著『日本都市史研究』昭和47年日本放送出版協会刊。

西川幸治著『都市の思想』昭和48年日本放送出版協会刊。

玉置豊次郎『日本都市成立史　都市建設資料集成』昭和49年理工学社刊。

増田四郎著『都市』昭和43年筑摩書房刊。

矢守一彦編『城郭図譜　主図合結記』昭和49年名著出版刊。

豊田武・原田伴彦・矢守一彦編『日本の封建都市』昭和56年文一総合出版刊。

松本四郎著『日本近世都市論』昭和58年東京大学出版会刊。

藤岡謙二郎著『城下町とその変貌』昭和58年柳原書店刊。

山県大弐著『主図合結記　全』（復刻版）昭和62年犬山市刊。

渡邊欣雄著『風水思想と東アジア』平成2年人文書院刊。

脇田修著『日本近世都市史の研究』平成6年東京大学出版会刊。

高橋康夫・吉田伸之・宮本雅明・伊藤毅編『図集　日本都市史』平成5年東京大学出版会刊。

渡邊欣雄著『風水　気の景観地理学』平成6年人文書院刊。

角山榮著『アジアルネサンス』平成7年ＰＨＰ研究所刊。

第三章

山鹿素行著『武教全書』明暦2年（1656）刊。

荻生徂徠著『鈐録』享保12年（1727）自序、安政2年（1855）刊。

太田博太郎「楼閣建築に関する一考察」（『建築史』3巻4号昭和16年刊所収）。

川上貢著『日本中世住宅の研究』昭和42年墨水書房刊。

喜内敏監修・解説『金沢城郭史料』昭和51年石川県図書館協会刊（日本海文化叢書第3巻）。

田淵実夫著『石垣』昭和50年法政大学出版局刊（ものと人間の文化史15）

北垣聰一郎著『石垣普請』昭和62年法政大学出版局刊（ものと人間の文化史58）。

長谷川三千子著『からごころ――日本精神の逆説』昭和61年中央公論社刊。

白川静著『字訓』昭和62年平凡社刊。

藤田弘夫・吉原直樹編著『都市――社会学と人類学からの接近』昭和62年ミネルヴァ書房刊。

藤岡通夫著『城と城下町』昭和63年中央公論美術出版刊。

太田博太郎監修・内藤昌他著『注釈　愚子見記』昭和63年井上書院刊。

藤田弘夫著『都市と権力――飢餓と飽食の歴史社会学』平成3年創文社刊。

藤田弘夫著『都市の論理』平成5年中央公論社刊。

第一章

築城部編『築城史料』明治41年刊。

小野均（晃嗣）著『近世城下町の研究』昭和3年至文堂刊（増補版；平成5年法政大学出版局刊）。

小室榮一著『中世城郭の研究』昭和40年人物往来社刊。

古川哲史・石田一良編『日本思想史講座4　近世思想1』昭和51年雄山閣出版刊。

網野善彦著「中世都市論」（『岩波講座　日本歴史　中世3』昭和51年刊所収）。

上田正昭編『日本古代文化の探究――都城』昭和51年社会思想社刊。

上田正昭編『日本古代文化の探究――城』昭和52年社会思想社刊。

駒井和愛著『中国都城・渤海研究』昭和52年雄山閣出版刊。

中部よし子著『城下町』昭和53年柳原書店刊（記録　都市生活史9）。

小山悳子「キリシタン宗門と吉田神道の接点――『天道』という語をめぐって」（『キリシタン研究』第20輯昭和55年刊所収）。

村田治郎著『中国の帝都』昭和56年綜芸舎刊。

内藤昌著『近世大工の系譜』昭和56年ぺりかん社刊。

高橋正彦編『大工頭中井家文書』昭和58年慶応通信刊。

足利健亮著『中近世都市の歴史地理』昭和59年地人書房刊。

小林健太郎著『戦国城下町の研究』昭和60年大明堂刊。

楊寛著西嶋定生監訳『中国都城の起源と発展』昭和62年学生社刊。

野崎直治著『ヨーロッパ中世の城』平成1年中央公論社刊。

陳橋驛著（1986年）馬安東訳『中国の諸都市』平成2年大明堂刊。

J・ジェルネ著（1938年）栗本一男訳『中国近世の百万都市』平成2年平凡社刊。

愛宕元著『中国の城郭都市』平成3年中央公論社刊。

佐藤次高・鈴木董編著『都市の文明イスラーム』平成5年講談社刊。

張在元編著『中国　都市と建築の

参考文献

※純粋学術書および論文に限り、一般解説書・案内書などは省く。

全般

小野清「日本城郭誌」(同編著『大坂城誌』明治32年刊別冊付録)。

大類伸著『城郭之研究』大正4年日本学術普及会刊。

大類伸・鳥羽正雄著『日本城郭史』昭和11年雄山閣刊。

古川重春著『日本城郭考』昭和11年巧人社刊。

城戸久著『城と要塞』(朝日新選書9)昭和18年朝日新聞社刊。

藤岡通夫著『城と城下町』昭和27年創元社刊。

諸橋轍次著『大漢和辞典』昭和31年大修館書店刊。

藤岡通夫著『日本の城』昭和35年至文堂刊(日本歴史新書)。

服部勝吉著『日本の城郭建築』昭和36年商工財務研究会刊(アルプス・シリーズ第191輯)。

鳥羽正雄著『近世城郭史の研究』昭和37年日本城郭協会刊。

鳥羽正雄著『近世城郭史の研究文献資料』昭和38年日本城郭協会刊。

伊藤ていじ著『城——知恵と工夫の足跡』昭和40年読売新聞社刊。(同書の増補改訂版『城——築城の技法と歴史』昭和48年同社刊)。

K・リンチ著(1960年)丹下健三・富田玲子訳『都市のイメージ』昭和43年岩波書店刊。

加藤隆著『近世城郭の研究』昭和42年近世日本城郭研究所刊。

大類伸編『日本城郭史料集』昭和43年人物往来社刊。

藤岡通夫著『近世建築史論集』昭和44年中央公論美術出版刊。

鳥羽正雄博士古稀記念論文編纂委員会編『日本城郭史論叢』昭和44年雄山閣出版刊。

加藤隆著『解説　近世城郭の研究』昭和44年近世日本城郭研究所刊。

城戸久著『城と民家』昭和47年毎日新聞社刊。

井上宗和著『城』昭和48年法政大学出版局刊(ものと人間の文化史9)。

山岸健著『都市構造論』昭和49年慶応通信刊。

鈴木秀夫著『超越者と風土』昭和51年大明堂刊。

内藤昌「城郭建築」(伊藤・太田・関野編『文化財講座日本の建築④近世1』昭和51年第一法規出版刊所収)。

トマス・モア著(1516年)沢田昭夫訳『ユートピア』昭和53年中央公論社刊。

内藤昌他著『城の日本史』昭和54年日本放送出版協会刊。

大室幹雄著『劇場都市』昭和56年三省堂刊。

大室幹雄著『桃源の夢想』昭和59年三省堂刊。

白川静著『字統』昭和59年平凡社刊。

大室幹雄著『園林都市』昭和60年三省堂刊。

河田克博（かわた・かつひろ）

1952年生まれ。名古屋工業大学大学院博士課程修了。名古屋工業大学教授。

麓　和善（ふもと・かずよし）

1956年生まれ。名古屋工業大学大学院修士課程修了。名古屋工業大学教授。

水野耕嗣（みずの・こうじ）

1942年生まれ。名古屋工業大学大学院修士課程修了。岐阜工業高等専門学校名誉教授。

油浅耕三（ゆあさ・こうぞう）

1942年生まれ。名古屋工業大学大学院修士課程修了。新潟工科大学教授。

本書の原本『ビジュアル版　城の日本史』は一九九五年に角川書店より刊行されました。原本のもとになった『城の日本史』（NHK出版）の執筆分担は基本的に以下の通りです（はしがき＋Ⅰ章　内藤昌。Ⅱ章＋Ⅲ章　水野耕嗣。Ⅳ章　油浅耕三。全体の構成と編集は内藤昌）。角川のビジュアル版をなすにあたり、河田克博、麓和善が、新規項目の加筆、図版の拡充をしました。今回、学術文庫に収録するにあたり、紙幅の都合もあり、図版の一部は割愛いたしました。

内藤　昌（ないとう・あきら）

1932—2012。東京工業大学大学院博士課程修了。名古屋工業大学教授，東京工業大学教授，愛知産業大学学長を歴任。専門は日本建築史・日本都市史。『復元安土城』『新桂離宮論』『江戸と江戸城』ほか多数。

定価はカバーに表示してあります。

城の日本史（しろのにほんし）

内藤（ないとう）　昌（あきら）編著

2011年8月10日　第1刷発行
2020年9月23日　第4刷発行

発行者　渡瀬昌彦
発行所　株式会社講談社
東京都文京区音羽2-12-21 〒112-8001
電話　編集（03）5395-3512
販売（03）5395-4415
業務（03）5395-3615

装　幀　蟹江征治
印　刷　豊国印刷株式会社
製　本　株式会社国宝社
本文データ制作　講談社デジタル製作

© Makibi Naito　2011　Printed in Japan

落丁本・乱丁本は，購入書店名を明記のうえ，小社業務宛にお送りください。送料小社負担にてお取替えします。なお，この本についてのお問い合わせは「学術文庫」宛にお願いいたします。
本書のコピー，スキャン，デジタル化等の無断複製は著作権法上での例外を除き禁じられています。本書を代行業者等の第三者に依頼してスキャンやデジタル化することはたとえ個人や家庭内の利用でも著作権法違反です。Ⓡ〈日本複製権センター委託出版物〉

ISBN978-4-06-292064-3

「講談社学術文庫」の刊行に当たって

これは、学術をポケットに入れることをモットーとして生まれた文庫である。学術は少年の心を養い、成年の心を満たす。その学術がポケットにはいる形で、万人のものになることは、生涯教育をうたう現代の理想である。

こうした考え方は、学術を巨大な城のように見る世間の常識に反するかもしれない。また、一部の人たちからは、学術の権威をおとすものと非難されるかもしれない。しかし、それはいずれも学術の新しい在り方を解しないものといわざるをえない。

学術は、まず魔術への挑戦から始まった。やがて、いわゆる常識をつぎつぎに改めていった。学術の権威は、幾百年、幾千年にわたる、苦しい戦いの成果である。こうしてきずきあげられた城が、一見して近づきがたいものにうつるのは、そのためである。しかし、学術の権威を、その形の上だけで判断してはならない。その生成のあとをかえりみれば、その根は常に人々の生活の中にあった。学術が大きな力たりうるのはそのためであって、生活をはなれた学術は、どこにもない。

開かれた社会といわれる現代にとって、これはまったく自明である。生活と学術との間に、もし距離があるとすれば、何をおいてもこれを埋めねばならない。もしこの距離が形の上の迷信からきているとすれば、その迷信をうち破らねばならぬ。

学術文庫は、内外の迷信を打破し、学術のために新しい天地をひらく意図をもって生まれた。文庫という小さい形と、学術という壮大な城とが、完全に両立するためには、なおいくらかの時を必要とするであろう。しかし、学術をポケットにした社会が、人間の生活にとってより豊かな社会であることは、たしかである。そうした社会の実現のために、文庫の世界に新しいジャンルを加えることができれば幸いである。

一九七六年六月

野間省一